江苏省第五期“333工程”科研资助立项项目暨江苏省中小学教学研究第十二期立项课题“基于理解的高中数学教学设计的案例研究”研究成果

高中数学教学设计的理论与实践研究

毛锡荣　张长贵 / 著

安徽师范大学出版社
ANHUI NORMAL UNIVERSITY PRESS
·芜湖·

图书在版编目(CIP)数据

高中数学教学设计的理论与实践研究/毛锡荣,张长贵著.—芜湖:安徽师范大学出版社,2021.8

ISBN 978-7-5676-4717-6

Ⅰ.①高… Ⅱ.①毛… ②张… Ⅲ.①中学数学课—学习方法 Ⅳ.①G634.603

中国版本图书馆CIP数据核字(2020)第089436号

高中数学教学设计的理论与实践研究 毛锡荣 张长贵/著

GAOZHONG SHUXUE JIAOXUE SHEJI DE LILUN YU SHIJIAN YANJIU

责任编辑:孔令清 责任校对:李 玲

装帧设计:张 玲 责任印制:桑国磊

出版发行:安徽师范大学出版社

芜湖市北京东路1号安徽师范大学赭山校区

网 址:http://www.ahnupress.com/

发 行 部:0553-3883578 5910327 5910310(传真)

印 刷:江苏凤凰数码印务有限公司

版 次:2021年8月第1版

印 次:2021年8月第1次印刷

规 格:700 mm × 1000 mm 1/16

印 张:16.75

字 数:280千字

书 号:ISBN 978-7-5676-4717-6

定 价:56.00元

前　言

在2010年“卡西欧杯”第五届全国高中青年数学教师优秀课观摩与评比总结暨大会报告上，章建跃先生提出了“理解数学、理解学生、理解教学”的关于数学教学的“三个理解”论述，指出“三个理解”是数学教师专业化发展的基石，是数学教学质量的根本保证，要求数学教师必须在理解数学、理解学生、理解教学上下狠功夫.“理解”得到了广大一线数学教师的普遍关注.数学教学中，理解是第一位的，是数学教学的核心目标.在教学活动中，所有教师都应该以自己的方式努力构建学生的理解，这成为人们的一个共识.

教学设计是根据教学对象和教学目标，确定合适的教学起点与终点，将教学诸要素有序、优化地安排，形成教学方案的过程.它以教学效果最优化为目的，以解决教学问题为宗旨.数学教学活动需要进行精心的设计，为了使教学活动有利于学生理解，教学设计必须立足于“理解”，基于学生的理解确定教学目标、组织教学内容、设计教学方案、开展教学活动，把课堂变成师生共同提出问题、共同解决问题的阵地，让学生在积极主动的学习中，构建自己的理解，实现可持续发展.

理解数学，就是要从整体上把握数学结构，准确把握知识点产生的背景、在教材中的地位、与前后知识的联系，及其蕴涵的数学思想方法和在解决具体数学问题中的应用价值等；理解学生，就是要认真研判学生已有的知识、经验，明确学生的“已有认知水平”，充分认识当前的数学知识与学生的生活经验、已有认知基础的联系，预设学习中学生可能遇到的思维障碍等；理解教学，就是要灵活选择教学活动的组织方式，使课堂教学变得流畅、自然、灵动，学生学习的兴趣和求知的欲望得到保护和激发，在学生获得积极的情感体验之中，达成教学目标.基于上述认识，我们申报了“基于理解的高中数学教学设计的案例研究”这一课题，以这一课题为平台，立足于课堂教学的实际，运用案例研究的方法，从落实和促进学生理解的视角，对高中数学课堂教学设计的理论和实践展开了研究.

基于"理解"的教学设计,其理论依据是建构主义.学习活动不是由教师向学生传递知识,而是学生根据外在信息,通过自己的背景知识,建构新的知识体系的过程.学习并不简单是信息量的积累,它同时包含由新旧经验的冲突而引发的观念转变和结构重组.学习过程并不简单是信息的输入、存储和提取,而是新旧经验之间双向的相互作用过程,这个过程是别人无法替代的.因此学习过程应该以学生为中心,学生必须主动地参与到整个学习过程.

基于"理解"的教学设计,必须把学生的理解视作重要的关注点.除非学生的知识是通过理解性学习而获得的,否则这些知识很可能一出校门就毫无用处.只有被学生理解了的知识,才能真正成为支撑学生今后发展的资源.建构有意义的联系是理解的心理实质,是迁移和应用的心理基础.而就理解的过程而言,必须是学生主动建构自己的知识经验的过程,即通过新经验与原有知识经验反复的、双向的作用,不断地充实、丰富和改造知识经验.但学生建构对知识的理解并非是一种完全自发的心理机制,积极、自主、有意识的思维参与尤为重要,教学正是对这种建构过程的促进.

在有关领导和专家的指导下,在课题组全体成员的共同努力下,我们结合学科组组织的教学研讨活动,围绕基于理解的教学目标设计研究、基于理解的学习情境设计研究、基于理解的教学内容设计研究、基于理解的数学问题设计研究、基于理解的课堂活动设计研究、基于理解的教学评价设计研究等方面展开了扎扎实实的研究,取得了较为显著的成果,有效地提高了数学教学的质量,既促进了教师的专业成长,又实现了学生的可持续发展.

本书系江苏省中小学教学研究课题"基于理解的高中数学教学设计的案例研究"的研究成果.全书以"理解性教学"和"三个理解的理论"为指导,以课堂教学实践为载体,开展"建构学生的理解、促进学生的深度学习、打造高效课堂"的教学实践研究,探索不同课型的教学设计的理论依据与操作方法,希望能成为一本既有理论意义又有实践价值的教学参考资料.

本书有"前言""绪论""章节起始课的教学设计""数学概念课的教学设计""数学命题课的教学设计""数学习题课的教学设计""单元复习课的教学设计""专题复习课的教学设计""主要参考文献"等部分."绪论"部分主要运用"理解性教学"和"三个理解的理论"对"基于理解的高中数学教学设计的案例研究"进行了概述.其后的六个专题是全书的主体,每个专题先针对相应课型的教学设计的特征分析、设计原则、教学环节和设计策略等进行较为详细的阐述，然后提供两个相应课型的教学设计课例.

教学设计课例主要来源于课题组成员在课题研讨活动中开设的研讨课、在校际教学交流时开设的公开课和示范课、在各级各类教学比赛活动中执教的获奖课.这些课例的设计经过执教者和课题组的精心打磨和认真准备，受到听课专家和老师们的高度好评.相信本书对指导青年教师写好课堂教学设计、提高课堂教学效益、促进学生发展有一定的借鉴作用和参考价值.

从体系上看，“绪论”和六个专题具有一定的先后顺序，但读者阅读时不必拘泥于此，可以根据自己的教学需求和阅读兴趣选择相应的部分阅读.本书既有理论的阐述，又有案例的佐证，在相关的要点处提供教学的片段或完整的课例，力求通过实例或课例来说明问题和解决问题，以提供具有操作性的指导.

我们是以审慎的态度和高度负责的精神来撰写本书的，并为此做了大量的探索和不懈的努力，同时进行了反复的推敲和审核，但由于时间仓促、编写任务繁重及编者的水平有限等原因，疏漏、错误和不当之处在所难免，敬请读者不吝赐正！

在本书的写作过程中，我们参阅了大量的文献资料，引用了许多专家的论著、论文和教学课例等研究成果，书中尽可能地注明了引用成果的出处和案例的作者，但也有个别文献资料无法查实，在此对他们的辛勤付出谨致谢忱！

毛锡荣

二〇二〇年七月六日

于江苏无锡

目 录

绪 论

《礼记·中庸》有言:“凡事预则立,不预则废.”意思是无论完成什么工作,事先若是做足准备,便可成功,否则就会事倍功半,收效甚微,乃至劳而无功.楚汉相争时,如果没有张良的“运筹帷幄之中”,刘邦便无法“决胜千里之外”;东汉末年,群雄并起,纷乱战争中,如果诸葛亮对每一次战事不做预先准备,无“神机妙算”之能,便无“火烧赤壁”之事,更无“三国鼎立”之说.可见,凡事“预先准备”对其成败具有重要影响,教学亦然.

为使教学获得成功,课堂受到学生欢迎,教师必须认真、充分地做好准备工作.比如讲什么,怎样讲,为什么这样讲,要实现怎样的目标等,都需要事先周密考虑、巧妙谋划、精心设计.教师好比导演,如果对剧本的内容不烂熟于心,对演员的情况不了如指掌,就无法演绎出内容生动、剧情感人的好戏来.教师只有对教材内容、教学对象、教学方法等深入研究,深思熟虑,做到了然于胸,才能把课讲得妙趣横生、引人入胜①.可见,教学设计是教学工作的重要环节,做好教学设计,是提高教学质量的基本保证.

教学设计是为其他教学环节所做的准备工作,是教师为将要进行的教学活动所勾画的蓝图,其主要功能是把知识的学术形态转化为适合学生的教育形态.就数学教学设计而言,是教师以一定的教学思想、教学观念、教学理论为指导,以数学教育传播关系为对象,对教材、学生和教学环境等做全面分析,用系统科学的方法将各种教学资源有机结合起来,并依此对教学过程中相互联系的各个部分制订出整体计划的过程,主要包括确立目标、分析任务、了解学生、组织内容、设计活动、评价结果等环节.

数学学习的过程是对数学学习内容进行探索、实践与思考的过程,也是学生在自我理解的基础上,对搜集到的数学信息资料,运用数学方法,通过观察、

① 李祎.数学教学方法论[M].福州:福建教育出版社,2010:10.

比较、操作、猜想、推理、交流等活动加以整合和积累，或生成新的认识、新的知识的过程.在这个过程中，理解是第一位的，只有被学生理解了的数学，才能真正成为支撑学生今后发展的资源①.约翰·杜威曾指出，只有理解才是真正的学习.数学教学的内在包含理解，促进学生的理解是数学教学努力追求的目标，因此，我们要为理解而设计教学，教学设计要引领学生走向理解之路.

一、教学目标的设计要基于学生的理解

教学目标是教师把课程目标转化为具体的和可操作的教学行为或结果的表达方式，主要体现在具体的、情境化的、可操作的教师课堂教学设计中.教学目标是教学的灵魂，支配着教学的全过程，规定了教与学的方向，直接决定着教与学的成败.设计教学目标的目的，是使教学工作有的放矢，只有教学目标明确，教学才有方向，教学质量才能得到保证，也才能使学生得到真正意义上的发展.一般来说，从事教学设计之初，我们首先关注的不是“学生要学什么”，而是“我要去哪里”“学生学完这些能够做什么”，这就是教学目标.

教学目标是设计者希望通过教学活动达到的理想状态，它是教学活动的结果，更是教学设计的起点.一般来说，确定教学目标时主要考虑课程标准、教材以及学情三个要素.课程标准是相对宏观的目标，不是上一两节课或学一两篇文章就可以达到的，它是教学的“总设计图”，课堂教学目标必须服务于课程目标.教材既是实施课程目标的具体媒介，也是教学目标设计的抓手，没有它，课程目标就成为“空中楼阁”，教学目标就成为无本之木.不管课程目标还是教学目标，最终都要落实在学生身上.

教学目标是学生通过教学活动要达到的预期学习结果，所以，学生是教学目标能否达成的关键.学生的生活经验、知识背景以及他们的智力与非智力因素都是教师设计教学目标时应关注的核心.如果单纯以教师的上课任务来设计教学目标，那只是以教师为中心的“一厢情愿”.课堂教学是师生共同活动的过程，学生是教学活动的主体，教师是教学活动的主导者，因此教学目标的设立必须把学生的“学”放在教师的“教”之前，考虑学生的需要，立足于学生的理解，并

① 吕林海.着眼理解的数学教学设计原则刍议：结合以数学“对称”概念为主题的案例实验研究的中期进展[J].数学教学通讯，2005(5A)：1-5.

以此来确定教学目标，使教学目标的设立真正为学生服务[①]．

威金斯、麦克泰在《理解力培养与课程设计》一书中指出：“我们应该适应学生自主性的要求进行慎重的教学设计，所有的设计都应当指向开发学生的智慧，实现他们学习中的自我指导．”与其他设计职业者如建筑学、工程学和绘画艺术家一样，教育设计者必须考虑到他们的顾客的需要．在其他设计领域内，各种专业设计都是坚决以客户为中心的．设计的有效性与它们能否完成顾客的目标相符合．在教育领域，因为课程、评价与设计的有效性最终取决于学生学习所取得的成果，所以很显然，学生是我们的顾客．

理解是教学真正的核心目标．在教学活动中，教师应该以自己的方式努力构建学生的理解．理解性教学认为，在教学目标上，我们应侧重发展学生的理解，而不仅是信息的获得和事实的记忆．而有关理解的目标则是要具体地界定教学中要使学生理解哪些观念、关系或问题，以及要达到什么程度．在以理解为目标进行教与学时，还要关注建构学习者的理解能力．只有教师才能具体确定学生理解的目标，才能精心地选择适合学生的学习内容，设计出一些值得学生学习的、有意义的活动，才能使学生通过这些活动获得真正的发展．

下面以人教版普通高中教科书数学必修第四册中“函数$y = A\sin(\omega x + \varphi)$的图象”第一课时的教学目标的设计为例进行分析．

内容解读

现实世界中具有周期性变化的现象无处不在，从天体运动到摩天轮、水车的运动，再到高科技领域中的振动、波动等，都是周期运动现象．三角函数与振动、波动紧密联系，是描述客观世界中周期现象的重要数学模型，而刻画物理学和工程技术中此类周期现象的函数就是$y = A\sin(\omega x + \varphi)$．“函数$y = A\sin(\omega x + \varphi)$的图象”是三角函数的一个重要内容，是认识和研究函数$y = A\sin(\omega x + \varphi)$性质的前提，其中参数$A,\omega,\varphi$都有特定的重要意义．从实际问题中抽象出函数$y = A\sin(\omega x + \varphi)$是一个非常典型的建模过程，可以作为提升数学抽象、数学建模、直观想象和逻辑推理等数学核心素养的重要平台．通过揭示参数A,ω,φ变化对函数$y = A\sin(\omega x + \varphi)$图象的

① 吴蕾，宋建祥．从“关注教学内容”走向“引领学生理解”：关于高中数学教学设计的思考[J]．中学教学参考，2017(5B)：4-5．

影响，有助于进一步深化对函数图象变换的理解和认识，同时也有助于体会三角函数是描述周期现象的重要数学模型.

学情分析

在此之前，学生已经学习了函数图象的平移变换和正弦、余弦函数图象与性质以及三角函数周期性等相关知识，这些是学习函数 $y=A\sin(\omega x+\varphi)$ 的一个认知起点.本节课对 $y=A\sin(\omega x+\varphi)$ 图象的认识从“形”的角度上升到从“数”的角度即点的坐标变化这一本质去理解图象的变换规律.学生在前面对三角函数的概念、诱导公式、图象和性质等内容的学习中已经充分认识到单位圆的作用，形成了用单位圆讨论三角函数问题的意识和习惯，具备了一定的化复杂问题为简单问题的思想方法和能力，为本节课从摩天轮运动的实际问题中抽象出函数 $y=A\sin(\omega x+\varphi)$，并进一步研究其图象和性质奠定了一定的基础.

根据以上分析，本节课的教学目标可以设计为：

1.结合具体实例，建立函数模型，了解函数 $y=A\sin(\omega x+\varphi)$ 的实际意义，能借助计算机画出函数的图象，理解 A,ω,φ 的变化对 $y=A\sin(\omega x+\varphi)$ 图象的影响；

2.制订研究策略，观察研究参数 A,ω,φ 对 $y=\sin(x+\varphi)$，$y=A\sin x(A>0)$，$y=\sin\omega x(\omega>0)$ 的图象的影响，找出函数 $y=\sin x$ 与 $y=A\sin(\omega x+\varphi)$ 的联系；

3.通过体验函数 $y=\sin x$ 到 $y=A\sin(\omega x+\varphi)$ 的图象变换规律的探索过程，体会数形结合、从特殊到一般、从具体到抽象的思维方式，培养观察能力和探究能力.

上述教学目标根据对教学内容特点和学生认知基础的分析，基于学生的理解和需求，从知识与技能、过程与方法、情感态度与价值观等视角进行了精心的设计，明确了通过本节课的教学活动，学生要了解和理解哪些数学知识，掌握哪些数学方法，体会哪些数学思想，形成哪些数学技能，训练哪些数学思维，提升哪些数学素养，充分体现了“以学生为本”的理念，站在学生的角度阐明了学生需通过怎样的学习活动，在学习行为上发生怎样的变化，指明了课堂教学的着力点，使教学活动能以学生的理解为中心展开.

基于学生的理解设计的教学目标，明确了师生在教学活动中有意识追求的对象.面对确定的学习主题，教师只有明确“什么是值得学生理解的”，才能设计出有价值的学习活动，学生只有知道“需要理解什么”，才不至于对因生成性问题所带来的丰富的学习活动而无所适从.通过“基于理解”的目标设立，指明学生在教学活动中将要处理的问题以及所要完成的任务，引导学生“经历”“体验”和“探索”，实现对知识的建构和理解，在理解的基础上学会应用，获得丰富的数学活动经验，使目标真正成为促进学生理解的“引擎”①.

二、教学情境的设计要关注学生的理解

教学是学习者与各种资源动态运作的场存在，是建构“学生—知识—社会”一体化的情境场②.知识不是通过教师传授得到，而是学习者在一定的情境下，利用必要的学习资料，借助其他人（包括教师和学习伙伴）的帮助，通过意义建构的方式而获得.“情境”“协作”“会话”和“意义建构”是学习环境中的四大要素，学习环境中的情境必须有利于学生对所学内容的意义建构.这就对教学设计提出了新的要求，教学设计不仅要考虑教学目标分析，还要考虑有利于学生建构意义的情境创设，并把情境创设看作教学设计的最重要内容之一.

汪秉彝、杨孝斌先生认为，数学情境作为一种以激发学生的问题意识为价值取向的数据材料和背景信息，是从事数学活动的环境，是产生数学行为的条件，推动着学习者不断进行更加深入的理解.从这个意义上来说，所谓“情境”，就是激发人们主动想象和思维、产生某种情感体验，以获得某种形象或思维成果的一种氛围.而教学情境则是指在课堂教学的环境中，作用于学生而引起积极学习情感反应的教学过程.教学情境可以贯穿于整个课堂之中，也可以设在课的开始、课的中间或课的结尾，真正做到“情”与“境”交融，“教”与“学”相长.

情境是千姿百态、丰富多彩的，既可以源于现实生产、生活，也可以出自数学自身，还可以到其他学科中去挖掘.“情”与“境”是不可分割、相互联系的两部分.“情”指的是情感，师生之间、学生和学习对象之间有着充分的情绪互动，师生带有感情地积极投入到学习过程之中；“境”指的是以学生的生活实际和已有的知识经验为基础，创设出相应、具体、生动、丰富、能激发学生情绪的优化的教学环境.教学情境的设计使教学活动在积极的情感和优化的环境中展开，为学

① 徐兆洋.试论理解取向的数学教学及其设计[J].教学与管理，2013(8)：102-105.

② 杨钦芬，苗霞.教学情境的理解与有效创设[J].天津师范大学学报（基础教育版），2012(3)：1-4.

生营造出良好的探究和学习氛围.

情境作为数学课堂教学的一个具体素材,不仅可以引发学生对某个数学知识的学习,还可以帮助学生更深刻地理解所学内容.教师在教学设计中应从学生身边熟悉的事物(生活中的、学习中的)出发,努力营造促进相关知识的学习和理解的教学环境,借助各种直观手段,创设与教学内容相一致,有利于丰富学生感知,启迪学生思维,激发学生积极地参与学习活动,主动地去思考和探索,去解决问题或发现规律,调动学生学习兴趣的具体、形象且富有情感的教学环境和氛围,为学生搭建积极学习、主动探究、深入思考与合作交流的平台.

教师应根据教材内容,考虑学生实际情况,结合学生的认知需要,关注学生的理解,把握知识之间的内在联系,运用综合、联系、分析、比较的方法,创设出生动活泼、恰当合适、趣味思辨的问题情境,为学生的学习提供与数学有着直接关系和重要作用的经验以及情感性的支持,让学生在新颖、可行、开放的情境中思考、探索和交流,达成师生之间的互动,激起学生更深层次的求知兴趣和探索欲望,引导学生积极思考,帮助学生养成主动学习的习惯,促成学生对所学的知识、方法的深度理解,使学习活动充满生机与活力.

例如,在"向量的数量积"的教学中,学生对"向量的夹角"的概念和"数量积公式"的推导以及本质的理解不到位,因此在运用"数量积公式"解决相关问题时常常处于机械记忆的停滞状态,往往是只会盲目地套用公式而导致解题错误.为了解决这一问题,在教学时可设计如下情境:

情境1　前面我们已经学过了向量的哪些运算?它们的共同特点是什么?

通过这样的提问,让学生回忆前面学过的关于向量的加法、减法、实数与向量的乘法三种运算的定义及其计算方法,总结出它们的一个共同特点:运算结果还是向量.以此来唤起学生的记忆,引动学生的思维,并自然地引发学生去思考:向量不能进行其他运算吗?以此来激发学生探究学习的热情和兴趣,为研究"向量的数量积"做好铺垫.

情境2　在物理的学习中,我们研究过"功"的问题.如图1所示:一个物体在力$\vec{f}$的作用下产生位移s,如何计算力$\vec{f}$所做的功?

在教师的引导下,学生进行如下思考:

(1)物理中是怎样计算力$\vec{f}$所做的功的?

(2)这里的"θ"表示的是一个怎样的角度?

(3)其中$|\vec{f}|\cos\theta$的意义是什么?

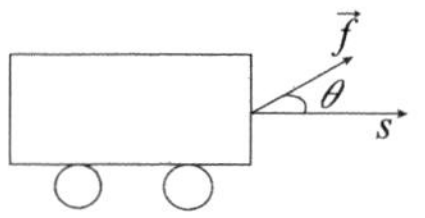

图1

在学生已有的学习经验的基础上,紧扣向量夹角的概念与数量积公式的理解设计情境,让学生思考、回答和交流,不但使向量夹角的概念与数量积的定义呼之即出、自然生成,同时也为理解向量夹角的概念和应用数量积公式解决问题铺平了道路.

按照认知心理学的观点,情境是整个学习过程中的重要而有意义的组成部分,而学习也不可能脱离具体情境而产生.在教学活动中,应结合教学任务及其蕴含的数学学科素养设计合适的情境和问题,用数学的眼光观察现象、发现问题,使用恰当的数学语言表述问题,用数学的思想、方法解决问题.在问题解决的过程中,理解数学内容的本质,促进数学学科核心素养的形成和发展.因此,教学设计要做到"目中有人,心中有情,课中有境",让学生在具有启发性、挑战性的教学情境中思考、探索和交流,获得对学习内容较为全面的体验和理解.

三、教学内容的设计要突出学生的理解

教学内容的设计是教学设计的主体部分,是教学设计的关键环节,教学内容的设计是否精当直接影响教学活动质量的高低.教学内容是教学的根本,"教什么永远比怎么教更重要."[①]教师对教学内容的分析、认识是否正确到位直接影响着教师能否科学合理地选择和组织教学内容,并对其进行有效的设计,还对学生的理解与掌握起着决定性的作用.因此,进行教学设计,必须根据设定的教学目标,结合学生的认知基础,科学合理地选择和组织好教学内容,包括例题、练习题和作业的配置,为学生的学习提供丰富的材料.

一些教师习惯于只根据教材进行内容的设计,而忽略了学生的现状和需求,这样的设计没有以学生为主体来考虑,没有突出学生的理解,忽略了"顾客"的需求.在数学学习中,理解是第一位的,只有学生理解了的知识才是活的知识,才能够真正为学生所掌握和运用.在进行教学设计时,一定要认真思考这样设计的道理,使教学设计能够真正为教学对象服务.对于某些内容,教师应该在

① 熊惠民.中学数学教学设计与案例研究[M].北京:科学出版社,2019:11.

何时要求学生实现既有深度又有广度的理解，何时满足他们实现表面化的掌握？只有明确哪些内容需要优先理解，才能实现最为有效的教学设计.

在日常教学活动中，我们经常听到一些老师抱怨：这些学生不知怎么了，好多问题已经讲过多遍，还是掌握不了，做起题目来不是想不到思路，就是想到却做不对.问题到底出在哪里呢？造成这种情况的责任不全在学生，很大一部分因素在于我们教师自身.我们对教学内容的设计考虑学生的理解能力了吗？我们的教学让学生真正理解所学内容了吗？为了让学生参与教学并形成正确的理解，需要根据课程标准对教学内容进行细化，分解成一个个具有一定启发意义的问题，便于学生根据启发寻找问题根源，在问题解决中完善认知、深化理解.

那么，如何有效地进行教学内容的分析与设计呢？教师只有基于理解性教学的基本理论，立足于学生已有的知识结构，充分提供学生理解的基础，具体指出希望学生理解什么，学生理解教学内容时的主要障碍是什么，更好地体现数学教学的教书育人功能，更好地挖掘数学知识蕴含的价值观资源，将知识教学与价值观影响融为一体，对教材进行大胆的整合与取舍，以“用教材”代替传统的“教教材”，这样才能设计出吸引学生参与学习的教学内容，使学生习得能动的、有活力的知识.

我们可以根据以下四条标准来选择教学内容：首先，要立足基础性，使学生在达到基本要求的前提下实现个性的发展；其次，要突出发展性，需要我们深入持久理解的教学内容是可以被迁移的重要内容，它具有超越课堂本身的价值，使学生的实践运用能力和创新能力能够得到有效的提升；再次，要体现可接受性，教学内容的难度应贴近学生的“最近发展区”，或以“跳一跳，就能摘到果实”为标准；最后，要关注趣味性，教学内容是融入了重要观点的事实、技能和学习材料，它们有利于激发学生的兴趣和潜能，帮助学生获得正确而有效的理解.

以“三角函数的周期性”一课为例，虽然在日常生活中周期现象大量存在，学生也有一定的体验和感受，但在数学学习中，函数的周期对学生而言是全新的知识，对函数周期概念的理解既是教学的重点，也是教学的难点.如何选择好学习材料，组织好教学内容，使课堂教学能够以这些内容为核心，帮助学生建构起函数周期的概念，并能对其形成正确的认识和理解，体会函数的意义，为研究三角函数周期的应用奠定基础，是教学设计需要着力解决的问题.从这一视角出发，可将教学内容设计如下：

1. 创设情境，提出问题——直观感受日常生活中的周期现象

问题1　钟表上的时针、分针和秒针每经过一周就会重复，这是一种什么现象？生活中还有其他类似的现象吗？如果有，请举例.

学生一般能说出每年的季节更替和班级卫生值日表（每周值日表）等具有"周而复始"特征的事例，这些事例使学生认识到周期概念不是凭空产生的，由此找到理解周期现象的土壤.

2. 学生活动，体验数学——从特殊函数入手感知函数的周期性

问题2　请说出高中数学中具有"周而复始"特征的知识.

学生一般能说出诱导公式具有周而复始特征，如 $\sin(x+2\pi)=\sin x$，$\cos(x+2\pi)=\cos x$，$\tan(x+\pi)=\tan x$ 等.

问题3　上述函数的共同特征是什么？能用一个数学表达式表示吗？

学生抽象概括得出 $f(x+T)=f(x)$，由此自然地引出函数周期性的概念.

3. 建构概念，完善认知——形成对函数周期性概念的正确认识

问题4　怎样的函数可以称之为周期函数？你能给出周期函数的定义吗？

在教师的引导下，学生通过概括提炼，得出周期函数的定义：一般地，对于函数 $f(x)$，如果存在一个非零常数 T，使得对于定义域内的每一个 x 的值，都有 $f(x+T)=f(x)$，则称函数 $f(x)$ 为周期函数，非零常数 T 叫作这个函数的周期.

问题5　为了准确地理解和掌握周期函数的概念，在以上定义中我们应该注意什么？从周期函数定义看，周期函数的定义域具有什么样的特点？

数学理解的本质是对已有的结果不断反思，反思的结果是修正原有图式，提高认知水平. 学生通过对上述问题的讨论，体会周期函数定义中有关数学术语的内涵，形成对周期函数概念及其本质属性的正确认识和初步理解.

问题6　怎样说明非零常数 T 不是周期函数 $f(x)$ 的周期？若 T 是函数 $f(x)$ 的周期，则周期是否唯一？

提示学生从定义考虑，认识到：要说明非零常数 T 是周期函数 $f(x)$ 的

周期，必须说明定义域中的任意x，使得$f(x+T)=f(x)$恒成立，而要说明非零常数T不是周期函数$f(x)$的周期，则只需在定义域内找到一个x_0，使得$f(x_0+T)\neq f(x_0)$.从正反两个方面，加深对周期函数概念的理解，使概念理解过程成为学生主动思辨的过程.在此基础上，使学生明确：周期函数的周期不唯一.若非零常数T是周期函数$f(x)$的周期，则$kT(k\in\mathbf{Z},k\neq 0)$都是$f(x)$的周期，由此自然而然地得出最小正周期的概念.

对于一个函数$f(x)$，如果在它所有的周期中存在一个最小正数，那么这个最小正数叫$f(x)$的最小正周期.

问题7　是否任何周期函数都有最小正周期？

启发学生通过举反例来加以说明，以加深对最小正周期概念的认识.同时指明：如果不加特别说明，今后所说的周期一般都指函数的最小正周期.

4.尝试应用，深化理解——在应用中深化对函数周期性概念的理解

例1　判断下列说法是否正确，并说明理由：

(1)当$x=\dfrac{2\pi}{3}$时，$\sin\left(x+\dfrac{5\pi}{3}\right)=\sin x$，所以$x=\dfrac{5\pi}{3}$是函数$y=\sin x$的周期；

(2)当$x=\dfrac{\pi}{3}$时，$\sin\left(x+\dfrac{2\pi}{3}\right)\neq\sin x$，所以$x=\dfrac{2\pi}{3}$不是函数$y=\sin x$的周期.

(3)对任意$x\in\mathbf{R}$，都有$\sin(x+0)=\sin x$，所以$x=0$是函数$y=\sin x$的周期；

(4)对任意$x\in\mathbf{R}$，都有$\sin(x+4\pi)=\sin x$，所以$x=4\pi$是函数$y=\sin x$的周期.

用不同的叙述方式给出变式练习，检查学生是否真正理解了概念的本质属性，让学生从正反两个方面进行辨析，在运用概念解决问题的过程中加深对函数周期性概念的印象，避免学生产生思维定式.

例2　若钟摆的高度h(mm)与时间t(s)之间的函数关系如图2所示.

(1)求该函数的周期；

(2)求$t=10$ s时钟摆的高度.

教师组织学生围绕以下问题展开讨论：

(1)周期函数的图象具有什么特征?

(2)能否根据周期性找到 $t=10\,\mathrm{s}$ 时钟摆的高度?

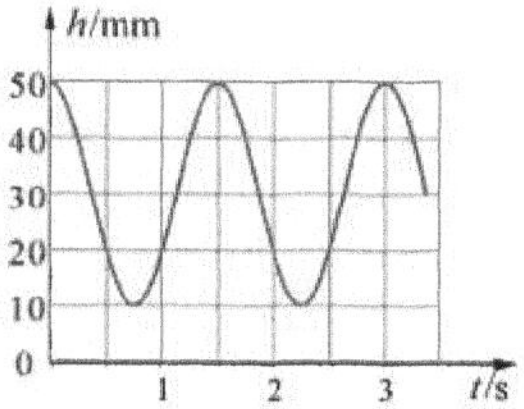

图2

通过图象直观反映出来周期函数的特点，进一步帮助学生理解周期函数的定义，并为正弦函数图象的学习打下良好的基础.

例3　求下列函数的最小正周期.

(1) $f(x)=3\sin x$;

(2) $f(x)=\sin 2x$;

(3) $f(x)=2\sin\left(\frac{1}{2}x+\frac{\pi}{4}\right)$.

学生运用周期函数的定义探索解题方法，教师适当点拨和提示.在求函数 $f(x)=\sin 2x$ 的周期时，学生可能会出现以下错误解法：因为 $\sin(2x+2\pi)=\sin 2x$ 对任意的 $x\in\mathbf{R}$ 都成立，所以函数 $f(x)=\sin 2x$ 的周期为 2π.出现此种错误的原因是没有真正理解周期函数的定义中等式 $f(x+T)=f(x)$ 的本质.教学中要注意抓住这一生成资源，帮助学生在纠正错误的过程中加深对定义的理解.可结合教材中的换元法进行对比分析，将函数 $f(x)=\sin 2x$ 的周期问题化归为正弦函数 $y=\sin u$ 的周期问题，实现将需要解决的新问题化归为已解决问题的目的.换元法分解了解题过程，不仅有利于学生加深对周期函数概念的理解，而且有利于学生学会如何运用函数周期性概念解题.

数学教学活动的对象是学生，在对教学内容进行设计时，教师要能蹲下来思考，从学生已有认知经验和思维水平出发，对学生学习中可能出现的理解上的问题具备一定的预见性，做好精心设计，有效帮助学生化解障碍，克服困难.为了促进学生对知识的深入理解，教学内容要“以少胜多”，集中于对某些内容的优先理解.教学并非要涵盖所有内容，而是要抓住那些具有持久价值的、需要学生去发现的、能够从不同的角度来促进学生“深入理解”的重点内容，进行深刻挖掘、重点强化，帮助学生理解数学，达成高效学习.

四、教学活动的设计要促进学生的理解

数学教学是数学活动的教学，是学生在教师的指导下自己建构与重构数学知识的活动，是师生之间、学生之间交往互动与共同发展的过程.在这个活动过程中，学生能掌握一定的数学知识和技能，同时身心获得一定的发展，形成良好的思想品质，促成数学学科核心素养的提升及水平的达成.为了提高课堂教学的效率，我们除了要合理地设计教学目标，恰当地设计教学情境，科学地设计教学内容外，更要精心地做好教学活动的设计.通过开展丰富多彩、形式多样的教学活动，我们的课堂充满教师和学生真情与实感的交流、思维与智慧的碰撞，焕发出生命的活力.

现代教学理论主张"为学习设计教学"，认为任何教学活动都要以满足学习者的学习需要为出发点和落脚点，为学习者服务，从符合学习者的实际情况出发，把促进每一个学习者有效地开展学习作为主要目的来进行设计，用教学活动来引导和促进学习者的学习.教师要把教学活动的中心放在促进学生学会学习上，积极探索有利于促进学生学习的多样化教学，不仅包括讲授与练习，也包括引导学生阅读自学、独立思考、动手实践、自主探索、合作交流等，使学生在活动中，通过看、听、做、思等，实现知识的建构、思维的发展和能力的提升.

教学活动需要精心设计，教师本身就是进行这种设计的人.在教与学的双边活动中，我们应坚持以学生的学习活动为中心，围绕学生的理解进行教学活动的设计.在课堂教学中，应努力为学生的学习创设活动的空间，留足活动的时间，使学生在课堂上主动发现、独立思考、大胆质疑、合作探究和相互讨论.为他们搭建活动的平台，在数学活动中充分暴露学生在理解上的不足，及时为他们消除困惑、解疑释难，使他们在活动中积累经验、形成技能、发展思维，从而有效地促进他们对所学内容的理解.

数学理解是指通过对新知的加工、重组，架构起与原有认知结构的有效链接并做出个性化解释，它不仅指对具体知识的理解，还包括认知结构的逐步建立.苏格拉底在他命名为《美诺》的谈话录中指出，理解的含义更接近于澄清思想，而不是教给一些事实.严格而论，理解无法"教"会，只能学会.对于学生来说，只有具体的活动才是真实的学习，只有在与他人交往、与环境互动的过程中，才能直接获得学习经验，才能真正理解学习的内容，才能持久地保存在灵魂之中，才能获得真正意义上的全面发展.

大部分理解与思考有关,对于思考来说,它是自己主动引发的结果,而不是通过训练产生的.在基于理解的数学教学中,作为教师,我们必须让学生意识到,理解的实现靠自己领会,而不是等着记录教师的答案.所以教师既要改变课程,也要改变教学风格.建构性的教学方法越来越重要:如果学生要理解复杂观点的意义,教师所提供的那些解释是远远不够的,他应该站在学生的角度,稚化自己的思维,以学生熟悉的、习惯的方式做出解释,使学生获得真正意义上的理解,达成知识的"同化"与"顺应",实现知识的有效"建构"与"迁移".

例如,在"双曲线及其标准方程"一课的教学中,为了促进学生对双曲线定义的理解,可以设计如下教学活动:

活动1 复习回顾,引出定义

师:前面我们学习了圆锥曲线与椭圆的有关内容,请大家回忆一下!

问题1 圆锥曲线有哪几种?它们是怎样得到的?

问题2 椭圆的定义是什么?你可以用怎样的方法画椭圆?

问题3 椭圆的定义包含了哪些关键的几何要素?

运用问题驱动的方法,组织学生开展复习思考、合作交流等学习活动.借助问题1,引导学生回顾切割圆锥模型的场景,引发学生对三种圆锥曲线同源性的思考;通过问题2,复习椭圆定义的发现过程,使学生明确圆锥曲线定义的原理——用几何性质来刻画曲线,而几何性质是通过画图的方式发现的;再由问题3,揭示出椭圆定义的本质.在此基础上给出追问:如果把椭圆定义中"到两个定点的距离之和为定值"改为"到两个定点的距离之差为定值",曲线会是什么形状呢?这样水到渠成地引出双曲线的学习问题,为将椭圆的学习过程迁移到双曲线中提供经验支撑.

活动2 动手操作,感知定义

教师组织学生利用事先准备好的工具(拉链、图钉和画笔)操作演示.

操作1 准备一条拉链,将拉链取任意点P拉开,拉链一支的一端固定在点F_1处,另一支的一端固定在点F_2处,使得$PF_1-PF_2=2a\left(2a<F_1F_2\right)$.在点$M$处放一支笔,随着拉链的拉开或闭合,笔尖$M$画出的图形是什么形状?

操作2 若将点F_1取在拉链的另一支上,使得$PF_2-PF_1=2a\left(2a<F_1F_2\right)$,

重复上述过程，笔尖M画出的图形是什么形状？

学生在老师的指导下，利用实验工具，按照操作方法和步骤，小组合作，动手画图，并在画图过程中观察曲线的形成过程.

问题4　类比椭圆的定义，同学们能否根据上述作图过程提炼出双曲线的定义？

小组通过研讨，生生互动，补充完善，初步得出双曲线的定义.再通过动手实验，观察分析，师生互动，最后从直观感知中抽象出了双曲线的定义.

定　义　平面内到两个定点F_1，F_2间距离的差的绝对值等于常数$2a$（$2a < F_1F_2$）的点的轨迹叫作双曲线，这两个定点F_1，F_2叫作双曲线的焦点.

由“和”想到“差”是比较自然的思维过程，在这个猜想的基础上，通过动手操作（或者几何画板演示），从而逐步发现双曲线的几何特征，进而提炼出双曲线的定义，使学生对双曲线的定义由经验性理解上升为形式化理解.

活动3　思辨探究，理解定义

在学生对双曲线的定义有了直观感知和初步理解的基础上，组织学生围绕问题开展探究活动，在探究活动中进行思辨.

探究1　若去掉定义中的“绝对值”，则点的轨迹是什么？

探究2　若常数$2a = F_1F_2$，则此时点的轨迹是什么？

探究3　若常数$2a > F_1F_2$，则此时点的轨迹是什么？

引导学生按照探究活动的要求尝试画图，针对画图过程中遇到的几类情况（直线、射线、一支曲线、两支曲线）做进一步的研讨，从而详细分析双曲线的定义.在对实验结果的分类说明互动过程中，学生对双曲线的定义从形式化理解升华为结构性理解，以至于学生在后来的双曲线定义的应用中不再出现疏漏.

为了促进学生的理解，教学活动的设计要注意在以下几个方面着力：第一，要做好学情分析，有针对性地进行教学，帮助学生克服先前知识中的错误理解和错误概念；第二，所设计的学习活动应围绕理解、能挑战学生的理解，学习活动和学生应掌握的概念、知识之间应有密切的联系；第三，教学中要对学生的差异给予关注，使不同类型的学生都有机会来表现他们的知识与技能；第四，要鼓励学生去迎接思维的挑战，激发学生的学习动机，从而达到理解；第五，教师要在整个教学过程中适时地为学生搭建脚手架，支撑他们的理解.

五、教学评价的设计要落实学生的理解

教学评价是数学教学不可或缺的一部分，是教学设计的重要内容.教学评价的目的一方面是考查学生学习的情况，促进学生的学习和发展，另一方面是考查教师教学的情况，提高课堂教学的效果.通过教学评价，了解学生在课堂中的学习状况，诊断学生在学习过程中的优势与不足，检测教学目标的达成情况，发现教师自身的教学行为中的问题与缺陷，进而判断出教师的教学行为与学生的学习行为应做出哪些调整和改进，以便激励学生积极地参与课堂的学习活动，使课堂教学朝着最优化方向发展.

日常教学活动的评价，要以教学目标的达成为依据，既要反映学生掌握数学知识和技能的状况，又要关注学生对学习内容的理解与掌握的水平，还应重视学生的学习过程和数学思维过程以及学生解决问题的能力的评价，了解学生学习数学时的情感与态度，因为有效的数学学习来自学生对教学活动的参与，而参与的程度却与学生学习时产生的情感因素密切相关.科学全面的评价可以为教学的改进提供可靠的反馈信息和质量监控及导向，还可以为学生的全面发展起到诊断、激励和强化的作用，促进学生数学学科核心素养的养成和提升.

其实，教学评价在教学过程中起着“指挥棒”的作用，它的内容与形式都必然影响到教师教学方式的选择.因此，要深刻理解教学评价的含义与功能，了解教学评价的类型和方式，明确在设计教学评价时应该遵循的基本原则，以及应该怎样考虑它的目的性、可行性、多元性和多样化、指导性和科学性等.教学评价的方式灵活多样，就高中数学课堂教学的评价而言，常用的评价方式有表现式评价、交流式评价和检测性评价等.我们要能结合教学目标、教学内容、教学过程的不同环节，设计出科学合理的教学评价方案.

对学生理解力的评价必须纳入日常教学活动中来，在教学中通过一系列的主动检验，来评判学生的知识是不是成了“自己的可用知识”.因为理解是不断发展的渐进过程，所以教师要重视采用形成性评价和给学生提供持续的反馈，来支撑与追踪学生的理解.要把学生的理解放在评价的核心位置，集中于怎样描述理解的层次、怎样确定赋分的特征.当然，这种评价也要以“真正的理解”作为衡量指标，重在考查学生对“问题的解决”以及知识的实际运用能力和水平，

实现学生对教学内容的真正理解.

基于理解的教学倡导教学与评价一体化,认为评价的实施不能脱离教学过程作为一种结果的检验发生在教学的最后一个环节,而是应当贯穿于教学活动始终.灵活的、全程性的教学评价应当很自然地整合到所有的学习活动中,以促进学生不断调整自己的学习方式,帮助学生真正理解学习内容,加深学生对知识的理解与运用.课堂教学评价的设计,要根据数学学习的特点,注重把教师的评价、同学的评价及学生个体的自评都集中并落实到学生的理解上来,发展学生对问题的理解力,通过促进学生的理解来提高教学的实效.

例如,在"任意角"一课的教学中,我们确立的课时教学目标如下:

目标1　理解任意角的概念,学会在平面内建立适当的坐标系来讨论任意角.

目标2　能在$0°\sim360°$范围内,找出一个与已知角终边相同的角,并判定其为第几象限角.

目标3　能写出与任一已知角终边相同的角的集合.

针对以上目标,为了落实学生对任意角、象限角和终边相同的角等概念的理解,我们设计了以下问题及其变式,从学生对这些问题的解决入手展开教学评价活动.

问题1　下列命题中正确的是　(　　)

A.第一象限角一定不是负角　　B.小于$90°$的角一定是锐角

C.钝角一定是第二象限角　　D.第一象限角一定是锐角

问题2　判断对错

(1)终边相同的角一定相等.　(　　)

(2)相等的角的终边一定相同.　(　　)

(3)终边相同的角有无数个.　(　　)

问题3　在$0°\sim360°$范围内,找出与下列各角终边相同的角,并分别判断它们是第几象限角.

(1)$650°$;　(2)$-150°$;　(3)$-990°15'$.

问题4　已知α与240°角的终边相同，判断$\frac{\alpha}{2}$是第几象限角.

变式：

(1)已知α与240°角的终边相同，判断2α是第几象限角.

(2)终边落在x轴正半轴上的角的集合如何表示？终边落在x轴负半轴上的角的集合如何表示？

(3)终边落在坐标轴上的角的集合如何表示？

(4)若α是第三象限角，则$\frac{\alpha}{2}$是第几象限角？

评价方法：

先由学生在独立思考的基础上，探究和尝试解决问题1～4的方法，获得结果.在这一过程中，教师在班级巡视，及时发现学生对概念理解上的偏差和不足，构思弥补的方法.然后组织学生交流和讨论，先派学生代表发言，其他学生质疑、提问、讨论和补充.生生交流，教师在黑板上板书主要过程，并适时插话、及时评价，对学生的表现进行肯定、表扬和鼓励.

学生通过口答、提问、讨论和交流来呈现自己的思维活动，暴露学习中的成功与不足，教师根据学生活动反馈的信息，对学生参与数学活动的兴趣和态度、合作与交流的表现、对学习内容的理解掌握情况以及数学认知的发展水平等方面进行评价[①].

以上评价过程，既注重师生的相互评价和学生的相互评价，又注重学生个体的自我评价，既关注学生学习态度、学习过程、学习方法、学习结果的评价，又关注学生积极主动去探求结论以及小组学习中合作与交流的表现的评价，改变了教师一人评价、只对正误做简单评价的做法，实现了从“关注教学内容”到“引领学生理解”的转变，把学生真正作为评价的主体，把自己放在学生的位置上，尽量揣摩学生的认识过程，顾及学生的学习兴趣和知识基础，使学生的学习能力在整个评价过程及不断被肯定中得到全方位发展.

基于理解的数学教学评价的设计，应把质性评价与量化评价相结合，形成性评价与总结性评价相结合，他人评价与自我评价相结合.虽然正规的量化评价能给出信息明了、简洁和容易沟通的结果，但是，很多时候学生的内在洞察力

① 黄锋.问题链驱动下的探究式教学：“任意角的概念”教学设计评析[J].中学教研(数学)，2013(9)：20–21.

和外显行为之间并不一致，有一定的区别.一些学生对于学习内容可能无法做到流畅及完整地阐述，但他们可能已经实现了真正的理解，那么，此时质性评价就显得尤为必要了.总结性评价作为一种事后检验，在学习活动结束后，主要是区别和鉴定学生的学习结果.而形成性评价则在学习活动过程中，通过及时的反馈，使学生的学习理解活动朝着更好的方向发展.在数学上，对学生理解力的判断是一项极其复杂的工作，不能忽视学生的自我评价.如果学生的理解不能被充分地反映在其他评价中，则学生的自我评价可以弥补此不足.只有这样，教学评价才能起到落实学生的理解、促进学生发展的作用.

总之，基于理解的教学能否成功，取决于我们的设计技巧，这表现在以下设计行为与相应的评价之中，如自然地激发出学生的疑问和新的观念，而不是把我们所知道的东西直接教给他们，另外，我们也不能想当然地认为学生已经理解了某个问题.因此，在教学过程中，我们必须时时做出反馈，把握住来自学生的各种信息，这对促进学生的学习与优化教师的教学至关重要.如果发现学生不能理解，我们需要及时改变原来的教学设计.具有“讽刺意味”的是，对于教师来说，做一个旁观者和保持沉默却是最为适宜的教学，因为这样可以使我们能够仔细地倾听学生的见解，或者能够发现学生理解中的错误.为了实现基于理解的教学，教师必须认识到自己的教学活动哪些方面不利于学生的学习，哪些方面不利于学生的理解，从而切实有效地改变自己的教学行为和教学习惯，真正做到为理解而设计教学.

专题一 章节起始课的教学设计

现行的高中数学教材，在每一章节的开篇，都有一段对本章节内容的精彩概述——章引言和与之相配套的图片(章头图).这些内容与一般的数学教学内容不同，不会单独以一节课的形式出现，而是在一章的开头成为该章的起始内容，为本章节的知识要点、思想方法作铺垫，或者展现本章节内容与生产、生活实际的联系，传播数学文化，介绍数学史[①].于是便产生了一种新的课型，即基于章节起始内容的数学教学课——章节起始课.如何做好章节起始课的教学设计，充分发挥章节起始内容的教学功能，值得我们认真研究和深入探索.

一、章节起始课的内涵分析

章节起始课并不是每一章节具体内容的第一节课，而是指在进行该章节的具体内容教学之前，所实施的以激发学生兴趣、启发学生思考、建构章节整体结构、渗透数学思想方法为主要目的的课型.章节起始课是一个章节学习的起点，它承接在上一个章节已学内容的基础上，对原知识展开拓展研究或对新知识展开探究学习[②].

章节起始课是数学教学内容的重要组成部分，为整个章节的学习提供了相关背景、知识框架、逻辑体系、基本线索、研究方法和应用价值.在教学中，教师应先向学生介绍与展望知识整体，指引学生初步了解、认识、体验新的学习任务，从而更好地完成学习过渡，顺利地进入后续更具体、更详细内容的学习探究.

设计章节起始课时，至少应该考虑以下几个方面的要素：第一，从教学时间来看，它必须是开展新章节教学的第一节课；第二，从教材内容来看，它必须包含章引言、章头图等章节的起始内容；第三，从教学内容来看，它必须突出章节

① 蔡甜甜，宁连华.数学教材章头课的理性分析及教学建议[J].数学通报，2018(4)：22-26.

② 姚圣海.凸显数学文化，彰显数学本质：数学起始课的教学设计[J].数学教学，2014(10)：11-14.

的核心知识或核心研究方法；第四，从教学结果来看，它必须能帮助学生构建知识框架和完善知识结构①.

二、章节起始课的教学价值

章节起始课的教学，应充分发挥其“先行组织者”“导游图”“谋好篇、定好调、开好局”的独特价值与功能，使学生对本章节将要学习的内容、结构和思想方法等有一个大致的了解，留给学生“第一印象”，激发学生的学习热情，培养学生的学习兴趣，帮助学生构建良好的数学认知结构、掌握数学学习方法、感受数学的广泛应用性，而且对于培养学生的数学学科核心素养、提高数学教学的效果具有重要价值，应引起足够的重视.

1.揭示数学与生活实际的联系，引领学生用数学的眼光观察现实世界

数学是人类文明的重要组成部分，来源于人们对日常生活经验的总结和提炼.教材的章引言和章头图提供了广泛的联想材料（文字、图片）和生动丰富的实例，这是章节起始课最为宝贵的教学资源.在章节起始课的教学中，通过介绍数学史、呈现实际问题、渗透数学文化，揭示数学与日常生产、生活实际的联系，让学生沿着数学家的足迹，一步步地经历数学知识发生、发展的完整历程，不仅有助于学生认知结构的完善和发展，还可以让学生感受数学在生产、生活中的应用，欣赏数学文化和数学的美，唤起学生的问题意识，提高学生数学应用的能力，使学生学会用数学的眼光观察现实世界，培养学生的数学核心素养，从而有效发挥数学的育人价值.

2.发挥“先行组织者”的作用，帮助学生对本章节内容形成整体认识

章节起始课在数学教学中具有“先行组织者”的作用.所谓先行组织者，即在呈现正式的学习材料之前，先用学生听得懂、看得会的语言介绍一些比学习材料更一般、更开阔的引导性材料，利用这些引导性材料作为联系新旧知识的桥梁，从而为新内容的学习搭建脚手架.章节起始课向学生概略地展示本章节的主要学习内容，使学生在进行本章节知识的学习之前，对本章节的学习内容和脉络体系形成概貌性的整体认识，以帮助学生理解本章节学习内容的地位、价值，明确本章节学习内容的特点和能力要求等，搭建起本章节学习内容的基本框架，从而能够让学生高屋建瓴地认识本章节的学习内容，形成良好的知识

① 罗建宇.高中数学章节起始课的教学实践与思考：以“数列”教学为例[J].江苏教育，2019(3)：29-32.

结构，为更好地开展本章节内容的学习做好铺垫，提供必要的保证.

3.激发学生学习数学的兴趣，为学生学好本章节知识增添不竭动力

兴趣是最好的老师，是数学学习的永久动力和不竭源泉.章节起始课的重要性还体现在激发学生的学习兴趣、调动学生的学习积极性上.教育家奥加涅相认为，数学教学上的成就，很大程度上取决于学生对数学课的兴趣能否保持和发展."学习兴趣是在学习活动中产生的，力求探索学习内容的具有强烈感情色彩的认知倾向，是学习动机中最现实和最活跃的因素."[①]在章节起始课的教学中，教师可通过讲述历史上的数学故事和名人轶事、介绍数学知识的实际背景、展示本章节的研究内容、创设贴近学生实际的教学情境、组织丰富多样的探究活动等途径，激发学生对本章节内容的学习兴趣，增强学生的求知欲望和学习动力，帮助学生产生积极的学习心向，从而有效地提高教学的效果.

4.指导学生掌握学习数学的方法，使学生在寻求知识间的联系中学会学习

章节起始课教学最终的落脚点应该是让学生掌握数学基本原理，发展数学思维，提高发现问题和提出问题的能力，提升数学核心素养，使学生学会学习.章建跃博士指出，章节起始课的教学要解决好两个问题，一是获得研究对象，二是构建研究思路[②].章节起始课可以让学生构建章节体系，知晓本章节研究内容的同时，明确主要用什么方法研究，研究过程中会涉及哪些常用的数学思想方法，使学生不仅可以看到本章节核心知识的"来龙"，还能知道它研究发展的"去脉"，即让学生看到知识的生长过程，感受知识之间的逻辑联系.在研究内容和研究方法的有机融合中，让学生获得数学研究新对象、认识新对象的基本方法，为学生的学习绘制"蓝图".

三、章节起始课的设计原则

教学设计是章节起始课教学价值得以彰显的重要环节，章节起始课的教学价值必须依托于教学设计才能得以实现.根据章节起始课的内容特点与教学功能，设计章节起始课必须遵循以下原则：

1.整体性原则

章节起始课教学设计的整体性原则主要表现在三个方面：一是知识内容的整体性.章节起始课要站在系统的高度进行设计，必须将本章节零散的知识内

① 焦彩珍.初中生数学学习兴趣及自我效能与数学学业成绩的关系[J].数学教育学报，2008(2)：44.

② 李鹏燕.章起始课的教学实践与思考[J].中学数学教育，2018(12)：11-14.

容和数学思想方法加以整合,从整体上加以把握,让学生初步感知整个章节的知识结构.二是学生认知的整体性.章节起始课的设计应当结合学生的心理特点和认知规律形成整体思维,既让学生知道本章节要学什么,又让其明白为什么学和怎么学,从而能够统领全章内容的学习.三是教学安排的整体性.在章节整体思维的统领下,章节起始课既是章节教学的第一步,又是统揽全局的重要一步,教学中的每一步和每一个环节都应置于整个章节教学的系统之中来加以考虑①.

2.持续性原则

章节起始课应为本章节的教学奠定基调,引发后续教学的持续性研究,即章节起始课的教学设计应遵循持续性原则.首先,从知识层面来讲,章节起始课的设计应为整个章节提供知识框架,揭示知识间的内在联系,从而有利于后续每一个具体的知识内容的"精致"教学;其次,从方法层面来讲,章节起始课的设计不能局限于事实性、概念性的知识层面,更应突出学生应该用怎样的思维方式来完成整个章节的学习,使学生滋生可持续的学习动力;最后,从价值层面来讲,章节起始课的设计应强调学习的必要性,揭示隐藏在数学内容中的历史背景、人文背景和应用背景,挖掘知识背后的育人价值,促进学生形成持续而稳定的学习欲望.

3.适切性原则

适切性原则是章节起始课教学设计最为重要的原则.俗话说:只有适合的才是最好的.在进行章节起始课的教学设计时,要努力找到一种适合教师自身特点的建构方式,并使这一方式符合学生的学情,有利于学生的学习,以实现知识和能力在教学中的融合.具体地讲,要着重处理好以下几个问题:第一,怎样依据数学课程标准,合理地设置教学目标,组织适切的教学内容,为学生的学习提供恰当的材料;第二,怎样根据教学内容的特点,在理解数学的前提下选择合适的教学方式,让课堂精彩灵动;第三,怎样结合学生的心理特点,创设符合学生认知的教学活动,使学生在积极参与中发展思维,提升素养.

4.理解性原则

就数学学习而言,理解是第一位的,数学教学的内在包含理解.促进学生的理解是数学教学努力追求的目标,在章节起始课的教学设计中,应体现理解性

① 王华.数学单元起始课教学设计的原则和方法[J].教学与管理,2020(7):39-42.

原则,为理解而设计.章节起始课是学生接触新内容的开始,其主要作用是为整个章节的学习做出整体规划,绘制出"导游图"."整体性"和"线条化"也需要高度关注,切忌"深化"和"细化",要在认真分析学情的基础上,精心组织教学内容,做到务虚不务实,宜粗不宜细,笼统的、宏观的内容多一些,具体的、微观的内容少一些,努力使学生在直观感知和具体操作中建构对该章节内容的理解,为学好该章节的知识奠定坚实的基础.

四、章节起始课的设计精要

章节起始课的教学设计要体现统摄全章的特点,必须紧紧围绕"为什么学""学什么""怎么学"等问题进行精心设计,运用问题导引、自主探究与合作交流等方法,一方面,让学生初识该章节的研究背景、知识结构、逻辑体系和应用价值,明晰该章节的学习内容、学习特点、学习方法和学习要求;另一方面,为学生的后续学习做好充足的知识铺垫和心理准备,唤起学生对该章节知识学习研究的强烈期待和积极的学习心向,为完成该章节的学习研究"谋好篇、定好调、开好局".

1.确立该章节学习与研究的目标

进行章节起始课的教学设计,首先要解决的一个问题,就是怎样通过教学活动的开展让学生了解该章节的学习与研究,其次主要目标是解决好"学生最终要去哪里"的问题,使学生对整个章节的学习与研究做到心中有数.要充分利用好章引言、章头图等教学资源,对先前的学习知识进行简单的小结和对该章节所要学习的内容进行简单的介绍,帮助学生了解该章节学习与研究的对象及其在整个教材中的地位与作用,明确学习的重难点和通过学习将要达到的目标,厘清该章节涉及知识内容之间的内在联系,知晓该章节中知识内容的应用价值,从而为整个章节的学习与研究"定好调",构建起"蓝图".

以"平面向量"的章节起始课为例,其教学不能停留在仅仅陈述几个关于平面向量的概念的水平上,而应结合生产、生活中的实例,抽象出平面向量的有关概念,展示向量理论具有丰富的实际背景和深刻的数学内涵,揭示出"向量集形与数于一身"的特征.首先,让学生了解向量既是代数研究对象,又是几何研究对象,是沟通代数与几何的桥梁,是高中重要的知识网络交汇点,是数形结合思想的重要载体.其次,要类比数的运算学习向量的运算及其有关性质,建立向量运算体系,使学生明确向量是一种重要的运算对象,向量的加法、减法、数乘与数量积构成了新的代数运算模式,它是线性空间最生动的范例.从联系的角度看,从数式的运算到向量的运算是运算的一次飞跃.最后,要让学生充分认识到平面向量的工具作用,体会用向量的语言、方法表述和解决现实生活、数学和物理中的问题的方法,充分认识到向量是进一步学习和研究其他数学领域问题的基础,在解决实际问题中发挥着重要作用.这样既为整个向量章节内容的学习指明方向,也为学生学习好向量知识注入动力.

2.揭示该章节学习与研究的背景

数学知识的学习与研究在一个比较广阔的背景下进行,朝着一个确定的目标和方向前进.数学的概念、定理和公式都是有背景的,有来龙去脉的,只有让学生了解这些背景及来龙去脉,厘清数学知识与相关知识之间的区别和联系,学生才能理解学习这些数学概念、定理和公式的必要性和重要性,从而激发学习的兴趣,调动学习的积极性.学生所学知识的背景和由来,可以称为知识的生长点.章节起始课作为整章的开篇,知识生长点的研究显得更为重要.在进行章节起始课的教学设计时,要认真挖掘知识内容的背景,找到其本然,要充分了解和分析学生原有认知结构中是否具有适当的能够与章节新知建立联系的知识生长点,找到知识生长点有助于找到新知的源头活水,从而使探索新知成为可能①.

以"函数的概念与性质"的章节起始课为例,函数概念产生的背景源于"客观世界中有各种各样的运动变化现象".如,天宫二号在发射过程中,离发射点的距离随时间的变化而变化;一个装满水的蓄水池在使用过程中,水面的高度随时间的变化而不断降低……所有这些都表现为变量间的对应关系,这种关系常常可用函数模型来描述,并且通过研究函数模型就可以把握相应的运动变化规律.就学生而言,他们在初中已经学习了一次函数、二次函数、反比例函数等具体的函数模型,对函数的概念与研究函数的方法已有了一定的了解,进入高中,又学习了集合的有关知识.该章节的学习,就是要运用集合的观点更加深入地研究函数,借助集合的符号语言表述函数的定义域、值域、对应法则以及函数的单调性、奇偶性等性质.教学活动的开展,能激活学生已有的学习经验,使学生在弄清函数概念的源头与流向的过程中,激起对函数知识学习研究的兴趣与欲望,让学生在熟悉的背景下,实现知识延伸、迁移和生长,水到渠成地完成学

① 何睦.高中数学章节起始课的教学研究[J].数学通讯,2017(7):20-24.

习任务.

3. 明确该章节学习与研究的问题

数学教材的每个章节都应该有一个核心的、较大的数学问题，这个核心问题通常都是在一个比较广阔的、真实的情境中提出来的，而且这个问题一经提出，无疑将成为该章节学习与研究的主题，其他问题都应由这个问题分解与转化而来.章节起始课的主要任务不是让学生弄懂知识、掌握方法和解决问题，而是对该章节的学习与研究进行规划，使学生明确该章节学习与研究的主要问题，其教学设计必须有“交代问题背景、引入基本概念、构建研究蓝图”的宏观构想，充分利章引言与章头图中提供的材料，创设出能够对整章内容起到“剧情简介”作用的问题情境，呈现给学生刺激性的数学信息，引发学生的认知冲突，诱发学生的质疑猜想，唤醒学生的问题意识，让学生体会该章节学习研究的着力点与认知方向.例如：

设计“三角函数的恒等变换”的章节起始课时，可利用教材章引言中的一个来源于生活的实际问题：

点 Q 绕点 P 在半径为 1 的圆 P 上运动的同时，点 P 又绕点 O 在另一个半径也为 1 的圆 O 上运动，O 为定点，P，Q 两点的初始位置如图 1 所示，其中 $OP \perp QP$，且 P，Q 两点以相同的角速度逆时针方向运动，这时，点 Q 的运动如何刻画?

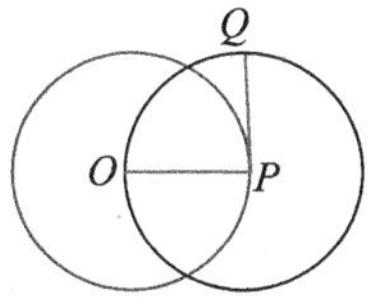

图1

接着，教师可以启发学生联系前面已经学过的有关知识，从三角函数和平面向量两个角度尝试求出点 Q 的坐标.

视角 1(三角函数的视角)　如图 2，只需求出线段 OQ 的长度和 $\angle QOA$ 的大小，便可由三角函数的定义求得点 Q 的坐标.

事实上，由题意，得 $\angle OPQ = \frac{\pi}{2}$，$OP = PQ = 1$，知 $\triangle OPQ$ 为等腰直角三角形，故得 $OP = \sqrt{2}$，$\angle QOP = \frac{\pi}{4}$. 设 $\angle POA = x$，则 $\angle QOA = \angle POA + \angle QOP = \angle POA + \frac{\pi}{4} = x + \frac{\pi}{4}$.

故点 Q 的坐标为 $\left(\sqrt{2}\cos\angle QOA, \sqrt{2}\sin\angle QOA\right)$，即 $\left(\sqrt{2}\cos\left(x+\frac{\pi}{4}\right),\right.$

$\sqrt{2}\sin\left(x+\dfrac{\pi}{4}\right)\Big)$.

视角2(平面向量的视角)　要求出点Q的坐标,只要求出向量$\overrightarrow{OQ}$的坐标即可,如图2,设$\angle POA=x$,则$\overrightarrow{OP}=(\cos x,\sin x)$,$\angle QPB=x+\dfrac{\pi}{2}$.

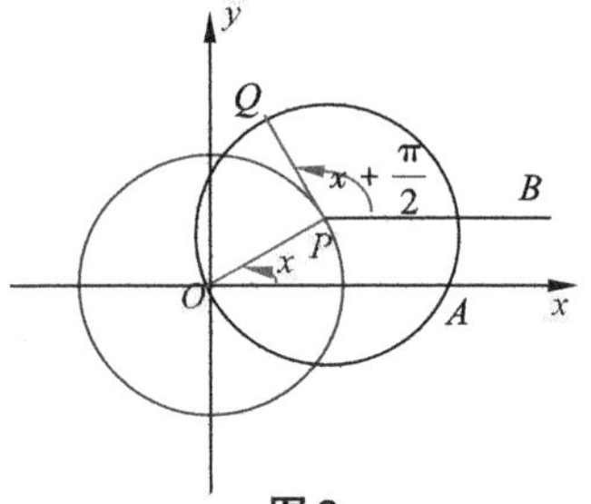

图2

故$\overrightarrow{PQ}=(\cos\angle QPB,\sin\angle QPB)=\left(\cos\left(x+\dfrac{\pi}{2}\right),\sin\left(x+\dfrac{\pi}{2}\right)\right)=(-\sin x,\cos x)$,又$\overrightarrow{OQ}=\overrightarrow{OP}+\overrightarrow{PQ}$,所以　$\overrightarrow{OQ}=\overrightarrow{OP}+\overrightarrow{PQ}=(\cos x,\ \sin x)+(-\sin x,\ \cos x)=(\cos x-\sin x,\ \sin x+\cos x)$,即点$Q$的坐标为$(\cos x-\sin x,\sin x+\cos x)$.

问题1　从上面的研究过程中,你能得出怎样的结论?

学生思考后,容易得到:用两种方法求得点Q的坐标应当是相同的,所以有$\cos x-\sin x=\sqrt{2}\cos\left(x+\dfrac{\pi}{4}\right)$,$\sin x+\cos x=\sqrt{2}\sin\left(x+\dfrac{\pi}{4}\right)$.

问题2　你能从上述结论中提出什么问题?

在教师的点拨和引导中,学生能够较为自然、流畅地提出"正弦函数与余弦函数的叠加能够恒等变形为$A\sin(\omega x+\varphi)$的形式"的猜想,由此引出本章将要研究的主要内容——三角函数的恒等变换,不但为推导两角和与差的三角函数公式作了有效的铺垫,而且通过组织学生对"周期运动的叠加"这一问题的探究,促进了学生对为何要研究三角函数的恒等变换的理解,也很好地揭示了本章节内容之间的密切联系,展示了三角函数在实际生活中的广泛应用,使学生对整个章节所要研究的问题清清楚楚、一目了然.

4.展示该章节学习与研究的框架

章节起始课毕竟只是一节课,要想在一节课中呈现一章的所有数学知识,是难以实现的,而且也是没有必要的,分清章节起始课和后续知识教学任务是教学设计需要关注的问题.

章节起始课教学的重点在于帮助学生了解该章节的知识体系,建构起该章节学习与研究的知识框架，使学生对该章节的内容与结构、重点与难点形成概貌性的认识，以便学生能够在清晰的目标指引下进行后续的学习与研究．明晰学习与研究的思路、构建学习与研究的框架是完善学生的认知结构、有效发展学生思维的载体和平台，数学的学习与研究应该先明晰思路、建立框架，而不是“走一步，算一步”，不是“摸着石头过河”①．设计章节起始课时，教师要精心分析和研究教材，努力遵循整体性和结构性原则，围绕建构该章节学习与研究的大框架，精心组织教学内容，设计好课堂活动．

以“三角函数”的章节起始课为例，该章节主要通过旋转将角的概念推广到任意角，探讨角的另一种度量制度——弧度制，在此基础上，研究任意角的三角函数、同角三角函数关系、诱导公式、三角函数的图象和性质，最后研究三角函数的应用．设计章节起始课时，重点应放在引导学生发现自然界中存在着大量的“按一定规律周而复始的现象”，这些现象往往与旋转有关，而旋转与角之间存在密切的联系，刻画这种周而复始现象的一种重要的数学模型就是三角函数．在章节起始课中，任意角、弧度制、任意角的三角函数、同角三角函数的基本关系、诱导公式、三角函数的图象和性质等内容不必具体展开，而应更注重帮助学生建构起学习与研究三角函数的知识框架（如图3所示），让学生知道从哪些方面对“三角函数”展开学习与研究，学习过程中需要把着力点放在哪些内容上，从而提高学习与研究的针对性，使学生在学习中胸中有数、有的放矢．

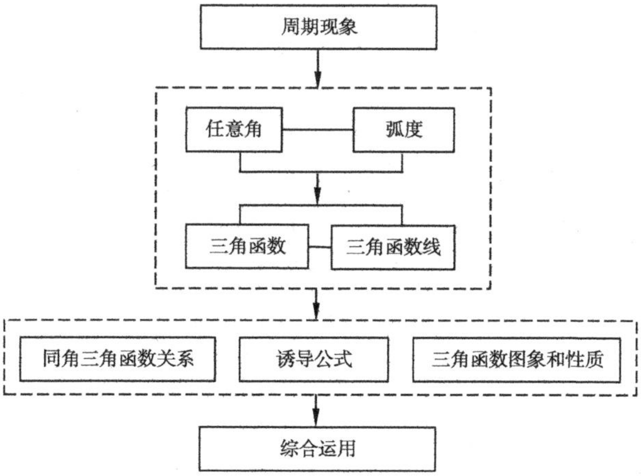

图3

①李昌官．基于核心素养的数学单元教学[J]．中国数学教育，2018(5)：3-6.

5.构建该章节学习与研究的套路

章建跃博士多次强调,数学教学要尽可能让学生体会数学研究的基本套路,因为基本套路对不同的数学对象具有普适性.注重基本套路的学习有助于学生的知识结构化和系统化,这也正是数学这一基础学科能让学生终身受益的财富①.章节起始课不仅能使学生获得对该章节内容的整体认识,更能引导学生回顾已有的经验和熟悉的研究套路,将已有的学习经验自然迁移到新内容的学习中来.在进行章节起始课的教学设计时,要注意在引导学生发现将要学习的内容与已经学过的某些知识之间的相似性,通过类比、联想、猜想等预知该章节将从哪些方面、采用哪些方法来研究新的数学对象,使学生了解研究数学对象的一般思路和方法,学会学习与研究,实现学习能力与数学素养的全面提升.例如:

在"不等式"的章节起始课中,可通过如下设计帮助学生构建学习与研究不等式的基本套路.

问题1 请大家回忆一下,研究一类新的数学问题的基本思路和研究流程是什么?

以必修1中"对数"的研究为例,和学生一起梳理,得出如下研究流程:

生活中的放射性物质问题——获得数学研究对象

⇓

对数的运算性质——丰富数学研究对象

⇓

对数的概念、对数的表示——认识数学研究对象

⇓

对数的应用——应用数学研究对象

在此基础上,教师带领学生阅读课本上的章引言,并布置学生活动任务.

问题2 在日常生活、生产实际和科学研究中经常要进行大小、多少、高低、轻重、长短和远近的比较,反映在数量关系上就是相等与不等两种情况.例如:

① 李鹏燕.章起始课的教学实践与思考[J].中国数学教育,2018(12):11-14.

(1)某博物馆的门票10元/人,20人以上(含20人)的团体票8折优惠.那么,不足20人时,应该选择怎样的购票策略?

(2)某杂志以每本2元的价格发行时,发行量为10万册.经过调查,若价格每提高0.2元,则发行量就减少5 000册.要使杂志社的收入大于22.4万元,每本杂志的价格应定在怎样的范围内?

(3)下表给出了X,Y,Z三种食物的维生素含量及成本:

食物	维生素A/(单位·千克$^{-1}$)	维生素B/(单位·千克$^{-1}$)	成本/(元·千克$^{-1}$)
X			
Y			
Z			

某人欲将这三种食物混合成100千克的食品,设X,Y这两种食物各取x千克、y千克,要使混合食品中至少含35 000单位的维生素A及40 000单位的维生素B,那么x,y应满足怎样的关系?

任务1　独立完成(1)~(3)三个小题.

任务2　小组交流,组长收集组员的不同方法.

任务3　各组选派代表展示研究成果.

学生完成上述学习任务后,教师提出下面的问题:

问题3　我们学习时,要养成一个好习惯:当我们接触一个新的数学内容时,先思考一下是否有我们已经学过的知识和它是有关联的.大家觉得我们即将要学习的“不等式”内容和我们之前学习的哪些内容能产生联系?

学生自然会想到初中已学过的等式,等式的研究要解决两类问题:一是证明其相等(恒等式的证明),二是确定等式成立的条件(解方程).

问题4　你能类比方程的学习与研究过程,说出“不等式”这一章我们要学习哪些内容,如何展开学习与研究吗?

选择等式作为切入点,利用学生对等式的相关性质的理解与掌握,一方面将等式的相关知识及研究方法迁移到不等式上来,同时将等式研究的内容迁移到不等式中,促使学生对不等式的内容有一定的认识,即证明不等式和解不等式.学生要明确:本章节的研究内容是什么?这些内容与已经学过的知识之间存在着什么关联?我们将会用什么样的方法进行研究?

上述设计中,从实际问题出发得出表示不等关系的不等式,激起学生根据已有经验得出新知、继而回忆等式的研究路径,启发学生勾画出关于不等式所要学的内容、研究的问题、过程与方法.这样,学生不仅明确了类比的对象,也逐渐构建起不等式学习与研究的“基本套路”,即“感受不等—思考不等—应用不等”,让学生体会到在“不等式”这一章的认知方向,继而“抽象出模型—研究模型—应用模型”,使学生把局部的数学知识置于整体知识的体系中,引导学生加强对数学的整体把握和宏观认识,让主动思考成为一种学习习惯,使数学思想方法得到有效渗透,使章节起始课的育人功能得到充分体现.

章节起始课是一章教学内容的开篇,作为一章内容的起始和引领,可以为后续教学内容的开展奠定坚实的基础,有着丰富的教学价值,是整个章节教学内容的先行者.在章节起始课的教学中,教师应该成为一名合格的“导游”,带领自己的学生经历这样的行程:这一章开篇要建立哪些相关知识?为什么要建立这些相关知识?它与学过的哪些知识有联系?需要用怎样的方法建立这些数学知识?[①]科学地设计并合理开展章节起始课的教学,对于引导学生的数学学习、训练学生的理性思维、发展学生的核心素养能起到举重若轻、事半功倍的效果,值得引起我们高度重视.

① 薛秋萍.上好章节起始课,开启课改一扇窗[J].中学课程辅导(教师教育),2017(17):39-40.

课例一

立足方法引领，强化概念建构，提升核心素养

——以“向量的概念及表示”的教学设计为例

一、教学情况分析

1. 内容解读

从教材的结构来看，“向量的概念及表示”是这一章的章节起始课，具有“统领全局”的作用，是全章学习的“先行组织者”. 从课型上来看，本节课又是一节概念课，最大的特点是概念多且实际背景丰富. 本节课的教学，不仅要让学生掌握向量的概念及其表示方法，理解相等向量、相反向量、共线向量等概念的本质，更重要的是让学生在经历这些概念形成的过程中，获得研究新概念、学习新内容的“基本套路”，即获得研究数学新对象、认识数学新对象的基本方法和基本框架，为学好全章内容打好基础.

为了更好地突出教学重点，突破教学难点，笔者站在系统的高度设计，立足于发展的角度引领，组织学生开展探究活动，通过“章节引领，提出问题”“创设情境，合作探究”“抓住本质，抽象定义”“认识特殊，辨析升华”“数学运用，深化理解”“课堂总结，完善认知”等教学环节，循序渐进地引导学生研究新概念，合乎情理地定义新概念，让学生积极参与概念本质特征的概括活动，帮助学生逐步形成研究向量的一般套路，体会学习新知识的基本方法，以求高质量地达成本节课的教学目标.

2. 学情剖析

本节课的授课对象为无锡市第一中学高一(4)班的学生，他们选修了物理和化学，思维活跃，学习数学的积极性较高，数学基础较好. 学生对数量有了一定的认识，能识别生活中的一些常见量是否具有大小和方向，知道了物理学中的重力、弹力、摩擦力等是既有大小又有方向的矢量. 在前一章“三角函数”的学

习中,学生知道了向线段的概念,可以通过有向线段来表示物理问题中的相关量.同时,经历并了解了实数的形成过程,初步具备了类比的思想和联系的观点.

数学概念具有高度抽象性,对概念本质的概括和概念的形成需要学生具备较强的抽象概括能力.本节课概念多而散,怎样定义概念,怎样研究新的问题,需要学生能够总体勾勒研究框架和思路,这就对学生提出问题、研究问题的能力提出了较高的要求.在获得向量的相关概念时,学生需要掌握一定的研究数学新对象的基本方法,具备类比和联系的观点和能力.

3.目标定位

(1)了解向量的实际背景,理解平面向量的概念和向量的几何表示;掌握向量的模、零向量、单位向量、平行向量、相等向量、共线向量等概念;会区分平行向量、相等向量和共线向量.

(2)通过对向量的学习,初步认识现实生活中向量和数量的本质区别,明确学习向量的意义,培养认识客观事物的数学本质的能力.

(3)经历向量的概念、表示及特殊向量的学习过程,感受通过类比获得研究的内容与方法,体会用联系的观点来认识和研究现实世界,体会研究数学新对象的基本方法.

4.教学重难点

教学重点:理解并掌握向量、零向量、单位向量、相等向量、共线向量的概念,会用恰当的方法表示向量.

教学难点:平行向量、相等向量和共线向量的区别和联系.

5.教学策略

教学中,摆正教师的主导地位与学生的主体地位之间的关系,明确教师是学生建构知识的参与者和协作者.积极采用启发式、引导式、探究式教学方式,通过“创设情境、归纳共性、抽象定义、形象表示、认识特殊、辨析升华、归纳小结”等教学环节引导学生获得向量的概念、认识向量,逐步形成研究向量的基本套路.

本节课是概念课,帮助学生系统地掌握概念的来龙去脉及研究问题的方法和套路,形成良好的认知结构,培养思维品质是主要目标.为了实现这一目标,教学中采用了以下策略:

(1)章引言交代问题背景,引入基本概念,构建研究思路.本课教学最重要的不是向量的定义和几个相关概念的获得，而是获得数学研究对象、认识数学研究对象的方法，因此本课是站在章节的高度设计教学.

(2)根据学生的思维特点和认知基础，运用引导发现的方法，尽可能多地给学生提供课堂参与的机会，提出问题让学生分析、思考和交流，借助多媒体课件，让学生动手操作，在尝试和探索中掌握方法，体会思想，形成技能.

(3)突出类比的思想与联系的观点，引导学生类比实数的学习，联系数的关系和数的研究流程，结合向量的本质特征，认识向量的相关概念.

二、教学过程设计

1.章节引领，提出问题

导入："平面向量"对同学们来说是一个新知识.平面是一个定语，限定我们暂时研究的范围是平面内."平面"让我们很容易想到"空间"，说不定以后可以进行推广.标题的主语是"向量"，这是一个新的概念.

问题1　请大家回忆一下，研究一类新的数学问题的基本思路和研究流程是什么？以必修1中的"对数"为例.

生活中的放射性物质问题——获得数学研究对象

⇓

对数的运算性质——丰富数学研究对象

⇓

对数的概念、对数的表示——认识数学研究对象

⇓

对数的应用——应用数学研究对象

【设计意图】　通过问题1，让学生以"对数"的学习为例，回忆学习"对数"概念的研究流程，指导学生运用联系的观点，研究新概念的主要内容和基本方法，架构起全章学习的基本框架，使学生自然而然、顺理成章地尝试探索向量的概念，建立向量的知识结构.

2.创设情境，合作探究

问题2　身高、体重、距离，这些量有什么共同特征？

问题3　你能不能再举出一些数量的例子？

问题4　章头图(图1)中，A处的我方军机如何报告C处敌机的位置？

图1

问题5　如图2,敌机沿CB方向逃窜,我方军机要抵近拦截.如果我方军机的速度大于敌机,是不是就可以拦截到敌机?为什么?

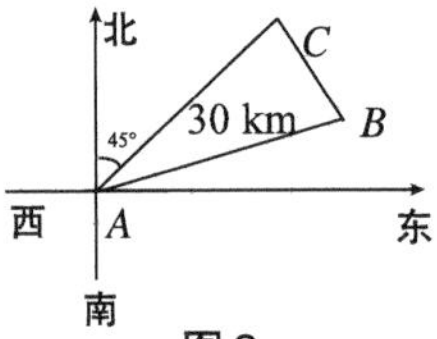

图2

【设计意图】　从学生已有经验——对"数量"概念的认识出发,引发学生的认知冲突.再通过问题4和问题5,挖掘教材章头图蕴涵的数学内涵,引导学生感受现实世界中存在大量既有大小又有方向的量,自然而然地指向向量概念的本质,为准确揭示向量概念的核心要素做好铺垫,帮助学生学会从现实世界进入数学内部的研究方法,养成用数学的眼光观察世界的习惯.

3.抓住本质,抽象定义

(1)向量的概念:既有大小又有方向的量.

形成方法:具有共同属性的示例(位移、速度、力等)⇒归纳共性⇒数学抽象⇒新的对象.

(2)向量的表示.

问题6　结合已有经验,怎样把所举例子中的向量表示出来?以我方军机从发现点到拦截点的位移为例.

【设计意图】　数学中的向量概念来自物理.向量概念的建构着重让学生经历归纳比较、抽象概括的过程,形成对向量概念的准确认识.在向量概念的形成过程中,要突出向量的重要特征:大小和方向.从向量的概念可以看出,大小和方向是向量两个最重要的特征,大小是"数"的角度,方向是"形"的角度,向量集数、形两个特征于一身.

问题7　在初中,我们用符号AB表示线段,现在还用符号AB表示向量合理吗? 为什么?

几何表示:用一条有向线段表示向量.

符号表示:把起点为A、终点为B的向量表示为$\overrightarrow{AB}$.向量也可以用小写字母$\vec{a},\vec{b},\vec{c}$来表示(印刷时用粗体$\boldsymbol{a}$,书写时用$\vec{a}$).这是向量的符号表示.

向量的模:我们用有向线段的长度来表示向量的大小.向量$\overrightarrow{AB}$的大小称为向量的长度(或称为模),记作$|\overrightarrow{AB}|$.

【设计意图】　数学中,定义概念后,为了进一步研究的方便,通常要表示它,比如,用数轴上的点表示实数,用符号$\log_a N$表示对数.几何表示和符号表示是表达向量的数学语言,也是向量得以广泛应用的基石.通过引导学生回忆物理学中力、位移的表示方法,尝试进行向量的表示.通过对向量表示方法的探讨,学生得以再次理解向量的两个要素——大小和方向,培养运用数学语言表达问题的素养.

4.认识特殊,辨析升华

问题8　你认为哪些向量比较特殊?

【设计意图】　考查特例是数学研究的基本套路.类比实数的研究方法,引导学生关注一般中的特殊,从特殊向量入手研究.向量的核心要素是长度和方向,因此从特殊长度和具有特殊关系的向量入手研究.

(1)特殊向量:①零向量;②单位向量.

问题9　①$\boldsymbol{0}$与0有区别吗?(一个是向量,一个是数量.)②零向量和单位向量的方向呢?(任意的.)③平面直角坐标系内,起点在原点的单位向量,它们的终点的轨迹是什么图形?

(2)特殊关系:平行向量、相等向量、相反向量.

问题10　观察图3中的正六边形$ABCDEF$,给图中的一些线段加上箭头表示向量,写下你所标注的向量,并说说你所标注的向量之间的关系.

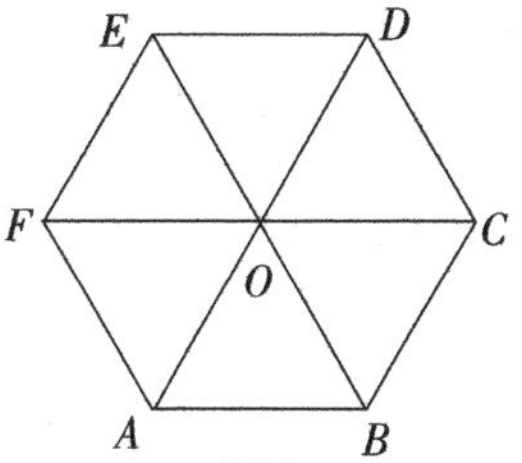

图3

问题11　探讨"零向量与任一向量平行"的合理性.

【设计意图】　严密的逻辑性是数学的本质特征.从完善数学系统的角度规定零向量与任一向量平行,解释了规定的必要性和合理性.

问题12　将一个向量平移后所得的向量与原来的向量还相等吗？为什么？

思考　在图4所示的向量$\boldsymbol{a}$,$\boldsymbol{b}$,$\boldsymbol{c}$,$\boldsymbol{d}$,$\boldsymbol{e}$,$\boldsymbol{f}$中(小正方形的边长为1),是否存在平行向量、相等向量、相反向量?

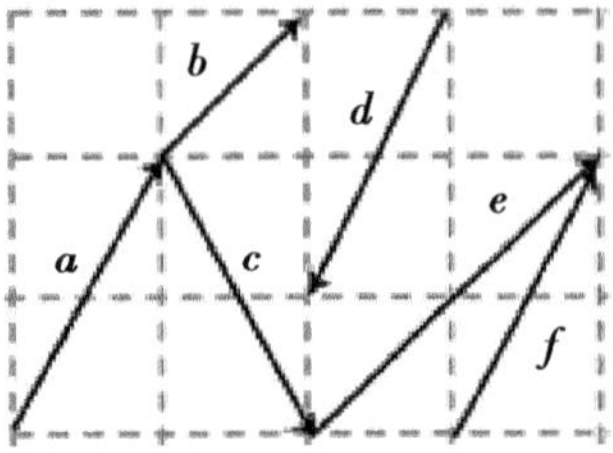

图4

问题13　下列结论中,哪些是正确的?

①若两个向量相等,则它们的起点和终点分别重合;

②模相等的两个平行向量是相等的向量;

③若$\boldsymbol{a}$和$\boldsymbol{b}$都是单位向量,则$\boldsymbol{a}=\boldsymbol{b}$;

④两个相等向量的模相等;

⑤单位向量均相等;

⑥任一向量与它的相反向量不相等.

【设计意图】　通过上述问题的辨析,学生进一步认识向量的本质属性,深化对向量有关概念的认识和理解,明确研究向量关键在于抓住方向和长度两个要素.我们在本章中所学的向量都是自由向量,可以平行移动,仅跟方向和大小有关,与起点位置无关.这些平行向量都可以平移到一条直线上,由此得出共线向量的概念,平行向量又称为共线向量.

5.数学运用,深化理解

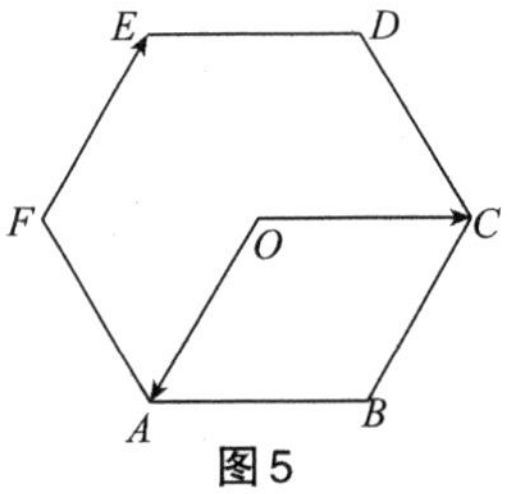

图5

例1　已知O为正六边形$ABCDEF$的中心,在图5所示的向量中:

(1)试找出与$\overrightarrow{FE}$共线的向量;

(2)确定与$\overrightarrow{FE}$相等的向量;

(3)$\overrightarrow{OA}$与$\overrightarrow{BC}$相等吗?

例2　图6中的4×5方格纸中有一个向量$\overrightarrow{AB}$,分别以图中的格点为起点和终点作向量,其中与$\overrightarrow{AB}$相等的向量有多少个？与$\overrightarrow{AB}$长度相等的共线向量有多少个($\overrightarrow{AB}$除外)?

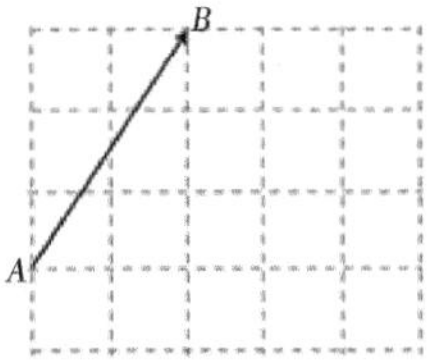

图6

【设计意图】　通过动手操作与合作交流,学生巩固共线向量和相等向量的概念,熟练掌握向量的概念及其表示方法,在理解向量概念本质的基础上,养成抓住"大小"和"方向"两个特征研究向量的习惯,为后续的进一步学习和研究奠定基础.

6. 课堂总结，完善认知

(1)制作一张思维导图(见图7)：

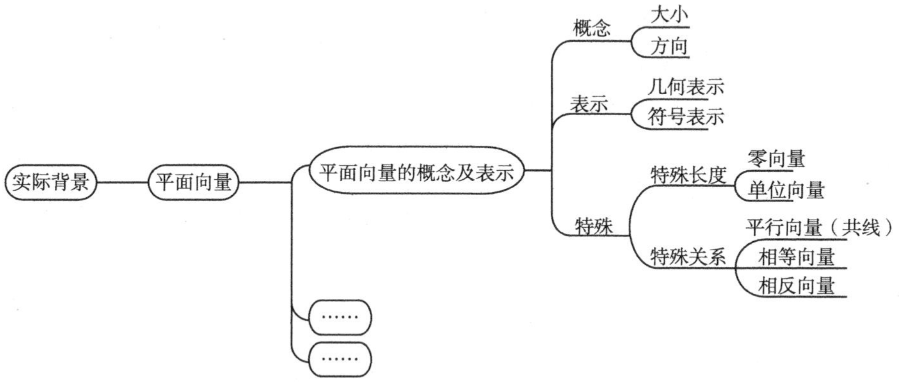

图7

(2)归纳一条研究路线：

归纳共性 ⇒ 抽象定义 ⇒ 形象表示 ⇒ 认识特殊 ⇒ 完善认知 . 放眼整个章节，我们还将研究些什么？

【设计意图】 课堂总结不再是单调的、枯燥的由教师“贴标签”的方式进行，而是通过“问题串”的形式引领学生回顾和反思整节课的学习、研究过程，明确研究的内容和方法，在此基础上，完善思维导图，明晰研究路线，让学生在深刻理解向量概念本质的同时，掌握研究数学新概念的基本方法和主要途径，使学生不仅能“学会”，而且逐步做到“会学”.

三、教学活动反思

1. 整体把握教材，立足方法引领，构建研究路径

按照《普通高中数学课程标准(2017年版)》的要求，“向量”的内容包括向量概念、向量运算、向量基本定理及坐标表示、向量应用 . 概念繁多琐碎、内容简单易懂，看起来平淡无奇，“没有什么东西可讲”，容易造成“就知识讲知识”. 当教师采用孤立的、缺乏知识系统性的知识点教学时将导致学生学科整体观缺失、问题研究力下降 . 我们在关注“向量的概念”一节的教学目标时，还要关注向量单元教学目标，更要把握各节内容在整个数学学习过程中的教育价值 . 只有教师整体把握了中学数学课程结构，才能真正推动和落实发展学生数学核心素养的任务 . 通过向量概念的学习，提高学生面对新问题时主动探寻研究方法、构建

研究路径的能力，其重要性高于具体的研究对象.

本课沿着“挖掘实际背景，经历建构过程，揭示概念本质，渗透研究方法，构建学习蓝图”的思路展开.根据学生已有的知识和学习经验，从数学的内部提出问题，通过学生回忆数的学习方法，提出向量的学习问题，引起学生的认知冲突，引发学生对新知的学习欲望和探究热情.数学课需要解决学什么、怎么学和为什么学的问题.向量具有深刻的数学内涵、丰富的物理背景，用“问题串”的方式和问题驱动的方法，引领学生探究和建构向量的有关概念，让学生从物理、几何、代数三个方面理解向量的概念，在思考辨析中认识向量，在尝试应用中理解向量，在总结反思中完善认知.整节课以一张思维导图和一条研究路线作为课堂教学的明线和暗线，把零散繁多的概念串联在一起，不仅让学生掌握向量知识，而且使学生学会研究新知的方法，体会蕴含在知识之中的思想，培养数学思维品质，提升数学核心素养，为整章的学习奠定了坚实的基础，实现了“教师的高位引领，学生的深度发展”①.

2.问题引领思考，突出思维训练，促进深度理解

什么是教学？这一问题可谓是仁者见仁、智者见智.德国著名数学家戴维·希尔伯特认为，教学是在课堂中围绕教学内容，并促成学习目标达成的师生、生生活动.教学的任务是创造一个学生参与的环境来引起学生思考，并且让学生解释他们知道什么以及是如何思考的.思考需要通过问题来引领，问题是数学的“心脏”，也是驱动学生思维的源泉.数学概念的教学要以问题为核心，以探究为主线，实现学生对知识的内化，促进学生对思想方法的理解.

本节课的教学设计，其基本出发点是以向量知识的发生、发展的过程以及学生已有的对构建新概念的认知策略和学生理解数学知识的心理过程为基本线索，为学生构建前后一致、逻辑连贯的知识体系的学习过程.笔者没有因为本节课的内容简单、学生易懂，就把知识直接灌输给学生，而是根据教材内容，精心设计了一系列问题组成“问题串”，让学生去讨论、去探索、去发现、去思考，然后进行归纳总结，使之规范化.在这一过程中，学生的所想、所说、所做，构成了课堂教学的一道美丽风景.教学过程中，始终以认识问题和解决问题为核心任务，充分挖掘概念的内涵与外延，使学生在掌握知识的过程中学会思考.利用问题，通过恰当的提问、追问，类比数、式、函数等知识的学习过程，引导学生体验

---

① 余建国.让章节起始课的教学设计更大气些：以“向量的概念及表示”为例[J].数学教学研究，2014(9)：19-23.

学习新对象的一般流程:从同类具体事例中抽象出共同的本质特征—给出定义—符号表示—认识特殊对象—考查特殊关系.在整体认识向量的知识结构这一主线的基础上,进一步深入思考支撑这一主线的相关概念、思想方法、数学应用等,从现实世界和物理背景中剥茧抽丝,从类比联想中破茧成蝶,层层递进、步步深入,使学生在愉悦和谐的氛围中学会了思考,训练了思维,实现了对向量概念本质和向量表示方法的深度理解.

3.渗透数学思想,揭示数学本质,提升核心素养

一般认为,数学基本思想是指对数学及其对象、数学概念和数学结构以及数学方法的本质性认识.它蕴含在数学知识形成、发展和应用的过程中,制约着学科发展的主线和逻辑架构,也是数学知识和方法在更高层次上的抽象与概括.特别是,教师对“内容所反映的数学思想方法”的理解水平决定了教学所能达到的水平和效果.数学的本质在于思想,充分挖掘蕴含在向量中的数学基本思想是向量概念教学的必要过程.

平面向量具有“数”和“形”双重身份,向量自身就是数形结合,是联系代数与几何的桥梁.向量内容的学习中,蕴含着丰富的数学思想方法.作为向量学习的起始课,教学中要十分注重数学思想方法的提炼和渗透,利用联系的观点、类比的思想引导学生结合已有的数学知识和数学经验,进行发现式和探究式学习,探索和发现向量的基本概念,构建知识网络.例如,抓住“数”和“形”两个特征来认识向量的概念,把握向量的基本要素;联系实数中特殊的数0和1,结合向量的两个要素来认识和理解零向量和单位向量;用几何图形中两直线平行类比得到平行向量和共线向量;类比实数的运算大胆地预测向量也可以运算;等等.这样以学生已学的知识作为产生新知识的固着点和生长点,让学生通过类比和思考,较为自然地得出新知识,为后续教学埋下了伏笔,在潜移默化中渗透了类比、转化与数形结合等数学思想方法,训练了学生的理性思维,提升了学生数学抽象等核心素养,收到了“潜移默化,润物无声”的效果[①].

① 金鹏.在探究中加深理解,在领悟中提升素养:以“向量的概念及表示”的教学为例[J].中学数学月刊,2017(5):30-33.

课例二

为理解设计教学，让课堂本真高效

——以“棱柱、棱锥和棱台”的教学设计为例

一、教学情况分析

1. 内容解读

本节课选自苏教版数学必修2第一章“立体几何初步”第一节“空间几何体”中“1.1.1　柱、锥、台”的第一课时，是一节章节起始课，主要研究棱柱、棱锥、棱台的结构特征.棱柱、棱锥、棱台是重要的几何体，认识它们是正确认识简单组合体的基础.

中学阶段对于几何的安排分为初中的平面几何和对柱体、锥体的初步认识，以及高中的立体几何，这是一个从二维到三维、由浅入深的过程.本章通过先直观认识几何体的结构再建立点、线、面的逻辑体系，培养学生的数学思维能力，使学生对空间图形的认识在初中平面几何的基础上，适当地提升到理性层面.

在高中“立体几何初步”的教学中，建立良好的空间想象能力是学习的关键，也是最大的难点.本课作为立体几何的起始课，要注意让学生了解立体几何研究的内容与方法，培养学生的空间想象力，体会类比、转化等数学思想和方法，初步建立空间概念，让他们觉得这门课有用、有趣，从而发挥宏观设计、章节引领的作用，为学好立体几何的内容奠定基础.

2. 学情剖析

学生在学习这一内容之前已经接触过一些常见的空间几何体，如长方体、正方体、球、圆柱、圆锥等，对棱柱、棱锥和棱台这些简单几何体有了一些初步的认识和了解，这些认识和了解一方面源于生活的感性经验，另一方面源于小学和初中对它们的初步学习，但究竟什么是棱柱、棱锥、棱台，它们具有怎样的结

构特征，学生对其并没有形成清晰的认识，缺乏正确的理解．作为章节起始课的教学，可以通过课件的动画效果和实物模型，向学生展示更多的具有典型几何特征的空间物体，增强学生的直观感受，在此基础上，引导学生概括出它们的结构特征，帮助学生建构起对棱柱、棱锥和棱台概念的认识和理解．

3.目标定位

(1)感受现实世界中存在着大量的空间图形，了解立体几何初步的研究对象、内容和方法，经历棱柱、棱锥和棱台概念的生成过程．

(2)结合动画、模型、动态或静态的直观图，认识棱柱、棱锥和棱台等空间几何体的特征，培养数学抽象和直观想象的能力．

(3)渗透运动、变化和联系的观点，提炼类比、转化等数学思想和方法，形成对空间图形的初步认识，为后续学习奠定基础．

4.教学重难点

教学重点：体会立体几何的研究方法，学会用运动和辩证的观点认识棱柱、棱锥、棱台的生成过程．

教学难点：棱柱、棱锥、棱台结构特征的概括和空间概念的建立．

5.教学策略

本节课采用问题导引、自主探究和合作交流的教学方式，在培养学生主动观察、主动思考、动手操作、自我发现等学习能力上下功夫，充分利用多媒体辅助教学的手段，借助实物模型、多媒体课件、几何画板软件等展示立体图形，提高教学效果．

二、教学过程设计

1.创设情境，引领探究

(1)提出探究问题，引领探究活动．

问题1　到一个定点距离等于定长的点的轨迹是什么？

问题2　给你3根长度相等的木棒，你能拼成什么图形？

追问　用6根长度相等的木棒，最多能拼出几个全等的正三角形？

问题3　请同学们观察下面这幅图(图1)画的是什么．

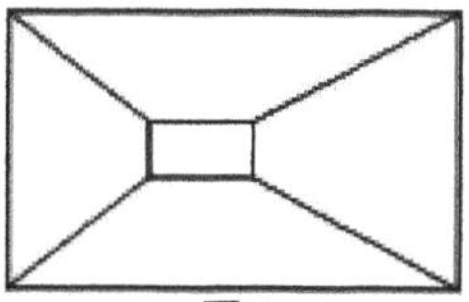
图1

【设计意图】　设计上述三个探究活动，让学生动手操作、动脑思考、动口交流，为学生营造探究学习的氛围，既激发了学生的学习兴趣，又让学生感受到将研究问题的领域从平面拓广到空间的必要性,初步感知了平面几何与立体几何的联系与区别.通过探索、交流和总结,将学生的思维活动由平面引导到空间,帮助学生形成空间概念.

(2)欣赏空间图形,走进立体几何.

PPT展示图片(图2),利用音响效果,引领学生感受和欣赏现实生活中的空间几何体,带领学生从平面走向空间.

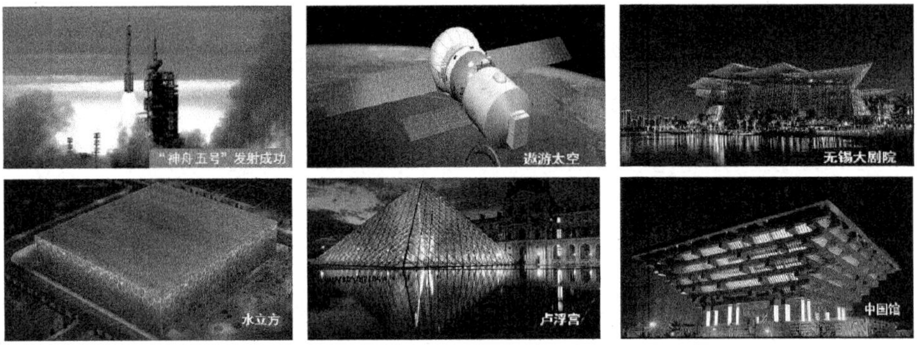

图2

【设计意图】 展示现实生活中的空间图形,让学生在欣赏空间图形数学美的同时,从生活体验中感知空间图形大量存在,体会用数学的眼光观察现实,产生直观想象,形成数学抽象.

(3)类比平面几何,感悟立体几何.

问题4 观察实物图片(图3),它们可以抽象出怎样的几何图形?

(投影展示一组简单几何体的图形.)

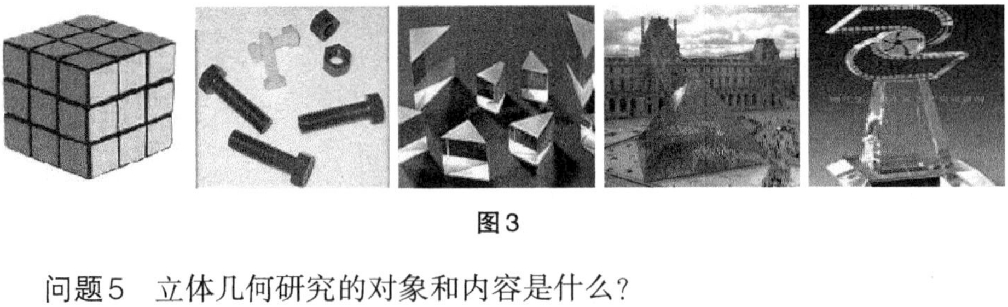

图3

问题5 立体几何研究的对象和内容是什么?

(学生思考讨论后展示章引言,如图4.)

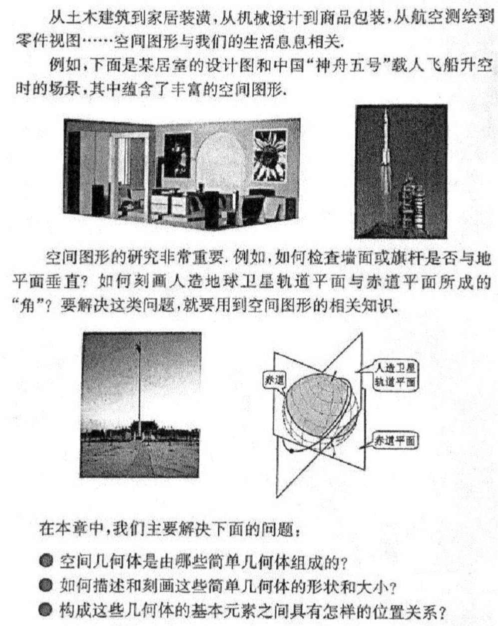
从土木建筑到家居装潢，从机械设计到商品包装，从航空测绘到零件视图……空间图形与我们的生活息息相关.

例如，下面是某居室的设计图和中国“神舟五号”载人飞船升空时的场景，其中蕴含了丰富的空间图形.

空间图形的研究非常重要. 例如，如何检查墙面或旗杆是否与地平面垂直？如何刻画人造地球卫星轨道平面与赤道平面所成的“角”？要解决这类问题，就要用到空间图形的相关知识.

在本章中，我们主要解决下面的问题：

- 空间几何体是由哪些简单几何体组成的？
- 如何描述和刻画这些简单几何体的形状和大小？
- 构成这些几何体的基本元素之间具有怎样的位置关系？

图4

【设计意图】　引导学生通过类比平面几何中的矩形、三角形、梯形，观察棱柱、棱锥、棱台等空间几何体模型，了解立体几何研究的对象，感受数学的直观美. 接着，依然类比平面几何，结合章引言，引导学生发现立体几何将要研究的内容，对立体几何的研究对象和研究内容产生初步认识，为后续学习奠定基础.

2. 合作交流，建构概念

(1)棱柱的研究.

问题6　下面的几何体是怎么形成的？

出示一组棱柱模型(投影展示图5)，引导学生观察这些模型是怎么生成的，思考什么是棱柱？怎么分类？如何表示？有什么共同特征？

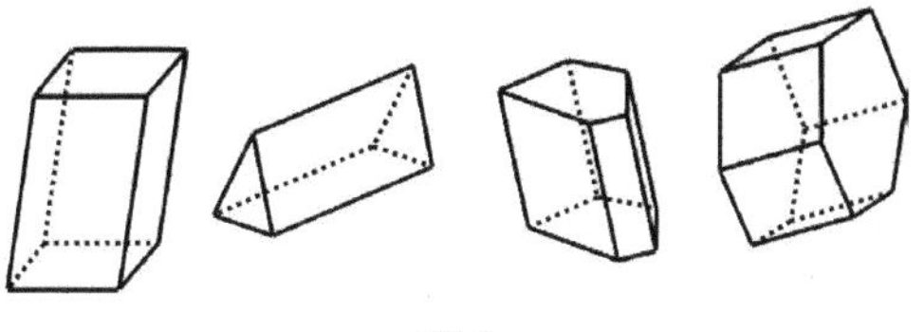

图5

借助几何画板演示点动成线、线动成面、面动成体，引出棱柱形成过程，并展示图6.

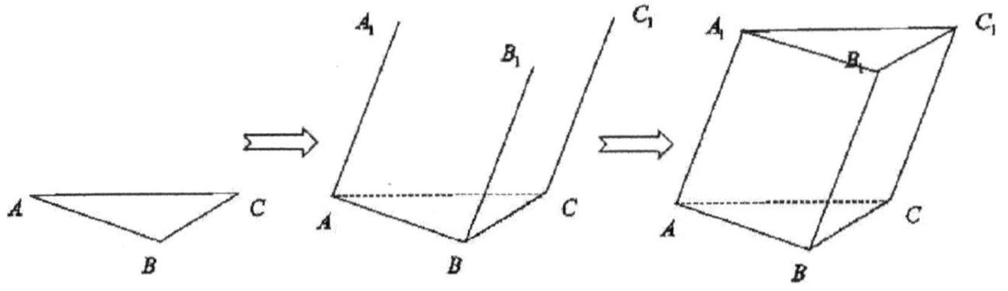

图6

由师生总结得出棱柱的概念、棱柱的分类、棱柱的表示及棱柱的性质.

【设计意图】 棱柱形成的过程,可以帮助学生了解棱柱的概念,明确棱柱的分类,掌握棱柱的表示,理解棱柱的性质,体会研究空间图形的方法,感受用数学的思维分析和研究现实生活中的问题,为进一步学习棱锥和棱台做出铺垫、打好基础.

(2)棱锥、棱台的研究.

问题7 类比棱柱的研究,你能说出棱锥是怎么形成的吗?棱台呢?

借助几何画板演示棱锥、棱台的形成过程,引导学生观察棱锥和棱台是怎样形成的,思考如何给出棱锥和棱台的定义.

【设计意图】 帮助学生认识棱锥、棱台的特点,了解棱锥、棱台的形成过程,建构起对棱锥和棱台的初步认识,进一步体会类比方法在研究空间图形中的应用:可以由平面类比空间,由棱柱类比棱锥和棱台.

问题8 仿照棱柱的研究,你能归纳棱锥、棱台的分类、表示和性质吗?

(1)分组讨论;

(2)学生填写活动单;

(3)汇报交流;

(4)教师总结.

活动单

几何体	定义	图形	分类	表示	性质	
					底面	侧面
棱柱	由一个平面多边形沿某一方向平移形成的空间几何体叫做棱柱	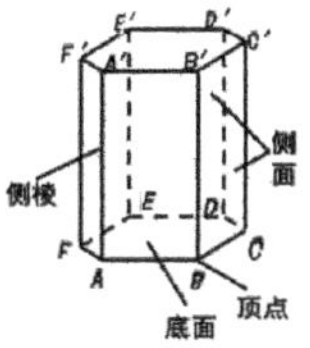	按底面多边形的边数分为三棱柱、四棱柱、五棱柱、六棱柱……	棱柱 $ABCDEF-A'B'C'D'E'F'$	两个底面是全等的多边形，且对应边互相平行	是平行四边形
棱锥	当棱柱的一个底面______时，得到的几何体叫做棱锥	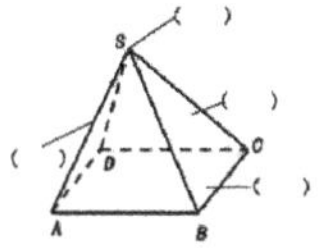				
棱台	用一个______的平面去截棱锥，______的部分叫做棱台	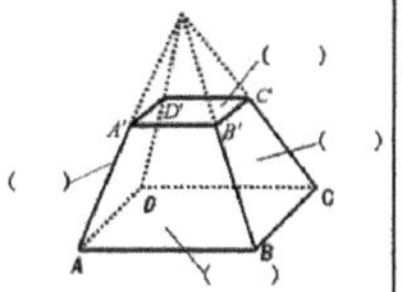				

【设计意图】　在学生建构起棱锥、棱台的概念，加深对棱锥、棱台的认识和了解的同时，让学生学会自主探究和合作交流，培养学生的探究意识、合作精神和交流能力.

3.辨析概念，深化理解

思考1　如图7，过BC的截面截去长方体的一角，所得的几何体是不是棱柱？为什么？

（先引导学生回答，然后紧扣棱柱定义用动画演示.）

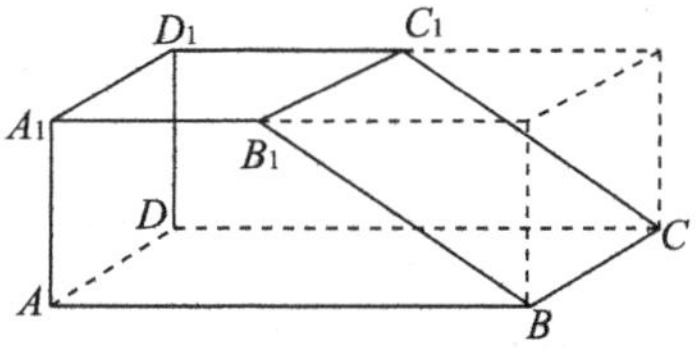

图7

思考2　有两个面互相平行，其余各面都是平行四边形的几何体是棱柱吗？

（先让学生思考，然后再把讲台上预先放好的一叠练习册上半部分和下半部分向相反方向推，最后投影抽象后的图，如图8.）

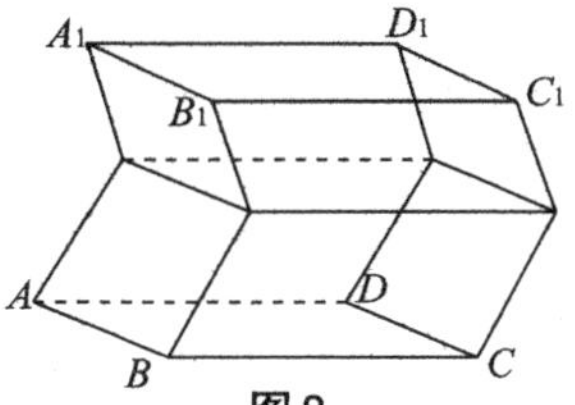

图8

思考3　有一个面是多边形，其余各面都是三角形的多面体是棱锥吗？（投影图9、图10.）

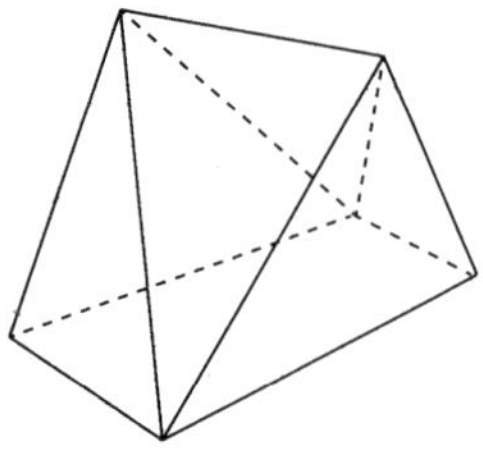

图9

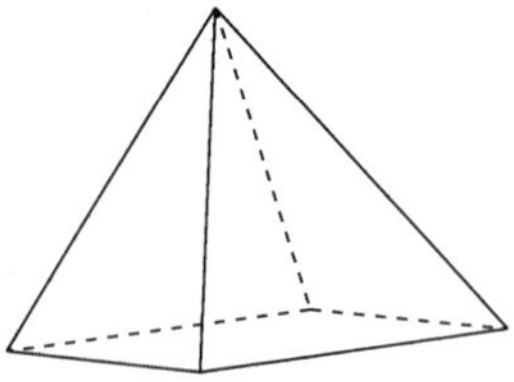

图10

思考4　图11、图12表示的几何体是不是棱台，为什么？

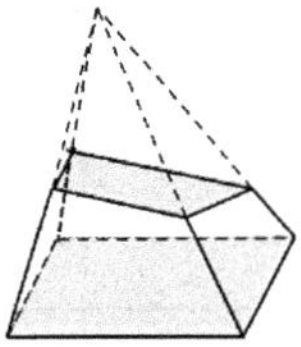

图11

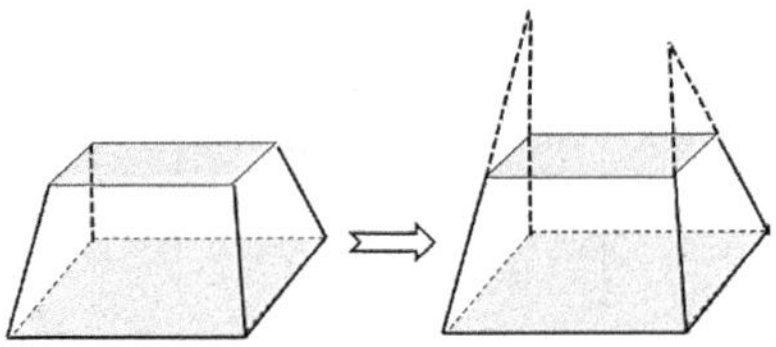

图12

【设计意图】　通过上述问题的辨析，学生进一步认识棱柱、棱锥和棱台，深化对棱柱、棱锥和棱台的概念和性质的理解，明确判断的依据主要是定义和性质，要肯定一个结论，必须有充分的理由，若否定一个结论，只要举出一个反例就可以了，从而体会定义的价值，学会用定义进行判断和证明的方法，提高理性思考和逻辑思维能力.

4.总结反思，升华认知

师生活动：师生共同回顾课堂活动，对学习的知识和方法进行总结提炼.

(1)立体几何知识体系的研究路线是：生活实例⇒归纳共性⇒抽象定义⇒符号表示⇒探究性质.

(2)空间图形的研究过程中，蕴含着“数学建模”“数形结合”“类比推理”“化归与转化”等数学思想和方法，值得我们深入体会和领悟.

思考5　棱柱、棱锥和棱台都是多面体，当底面发生变化时，它们能否互相转化？(图13)

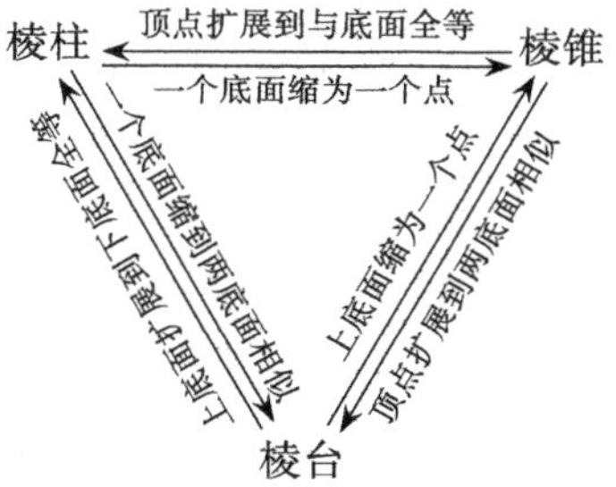

图13

思考6　如图14，在长方体$ABCD-A_1B_1C_1D_1$中，若$AB=4$，$BC=2$，$AA_1=3$.

(1)求AC_1的长度；

(2)有一只蚂蚁要从A_1点到BC的中点M去吃食物.如果蚂蚁爬行的是最短路线，应该怎样走？

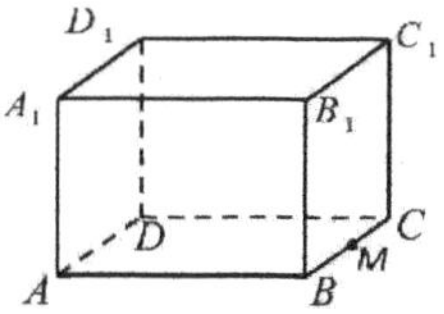

图14

【设计意图】　通过总结反思，回顾本节课的学习过程，使所学知识系统化、结构化，进一步深化对棱柱、棱锥和棱台的概念、分类、表示和性质的认识和理解，进一步体会研究空间图形有两种思想方法，即类比和转化的思想方法，培养学生归纳、总结和反思的习惯，提高抽象概括的能力.

5.布置作业，拓展延伸

(1)完成教材P8练习1，2，3，4.

(2)如图15，$ABCD$是一个正方形，E，F分别是AB，BC的中点，沿DE，EF，FD折起得到一个空间几何体，问这个几何体是什么几何体？

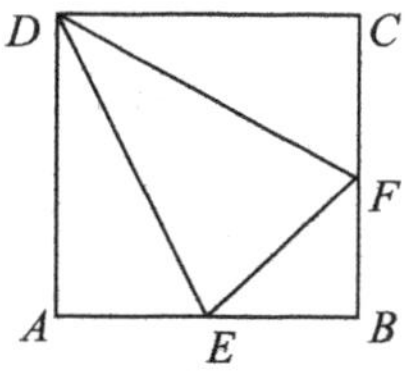

图15

【设计意图】　通过布置作业，将探究学习活动延伸至课外，使学生在课下对立体几何的特点进一步感悟与体会，巩固对棱柱、棱锥和棱台的认识和理解，提高应用研究所学知识分析问题和解决问题的能力.

三、教学活动反思

本节课的主要任务有两个，一是揭示立体几何研究的对象、内容以及解决问题的思想方法，激发学生学习立体几何的兴趣；二是让学生经历棱柱、棱锥、棱台的形成过程，初步建立起空间概念，将学生的视野从平面发展到空间.对于刚刚接触立体几何的学生来说，精心设计好教学过程，帮助他们真正认识棱柱、棱锥、棱台概念的本质特征,深刻理解研究立体几何的思想方法,是我们需要着力解决的问题.

1.在问题情境中建构学生的理解

著名教育家弗赖登塔尔认为,数学学习不是一个被动的吸收过程,而是一个以学生原有的知识经验为基础的主动建构过程.如果说掌握知识是数学教学的主要目的,那么数学理解就是掌握知识的有效手段.情境认知理论认为,知识是情境化的,学习需要一定的情境,参与实践可以有效地促成学习和理解.基于理解的数学教学,其核心就是创设一种学习环境,让学生积极参与到探究和发现知识的活动中去,通过思维和行动建构起自己对知识的理解.因此,设计好贴近学生生活实际和已有生活经验的问题情境,营造一个激发学生参与理解并促进学生知识建构的良好氛围,是实施理解型教学的前提.

理解通常产生于某种疑难、困惑和问题,它不依赖于普遍的规则,而是借助某种事物作为诱因而发生.教学伊始,笔者从学生已有的经验出发,设计了三个具有趣味性和探究性的问题,让学生动手操作、动脑思考、展开讨论,利用学生的疑问和教师的追问,在学生"似懂非懂、欲说不能"的状态下,十分自然地将学生的思维从平面引向空间.紧接着,通过PPT投影现实生活中的空间图形,引导学生从这些普遍的生活现象中抽象出空间图形的概念,揭示出数学与日常生活的联系,激发学生主动探索棱柱、棱锥、棱台的形成过程,建构起学生对空间概念的初步认识和理解.

2.在探究活动中促进学生的理解

数学理解的一个重要环节就是产生表象和形成表象,即学生能根据已有的了解逐渐形成和融合成一般表象,从而能认识各表象之间的区别和联系,并在此基础上建立起形式化的数学对象,达成表征.著名数学家克莱茵说过:"一个数学主题只有在成为直觉上的显然以后,才算研究到家了."①如果学生在解决问题时,没有产生表象、达成表征,就无法正确地认识问题的本质,更谈不上"直觉上的显然了".经验是数学理解的基础,而获得经验的一个最有效的方法就是开展探究活动,让学生在探究知识的发生和发展的活动过程中积累基本活动经验,促进学生对数学知识的建构、认知和理解.

本节课从问题入手,精心设计了一系列富有思考性和挑战性的问题,将教

① 黄安成.数学悟性与《立体几何》[J].数学通报,2005,44(1):24.

学内容以问题形式呈现，通过问题驱动、动手操作，引导学生进行观察、实验、猜想、验证和推理等活动，在探究解决问题的方法和途径的过程中，认识平面几何与立体几何的联系和区别，建构棱柱、棱锥和棱台的概念，揭示立体几何研究问题的思想和方法，帮助学生建立起对立体几何和空间体的认知和理解，培养学生的空间想象能力.学生经历的是探索活动的过程，领悟的是数学学习的方法，得到的是自己活动的结果，体验的是探究成功的喜悦，在潜移默化中激发了学生学习的兴趣，促进了学生的理解.

3.在合作交流中深化学生的理解

新课标强调学生的数学学习活动不应只限于接受、记忆、模仿和练习，还应倡导自主探索、动手实践、合作交流、阅读自学等学习方式.合作交流是分享观点的重要方式，是深化理解的有效手段，通过合作交流可以反思、精炼、讨论和修正对数学知识的认识和理解.学生在探究知识发生、发展过程中的认知和理解，只是个人化的或小组合作的结果，这样的理解是否正确，需要在更大范围内组织合作和交流活动，通过生生互动、师生互动的方式，对探究的结果和形成的认知进行讨论、辩论，解释其合理性，将学生获得的基于经验层面上的理解上升为数学层面上的理解，实现理解的拓展和深化.

虽然新课标提倡合作交流的学习方式，但是不能为了追求热热闹闹的课堂气氛，什么问题都由学生自由讨论，单纯地为了讨论而讨论，为了交流而交流.本节课的教学中，笔者在多处设计了学生合作交流的环节，首先给出问题，让学生在独立思考的基础上，形成自己的认识，然后与小组同学交流，给每个同学发表自己见解的机会，鼓励他们用自己的语言或方式充分表达对有关数学概念和数学方法的理解，允许不同意见之间的辩论，在辩论中明确是非和正误，在适当的时候，教师再进行点拨，做出评价，指出学生在理解中存在的问题.这样，既增强了学生的智力参与，避免个别同学一味等待享受别人劳动成果的现象，又深化了学生对所学知识和方法的理解，促进学生从最初的浅层理解发展到更为深刻的理解.

4.在引领思考中发展学生的理解

学生对所学内容是否做到了真正理解，主要看以下三个方面：一是看学生能否用自己的语言阐述和解释所学的内容，进行知识、思想和方法的内化；二是看学生能否对所学的新知识进行迁移，实现举一反三和触类旁通；三是看学生能否用所学的新知识解决实际问题，做到学以致用，这是理解的最高层次，也是理解所要达到的真正目标.这三个方面都离不开学生自己思考.数学学习中,思考是第一位的,“真正理解”更强调学生思考的重要性,教师要把学习过程看成是学生“思考什么”和“怎么思考”的过程.所以,学生只有学会了思考才能实现“真正理解”,才有可能创新和创造.

本节课的教学,笔者除了在情境的创设、概念的建构及应用过程中,给学生提供充足的思考机会,让学生在思考中发展对所学知识的理解,还精心设计了六个思考题,引导学生围绕思考题,进行概念的辨析和应用,弄清概念的来龙去脉、内涵和外延,发展对所学知识和方法的理解.在课堂结束时,让学生对学习活动所涉及的知识进行反思,对学习所涉及的思想方法进行反思,对活动中有联系的问题进行反思,对题意的理解过程进行反思,对解决问题的思路、推理运算的过程以及语言的表述进行反思等.这样的思考活动,可以帮助学生实现知识和方法的系统化,使他们对所学知识的本质及其相互关系清清楚楚、一目了然,不致混淆,让理解教学收到良好效果.

本课例中,教学过程的设计,基于理解性学习理论,遵循学生的认知规律,从学生已有的生活经验和平面几何知识入手,借助多媒体技术,利用模型和投影图形,通过问题引领,启发学生积极思考、合理猜想、大胆实践、合作交流,极大地激发了学生学习的积极性和创造性,使抽象的内容讲授得具体、丰富、生动、精彩.总之,本课例既使学生获取了知识、学会了方法,又使学生培养了能力、提升了素养,让学生有效建构了对空间概念的认识和理解,揭开了立体几何神秘的面纱,为学好立体几何创造了一个良好的开端,成功拉开了立体几何教学的序幕.

专题二　数学概念课的教学设计

数学概念是现实世界的空间形式与数量关系及其本质属性在人们思维中的反映,是数学基础知识的主体,是构建数学理论大厦的基石,是导出数学定理和数学法则的逻辑基础.正确理解数学概念既是掌握数学基础知识的前提,也是进行判断、推理、计算和证明的依据,许多数学问题的解决常常离不开数学概念[①].如果说数学方法是数学的“行为规则”,数学思想是数学的“灵魂”,那么数学概念就是数学的“躯体”.设计好数学概念的教学,能帮助学生了解数学概念发生、发展的过程,理解数学概念的本质特征,体会蕴含在数学概念中的数学思想方法,掌握数学概念在解决数学问题中的应用,从而有效地训练学生的数学思考能力和理性思维,提升学生的数学核心素养.总之,设计好数学概念的教学是提高数学教学效果的核心和关键.

一、数学概念课的教学特征分析

在数学中,我们研究的一些数学对象,如函数、方程、不等式、数列、排列、组合、复数等,都是数学概念,它们通常由概念的名称、定义、属性和符号等组成.学习数学,首先要搞清楚:这些对象是什么? 如何认识和理解它们? 它们之中蕴含着哪些重要的数学思想方法? 怎样运用它们来分析和解决问题? 等等.因此,数学概念的教学是数学教学的重要内容之一,目的是使学生掌握数学概念,形成对数学基本的、概括性认识,即明确概念的内涵、外延,熟悉其表述;理解概念之间的有机联系,会对概念进行分类,从而形成概念系统;了解概念的来龙去脉,能够正确运用概念分析和解决问题.

数学概念是整个数学知识体系的基础,有了数学概念,才有可能进行判断和推理,才有可能进行论证.数学的学习有赖于对数学概念的认识.进行数学概

① 陈曦,钱军先.要重视数学概念的生成教学:听“函数的奇偶性”一课的教学有感[J].中国数学教育,2010(4):20-22.

念教学，就是要使学生获得数学概念，完成概念的形成，实现概念的同化.数学概念具有高度的抽象性、简约性、严谨性、系统性和发展性等特点，学习数学概念，通常应掌握概念的名称、定义、属性、符号和示例等要素.数学概念课除应符合一般新授课的要求外，如何使学生理解概念的产生过程、领会概念的使用方法、领悟概念的实际应用等，是数学概念课需要着力解决的问题.因此数学概念课的教学，还需体现出以下几个方面的特征.

1.关注数学概念发生的背景

数学概念是从现实世界中抽象出来的，数学的抽象活动是根据实际背景借助定义进行的逻辑建构，离开客观存在，离开了从现实世界中得到的感知和经验，数学概念就成了无源之水、无本之木.从这个意义上来讲，形成准确概念的首要条件是使学生获得十分丰富的、非常广泛的和合乎实际的感觉材料.因此，数学概念的教学应该关注为什么要引进新概念，应通过再现概念产生的背景，渗透数学思想观念，展现数学的学科特征和价值追求，展示数学的文化魅力，揭示概念引入合理性，让数学概念在自然而然和水到渠成之中产生①.

在“向量”概念的教学中，我们可以从日常生活出发，结合物理的学习经验，让学生感受向量概念产生的背景，体验研究向量概念的价值.

问题1　地面上有一个质量为10千克的木块，用一个100牛顿的拉力一定能将这个木块提起来吗?

在教师的引导下，学生能够认识到：不一定，还要考虑拉力的方向.

问题2　你还能举出一些既有大小又有方向的量吗?

教师引领学生思考、回忆、讨论和交流，感受到这样的量是大量存在的，如速度、位移、加速度等.

问题3　生活中有没有只有大小没有方向的量？你能举例说明吗?

学生举例：质量、身高、长度、时间、温度等.

问题4　根据你的学习经验，你认为，我们学习的“量”，主要有哪几类?如何来区分它们呢?

有了上述铺垫，学生能够比较清晰地将学习的“量”分为两类：一类是只有大小没有方向的量，另一类是既有大小又有方向的量.可以联想物理

① 熊惠民.中学数学教学设计与案例研究[M].北京：科学出版社，2019：11.

的学习，明确在物理中将前者叫作“标量”，后者叫作“矢量”．这时教师指出：在数学中，我们把后者叫作“向量”．这样就十分自然地得到了向量的概念：我们把既有大小又有方向的量叫作向量．

向量的概念有着十分丰富的物理背景，学生熟悉的、最为有效的原型就是物理中的力．这里，学生举例分析，教师点拨总结，不但非常自然、简洁明了、水到渠成地得出了向量的概念，而且使学生通过具体的实例抽象出了向量概念的本质属性．这既使学生体会了向量概念产生的必要性，感受了研究向量概念的重要性，又有助于学生进一步理解向量中的其他概念，为进一步开展向量的学习和研究其他新的数学对象起到了很好的示范和引领作用．

形成数学概念的首要条件是使学生获得十分丰富且合乎实际的感性材料．在进行概念教学时，要让数学与学生的现实生活密切结合，使学生感受到数学是活的，是富有生命力的．这样不仅有利于学生形成对所研究对象的感性认识，在此基础上认识其本质，还能促进学生数学直觉的形成、数学思维的发展，更能激发学生思考和创造的源泉．同时，让学生在现实问题的解决中发现数学概念、形成数学思想方法，更能促进学生在以后遇到相关问题时自觉地运用有关的数学经验去思考、解决问题①．

为了帮助学生自然而有效地形成数学概念，透彻地理解并掌握数学概念，关键问题是不仅要让学生知道这节概念课所要学习的数学概念是什么，更要让学生知道为什么要学习这个数学概念，弄清楚来龙去脉，由“知其然”发展为“知其所以然”．即使是教师直接告诉学生课题，直接给数学概念下定义，也要做出充分的铺垫，使学生觉得这个时候学习这个概念是应该的、自然而然的，而不至于有从天上直接掉下来一个概念的感觉．长此以往，学生就会逐渐在学习过程中给自己提出下一步要研究的问题，发展自我探求知识的能力，学会数学学习．

2.注重数学概念发展的过程

《普通高中数学课程标准(实验)》指出：“……由于数学高度抽象的特点，注重体现基本概念的来龙去脉．在教学中要引导学生经历从具体实例抽象出数学概念的过程，在初步运用中逐步理解概念的本质．”课程标准对数学概念的教学

① 潘洪艳．高中数学概念课教学初探[J]．当代教育科学，2013(16)：62-64．

提出了明确而具体的要求:对于数学概念的教学设计应根据学生已有的数学知识经验和实际生活经历,设计学生熟悉的、感兴趣的问题情境或事例,充分展现概念形成的过程,通过问题讨论、事例分析,引导学生在具体感知的基础上进行抽象概括,深入剖析概念的内涵与外延,阐明概念之间的相互关系和区别,注意新旧概念之间的联系和比较,从不同的角度,通过不同途径深化学生对概念的认识和理解,从而使学生在充分经历概念的发生和发展的过程中,逐步形成新的数学概念.

在"方差"概念的教学中,教师可以通过如下设计,引领学生经历"方差"概念的发生和发展的过程,将"方差"的一些基本特征呈现出来,并对概念的生成、发展、认识进行过程性演绎.教学中以"方差"概念的发生、发展过程为线索,通过问题引导学生思考和探究,使学生在探索、辨析、感悟概念形成的过程中建构起自己对"方差"概念的认识和理解,为正确运用"方差"概念去分析、解决问题奠定坚实的基础.

问题　当我们描述一组数据时,有时要考虑它们的集中程度,有时还要考虑它们的离散程度,如某次数学练习,A组成绩:90,90,75,65,55,45;B组成绩:73,72,72,68,68,67.这两组成绩哪一组成绩的离散程度大?你有哪些方法说明那一组的离散程度大?

问题提出之后,教师首先让学生自由讨论,很快就有学生提出建议:将上述两组成绩用图形描述就能直观地看出A组数据比B组数据更为"分散"(见图1).

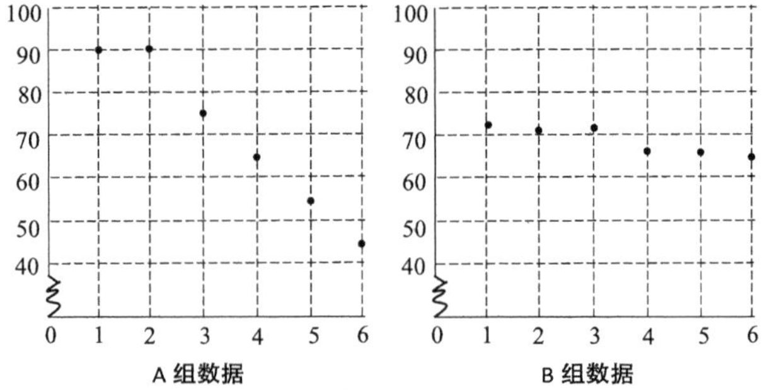

图1

师:这里的"分散"是对谁而言的呢?

生:我们需要找一个参照对象,这个参照对象就是反应数据集中程度的平均数.

师:为什么找平均数而不找别的呢?

生:因为平均数本身是这批数据最集中的“地方”,视觉中的“分散”与“不分散”就是围绕着这个集中“地方”做比较的.

师:当比照对象“平均数”确定后,能否从别的角度判断哪一组的离散程度较大呢?

经过学生分组充分讨论,有学生提出,求每个数据与平均数差的和.通过计算发现,这些偏离值相加,正负相互抵消.这时,又有学生建议说“取平方”,也有学生提议说“取绝对值”.此时,教师及时予以肯定,并指出:我们常常用平方的方式描述这组数据偏离“平均数”的离散程度,即设一组数据为 $x_1,x_2,\cdots,x_n$,用 $W=\left(x_1-\bar{x}\right)^2+\left(x_2-\bar{x}\right)^2+\cdots+\left(x_n-\bar{x}\right)^2$ 来描述这组数据偏离平均数的离散程度.

师:如果两组数据的样本容量不同,样本容量大的其和会相对大,比较两组数据的离散程度时就会因为个数不同而不科学了,怎样解决这个问题呢?

生:可以通过计算这些数据与平均数作差后平方所得的新数据的平均数来解决这一问题,即 $s^2=\frac{1}{n}\left[\left(x_1-\bar{x}\right)^2+\left(x_2-\bar{x}\right)^2+\cdots+\left(x_n-\bar{x}\right)^2\right]$.

这样,在教师的层层引导下,学生知道了为什么要引入方差,在引入方差过程中为什么要与平均数作差,为什么对差作平方求和,对差作平方求和后为什么要除以 n 等.在这一系列问题都解决了以后,学生对“方差”概念的认识变得十分清晰了.更重要的是,通过这样的引导,学生除了能更轻松、更自然地理解“方差”概念、了解“方差”概念的本质属性、掌握蕴含在“方差”概念之中的数学思想方法之外,还经历了一次探究解决问题的思维过程,即“发现问题、寻找解决方法、不断完善方法”的思维过程①.这样的思维过程才是学生学习数学中收获的最主要、最本质的能力,对数学概念的教学而言,是非常重要的.

数学思维研究的核心是问题解决,而问题解决的关键是对数学概念的深刻

① 孔德龙.突出过程教学,领悟概念本质:从“方差”教学谈概念课的过程性教学实施[J].中学数学月刊,2013(8):22-23.

理解.这就要求学生不仅要学习概念的知识——形式化的结论内容,而且必须学习概念发生、发展和应用的过程,探索数学知识的源泉,厘清数学知识的脉络.抽象概括能力是数学学习的必备能力,数学概念的建立和形成过程是培养抽象概括能力的重要载体.因此,数学概念的教学,要注意引导学生从已有的知识和经验出发,通过实物、教具或实际事例,提出数学问题,通过操作、分析、抽象、概括等活动,让学生充分经历数学概念的发生和发展过程,经历数学概念的发现、再创造过程,在这些过程中弄清数学概念的来龙和去脉、内涵和外延、表象和本质,建构起对数学概念的正确认识和深度理解.

3.突出数学概念本质的揭示

《普通高中数学课程标准(实验)》指出:"高中数学课程应该返璞归真,努力揭示数学概念、法则、结论的发展过程和本质","把数学的学术形态转化为学生易于接受的教育形态".高境界的数学教学必须揭示数学本质.数学本质是一个数学哲学问题,学术界对它的理解有不同的视角.我们在课堂教学中强调的数学本质,其内涵一般包括数学知识的内在联系、数学规律的形成过程、数学思想方法的提炼、数学理性精神的体验等.许多数学概念(如函数的单调性和奇偶性的定义、等差数列和等比数列的定义等)都是运用正面叙述的形式呈现出来的,而这些概念有着广泛的应用,是解题的基础,若学生对其本质属性理解不清,就会在解题过程中产生混淆、偷换概念,造成解题失误.因此,在数学概念课的教学中,要善于从不同的角度、运用不同的方式揭示出数学概念的本质属性,从而使学生能够从本质上认识数学概念,抓住数学概念的本质,准确分析问题,正确解决问题.

在"数列的概念及其简单表示法"一课的教学中,为了揭示"数列"概念的本质属性,可设计如下教学活动:

师:请同学们思考下面的几个问题(投影显示):

(1)某剧场有30排座位,第一排有20个座位,从第二排起,后一排比前一排多2个座位,那么各排的座位数依次为20,22,24,26,28,….①

(2)人们在1740年发现了一颗彗星,并推算出这颗彗星每隔83年出现一次,那么从发现那次算起,这颗彗星出现的年份依次为1740,1823,1906,1989,2071,….②

(3)某种细胞,如果每个细胞每分钟分裂为2个,那么,每过1分钟,这1

个细胞的个数依次为1,2,4,8,16,….③

(4)“一尺之棰,日取其半,万世不竭”的意思为:一尺长的木棒,每日取其一半,永远也取不完.如果将“一尺之棰”视为一份,那么每日剩下的部分依次为$\frac{1}{2},\frac{1}{4},\frac{1}{8},\frac{1}{16},\frac{1}{32},\cdots$.④

(5)某种树木第1年长出幼枝,第2年幼枝长成粗干,第3年粗干可生出幼枝,那么按照这个规律,各年树木的枝干数依次为1,1,2,3,5,8,….⑤

(6)从1984年到2004年,我国共参加了6次奥运会,各次参赛获得的金牌总数依次为15,5,16,16,28,32.⑥

问题1　分析研究上述6个问题,看看它们有什么共同特点.

教师展示各个数列,引导学生思考、归纳和交流设置这些学生熟悉的问题情境,让学生在直观感知数列的同时,形成认知冲突,产生对“什么是数列”这个问题的探索欲望,通过抽象和概括,得出数列的定义:像这样按照一定次序排列的一列数叫作数列.

问题2　数列$\{a_n\}$的第n项a_n与项数n之间存在着怎样的关系呢?

学生思考,教师点拨.以数列③为例加以说明:

序号	1	2	3	4	5	…
	↓	↓	↓	↓	↓	
项	1	2	4	8	16	…

即数列的每一项都等于2的序号减1次幂,可用式子表示为$a_n = 2^{n-1}$, $n \in \mathbf{N}^*$.再如数列④可以表示为$a_n = \frac{1}{2^n}, n \in \mathbf{N}^*$.

追问:每一个数列$\{a_n\}$的第n项a_n与项数n之间的关系都可以用一个公式表示吗?

让学生充分思考,并通过举例来加以说明:不是,如数列⑤和数列⑥.由此得到:如果数列$\{a_n\}$的第n项a_n与项数n之间的关系可以用一个公式来表示,那么这个公式就叫作这个数列的通项公式.

这样,通过对具体数列的分析,探索数列的项与项数之间的对应关系,挖掘出内在的规律,揭示出数列概念的本质属性——从本质上讲,数列是一种特殊的函数.

问题3　数列与函数之间是否存在着一定的关系?如果存在,是怎样的关系呢?

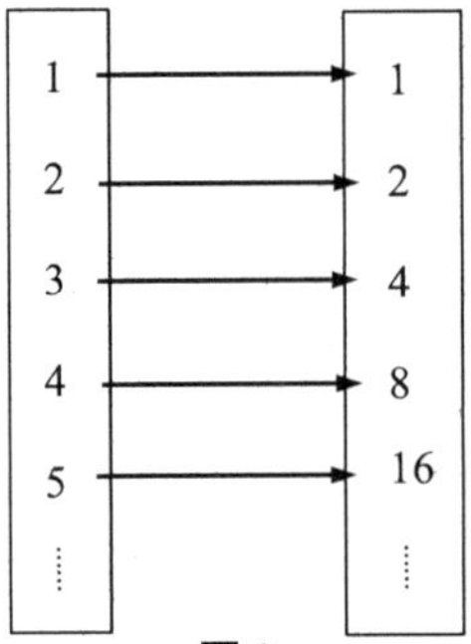

图2

教师引导学生利用数列③进行分析:如图2,数列可以看作是一个定义域为正整数集$\mathbf{N}^*$(或它的有限子集$\{1,2,3,\cdots,n\}$)的函数按自变量从小到大依次取值的一组函数值,即数列是一种特殊的函数.

问题4 数列作为一种特殊的函数,其定义域是什么?有哪些表示方法?它的图象应该是怎样的?

引导学生结合数列概念的本质特征,类比函数概念的学习经验,进行讨论和交流,得出如下结论:

(1)数列的定义域为正整数集$\mathbf{N}^*$(或它的有限子集$\{1,2,3,\cdots,n\}$);

(2)数列有三种表示方法:一般形式、通项公式和图象法;

(3)数列的图象是相应的曲线(或直线)上横坐标为正整数的一群孤立的点.

通过这样的研究,学生深刻地认识到数列概念的本质属性是特殊的函数.将数列的知识纳入原有的知识体系之中,拓展和完善了学生的认知结构,在深化了学生对数列概念的认识和理解的同时,使学生感受了研究数列的一种视角——函数视角,为学生运用研究函数的方法来研究数列做了很好的铺垫,使数列的学习充满生机和活力.

德国教育家卡尔·雅斯贝尔斯说过:“教育的关键在于选择完善的教育内容,尽可能使学生之‘思’导向事物的本质而不误入歧途.”①数学的每一个概念都是产生、发展和形成于一定的现实或科学或数学的具体情境之中的,因此,数学概念的教学必须从具体的情境出发,设置出自然且指向数学本质的教学情境,将学生迅速带入概念学习和探究的氛围中,真正使学生在参与学习的活动过程中,概括出数学概念的一般特征,挖掘出数学概念的内涵与外延,提炼出蕴含在数学概念之中的更深层次的内容——数学思想与数学思维方法.这样学生才能产生发自内心的感受、体验和创造,把基于“思考”的扩张式抽象与基于“应用”的结构式抽象相结合,透析出数学概念的本质特征和属性,从而能够从本质上去理解和把握数学概念,获得对数学概念的理性认识,实现对数学概念的有

① 胡浩,马林.数学概念课教学设计的实践与解析:以一节市级示范课“等差数列”教学为例[J].数学教学研究,2019(6):28.

意义建构.

4.凸显数学概念应用的价值

人们在反复的实践和认识过程中,将事物共同本质特点抽象出来加以概括,从感性认识飞跃到理性认识,就形成了概念.数学概念的教学一般分为三个阶段:一是通过引入概念,学生感知概念,形成表象;二是通过分析、抽象和概括,学生理解和明确概念;三是通过例题、习题,学生巩固和运用概念.运用概念是学习概念的主要目的.在运用的过程中,学生可以加深对概念的理解,更牢固地掌握概念.因此,在数学概念教学中,要结合具体的概念,引导学生运用概念去确定某种对象的属性,判断某种对象是否属于这一概念的外延集,并解决各种数学问题,从而逐步达到正确、熟练、灵活运用数学概念的水平,提高运用数学概念分析问题和解决问题的意识和能力.

在"函数的奇偶性"一课的教学中,建立了函数的奇偶性概念以后,为了深化学生对奇函数与偶函数概念的理解,可设计如下问题,让学生尝试运用函数奇偶性的定义进行分析.

问题1 对于定义在R上的函数$f(x)$,试判断下面的命题是否正确:

(1)若$f(-1)=f(1)$,则函数$f(x)$是偶函数;

(2)对于定义域内的无数个x,使得$f(-x)=f(x)$,则函数$f(x)$是偶函数;

(3)对于定义域内的任意x,使得$f(-x)-f(x)=0$,则函数$f(x)$是偶函数;

(4)若$f(-1)\neq f(1)$,则函数$f(x)$不是偶函数.

通过这几个小题的练习,运用不同的叙述方式,从正反两面强化了函数奇偶性概念中"任意"的含义,在帮助学生进一步理解概念的同时,让学生认识到概念在分析和解决问题中的作用,体会到定义是数学解题的重要依据.

问题2 判断下列函数的奇偶性:

(1)$f(x)=2|x|$;　　(2)$f(x)=x+\frac{1}{x}$;

(3)$f(x)=\frac{x^2+x}{x+1}$;　　(4)$f(x)=x^2,x\in[-1,1)$.

通过问题2,学生在运用函数奇偶性概念分析问题和解决问题的过程中,意识到判断函数的奇偶性,要先看函数的定义域.定义域关于原点对称是函数具有奇偶性的必要条件,进一步体会定义中"任意"两字的含义,从而归纳出判断函数奇偶性的步骤:一看定义域是否关于原点对称,二看$f(-x)$与$f(x)$的关系,三是给出结论.

问题3　已知$f(x)=\dfrac{x^2+(a-b-2)x+1}{x^2+2}$是区间$[b-4,a]$上的偶函数,求$f(a-b)$的值.

这里,要求$f(a-b)$的值,首先要解决的问题是求出a,b的值,从哪里入手呢? 由条件"$f(x)=\dfrac{x^2+(a-b-2)x+1}{x^2+2}$是区间$[b-4,a]$上的偶函数",联想偶函数的定义,可知:①定义域关于原点对称;②$f(-x)=f(x)$对定义域中的任意x都成立.据此,可列出关于a,b的方程组,解出a,b的值,问题就迎刃而解了.不难看出,偶函数的定义帮了大忙,其应用价值发挥得淋漓尽致.

问题4　已知函数$y=f(x)$是$\mathbf{R}$上的偶函数,且在区间$(-\infty,0]$上是减函数,若$f(a)\geqslant f(2)$,求实数a的取值范围.

学生乍一看此问题,会感到束手无策,此时,可引导学生从偶函数的定义出发,借助其图象特征加以分析,可得:①$y=f(x)$在区间$[0,+\infty)$上是增函数;②$f(x)=f(|x|)$.这样,由条件$f(a)\geqslant f(2)$,可得$|a|\geqslant 2$,解之即可得实数a的取值范围.在这个问题的解决过程中,学生要紧扣概念进行分析,深入挖掘概念的内涵和外延,把握概念的本质,让概念的应用更充分、更彻底.

问题5　已知函数$f(x)$和$g(x)$都是定义在$\mathbf{R}$上的奇函数,且$F(x)=af(x)+bg(x)+2$在区间$(0,+\infty)$上有最大值5,求$F(x)$在区间$(-\infty,0)$上的最小值.

有了问题4的铺垫,对于问题5,学生很容易想到,解决这一问题的有力工具是奇函数的定义.从奇函数的定义出发,可得函数$G(x)=F(x)-2=af(x)+bg(x)$是定义在$\mathbf{R}$上的奇函数,且在区间$(0,+\infty)$上有最大值5-2=3;再由奇函数的图象特征,知$G(x)$在区间$(-\infty,0)$上有最小值-3,从而就能十分方便地求出$F(x)$在区间$(-\infty,0)$上的最小值.

学习概念的目的是为了应用,通过应用又可以加深对概念的认识.概念的形成离不开概念的应用,只有达到了对概念的应用水平,才是掌握和巩固了概念.概念的应用是指在形成和掌握概念的过程中的概念运用,即要求学生在领会概念的基础上,运用概念去解决有关问题.数学概念建立后,教学中应及时设计具有针对性的问题,将其运用于新的情境中,实现对概念的深度理解和真正掌握.概念的应用从整体上大致可以分为两个层次:一是知觉水平上的低层次应用,即对概念的肯定例证加以辨识,既要包括正例,又要包括反例,通过应用,学生能够从正反两个方面认识概念的本质,使概念理解得更加深刻、更加到位;二是思维水平上的高层次应用,即运用概念解决一些具体的问题,这些问题可以是数学问题,也可以是实际问题,学生通过对这些问题的解决加深对概念应用背景的理解,沟通知识间的广泛联系,体会数学概念的应用价值.

二、数学概念课教学设计的原则

数学概念的特征是其表达的简约性和概括的抽象性,而正确理解数学概念是掌握知识基础的前提.从数学的发展过程看,数学概念凝聚着人类认识事物的思想精华;从数学概念的形成过程看,概念教学是获取研究对象,认识数学新对象,带有本源性的概括过程;从学生的认知角度看,概念学习是学生用已获得的知识来理解新概念,将新概念融入已有认知结构的吸纳过程.一个数学概念的背后往往蕴含着丰富的数学思想,有的数学概念本质就是一种数学观念,是一种分析、处理问题的数学方法.数学概念教学的本质,就是要通过教学活动的开展,学生能够从一些具体的情境中概括出一类研究对象的共同本质属性,在头脑中形成概念的表象,建构起良好的概念图式,形成概念的内涵与外延,并在正确理解概念的基础上掌握概念及其应用.根据数学概念及其教学的特征,数学概念课的教学设计应遵循以下原则:

1.基于数学理解

在数学学习中,理解是第一位的.《普通高中数学课程标准(实验)》在教学建议中指出"教师应帮助学生理解和掌握数学基础知识、基本技能",在评价建议中还指出"评价要注重对数学本质的理解和思想方法的把握,避免片面强调机械记忆、模仿以及复杂技巧",在教材编写建议中又指出教材编写"要体现相关内容的联系,帮助学生全面理解和认识数学".数学概念具有高度的抽象性,许多概念的理解都存在一定的困难,这是一个不争的事实.教学中常出现学生上课似乎知道了概念,却不能正确地、灵活地运用数学概念去分析和解决问题,常常出现“懂而不会”“会而不对”“对而不全”的现象.其中一个重要的原因就是没能足够重视概念的理解与巩固,导致对数学概念的理解片面、不到位,没有深刻、真正地理解数学概念的本质.因此,数学概念课的教学设计中,基于理解是一个重要的原则,教师要通过精心设计,努力促进学生对数学概念的真正理解.

数学概念的理解,从心理学的角度来说是要建立恰当的心理表征,从实际教学和操作性来说是指要把握好数学概念的本质,即它的内涵和外延.概念课的教学,使学生认识概念、理解概念、巩固并运用概念,力求使学生明了:(1)此概念讨论的对象是什么?(2)概念中有哪些规定和限制条件? 它们与以前的什么知识有联系?(3)概念的名称、表述的语言有何特点? 与其他相应概念比较,有没有容易混淆的地方? 应当如何强调这些区别?(4)此概念有没有重要的等价叙述? 为什么等价? 应如何处理和运用?(5)由此概念中的条件和规定,能够归纳出哪些基本的性质? 各个性质又分别由概念中的哪些因素或条件所决定? 这些性质在具体运用中有何作用? 能否派生出某些数学思想方法? 等等.学生对数学概念的理解和掌握,不可能一次完成,需要通过不断的反复,才能使对概念的理解更深入.教学中,要注意充分运用情境导入、直观图形、展示过程、思辨认证、尝试应用等不同的方式与手段,促进和深化学生对数学概念的认识与理解.

2.遵循认知规律

数学概念是按照一定规律发展的,人们认识与把握数学概念也必须遵循一定规律.数学概念的学习过程是一个知识建构的过程,是新的学习内容与学生原有认知结构发生冲突,主体通过同化顺应形成新的认知结构的过程,这个过程离不开主体的积极参与、自主建构和理性思考.由于现有教材压缩了数学概念的形成过程,隐去了解题思路的探索过程和方法规律的概括过程,教学数学概念时倘若照本宣科,势必与学生的认知规律脱节.因此,在数学概念的教学中,必须坚持由浅入深、由特殊到一般、由形象到抽象、由具体到理性、由表及里等规律,必须符合学生的年龄特征、数学基础和认识规律,必须把学生的认知基础与数学科学发展规律相匹配,具有逻辑连贯一致性.另外,概念教学不宜操之过急,最好能将概念的内涵与外延适当分解,各个击破,最终使概念的建构水到渠成.

认知规律是指个体在通过感觉、知觉、表象、想象、记忆、思维等形式,把握客观事物的性质和规律的认知活动中客观存在的规律,体现在教学上则是由对教师教的研究转向对学生学的研究.遵循学生的认知规律是有效教学设计的出发点.奥苏伯尔的同化论认为,影响学习的最重要因素是学习者已经知道什么.当学习者具备与新内容有关的原有知识时,就有可能进行有意义的学习,相反只能进行机械的学习.由此可见,学生在学习概念知识之前,已有相关知识非常重要.概念教学从本质上讲,应是促进学生在原有水平上向上"生长",因此,教师必须深入了解学生,研究学情,找准学生的认知起点,站在学生的角度,按照学生的认知规律实施数学概念的教学.要想让学生学好数学概念,就应该从学生的认知规律出发,以学生已有知识为基础,以启发学生思维为核心,引导学生从已知开始去探索未知的知识,进而建构数学概念,完善知识体系.

3.注重学习体验

学生学习数学概念,通常是按照从具体到抽象、从特殊到一般、从感性到理性的认知规律来进行的.在数学概念的学习中,其高度抽象性的特点得到了淋漓尽致的体现,因此,需要学生充分经历感受、体验、思考和内化的过程,用内心的体验和创造(对学生来说,新概念形成的过程实质上是一种创造的过程)来展开探究、发现、操作和提炼等学习活动.通过动脑、动口和动手,由直观感知到观察发现,或借助动手操作到数学实验等手段,逐步感知研究对象的主要特征,再进行抽象、归纳、提炼、反思,让学生了解数学概念的来龙和去脉,揭示出数学概念的内涵和外延,认清数学概念的本质属性,建构起数学概念,进一步借助数学问题或实际问题,尝试运用数学概念加以解决,体验数学概念的意义和价值,在感受和体验的基础上,完成概念的顺应和同化,形成对概念的正确认识,将其纳入已有的认知结构之中,实现对概念的深度理解.

实际上,数学概念教学的核心是"体验与感悟",将凝结在数学概念中的数学家的思维活动打开,用一些学生熟悉的典型事例作载体,引导学生分析各事例的具体属性,抽象概括出本质属性,归纳总结得出数学概念.在这个过程中,教师要充分发挥问题的作用,以问题引导学生去感受概念引入的必要性与合理性,以问题引导学生合理地进行概念的抽象,以问题引导学生进行概念的"数学化"来培养语义转化能力,以问题引导学生学会在概念的定义中进行科学归纳,以问题引导学生在概念的应用中深化对概念的认识和理解、体会概念的价值.有人说,"教育是慢的艺术."这句话道出了教育的真谛.概念也不例外,在教师的引导下,在充足的时间保证下,当学生经历了一些真正的体验后,必然能从中获得一些思想感悟.于是,学生的思维领悟与思想感悟将渐趋丰富,也就越发能够在自然、合理、系统性的数学思维中达到知识、方法、思想的本质.唯有如此,提高学生的数学思维能力和数学素养才能真正落到实处,课堂教学的效益才能真正得以提高.

4.突出内在联系

数学概念是反映一类对象本质属性的思维形式,主要由原始概念和基本概念组成,是数学知识的最基本形式.数学概念间具有逻辑联系性.张奠宙先生在《数学教育学》中写到:"每一个数学概念从本质上说都是嵌进了一些数学概念的体系中.它从一些基础数学概念中得来,又为建立别的数学概念作基础.因此,它总是数学概念结构层次中的一个成分,与其他数学概念存在着包含、从属或并列关系.一个数学概念体系,又有一种整体的性质."因此,每一个新的数学概念,都产生于相关的旧的知识基础上,是对已有概念的继承、发展和完善.现代教学论认为,必须把新知识纳入学生原有的认识结构中去同化,使学生亲身经历知识的发生及发展的过程,才能培养能力、发展智力.对于数学概念的理解,从心理学上可解释为"要求能将它同化到一个适当的概念结构中去",即不仅需懂得本身的规定,还要从它与其他数学概念的关系中去理解.由此可见,数学概念课的设计,必须突出概念间的内在联系.

现代认知心理学研究表明:学生的知识如果不经常整理,杂乱地放在脑子里是很难被提取的.只有学生了解了一个概念与其他概念的相互关系以及这个概念在优化后的认知结构中所占的位置时,学生才能真正地视之为己有,才能灵活进行迁移、加以应用.因此,在数学概念教学中,必须按照学科的逻辑系统和学生认知发展的顺序进行,使学生系统地掌握基础知识、基本技能,形成严密的逻辑思维能力.有些概念,由于其内涵丰富、外延广泛等特点,教学中很难一步到位,需要分成若干个层次,循序渐进、逐步加深和提高.当新概念与原有概念联系十分紧密时,可以抓住它们内涵的差异,利用学生认知结构中的适当概念来建立新的概念.为了使学生所学的概念不是单个地、孤立地存在,教师要根据概念之间的联系进行分类整理,使学生获得清晰、正确的概念,帮助学生在认知结构中形成一个完整的概念系统,建立起概念网络结构.教师要善于引导学生运用系统加工整理概念的方法,把有关概念串成锁链、编成网络、配以图示、纵横联系,使学生主动获得一个个有认知序的概念组块,站在系统的高度,从整体中看部分,从部分中看整体,对知识多方联系.

三、数学概念课课堂问题的设计

《普通高中数学课程标准(2017年版)》指出:“在教学活动中,应结合教学任务及其蕴含的数学学科核心素养设计合适的情境和问题,引导学生用数学的眼光观察现象、发现问题,使用恰当的数学问题描述问题,用数学的思想、方法解决问题.在问题解决的过程中,理解数学内容的本质,促进学生数学学科核心素养的形成和发展.”数学是思维的科学,而思维又是从问题开始的.因此,问题在数学教学中有着举足轻重的作用.有了问题,思维才有方向;有了问题,思维才有动力;有了问题,思维才有创新.如何根据学生的认知规律和数学概念的特点来设计恰当的、合理的、有效的问题,如何在教学过程中引领学生围绕所设计的问题展开探究活动,进行理性思考,经历概念的发生、发展过程,帮助学生建构起对数学概念的正确理解,体验蕴含在概念中的数学思想和方法,发展思维能力,提升数学素养,是我们在数学概念课的教学设计中需要高度重视和着力解决的问题①.

1.设计情境性问题,激发学生的学习动机

建构主义学习理论强调:学生的学习活动必须与任务或问题相结合,以探索问题来引导和维持学生的兴趣与动机,创设真实的教学情境,让学生带着真实的任务学习,充满学习的欲望,拥有学习的主动权.一个好的问题情境能够充分调动起学生已有的数学知识或数学背景,从而激发学生在解决问题时产生感悟,让学生从数学情境中发现问题,生成对所发现的数学问题进行探究学习的必要的意识和强烈的冲动.在课堂教学中,基于学生数学学习的现实,创设恰当的问题情境,较为自然地提出问题,对展开数学活动、引发学生思考、实现数学建构、达成教学目标,具有重要的意义.

一般而言,问题情境可分为两类:一是现实生活情境,二是数学内部情境.无论是设计生活情境,还是创设数学内部情境,都只是手段,都是为了深入推进数学活动,更具体地讲,都是为了激发学生的学习动机,引领学生进行数学思考.问题是思考的源泉、探究的载体,解决问题是思考的动力.有了恰当的情境,才能自然地提出问题,才能顺利地展开数学活动.特别地,立足于数学知识发展的逻辑线索,为学生构建“前后一致,逻辑连贯”的数学学习过程,是情境创设与

① 何拓程.数学理解:植根于数学概念教学中的问题设计[J].中学数学教学参考,2019(9):37-40.

提出问题的重要取向.环顾当下的课堂,从现实生活出发提出问题更受青睐,从数学内部提出问题受到冷落,这是有失偏颇的.

"函数的单调性与导数"一课的教学片段

深圳中学曾劲松老师在"教育信息化与中学数学课程改革"国际研讨会上开设这节课时,创设了如下问题情境:

师:前面几节课,我们学习了平均变化率与导数,知道它们可以描述函数的变化情况.今天,我们想利用导数来研究函数的性质.而在函数的性质中,最重要的就是函数的单调性.

问题1　回顾一下,函数的单调性是怎样定义的.

【设计意图】　通过回顾已学过的函数单调性的定义,为从数学内部提出问题做好铺垫.

问题2　命题"函数 $y=f(x)$ 在区间 I 上是增函数 $\Leftrightarrow \forall x_1, x_2 \in I$,且 $x_1 \neq x_2$,都有 $\dfrac{f(x_1)-f(x_2)}{x_1-x_2}>0$"成立吗?

【设计意图】　由函数单调性定义出发,通过定义的变式,为建立单调性与导数之间的联系搭建桥梁.

问题3　$\dfrac{f(x_1)-f(x_2)}{x_1-x_2}$ 的几何意义是什么?它与函数的导数之间存在着怎样的联系?

【设计意图】　探求函数的单调性与导数之间的内在联系,建构用导数研究函数的方法.

问题4　你能判断函数 $f(x)=0.9x-\sin x$ 的单调性吗?

【设计意图】　让学生通过具体问题的探究,形成认知冲突,体验利用导数研究函数单调性的意义和价值,激发学习的热情,调动学习的动机.

这里,曾老师根据学生已有的认知经验,抓住函数单调性的概念与导数概念之间的内在联系,从数学内部提出问题,并辅以丰富生动的现实背景,引导学生了解知识发生和发展的脉络,理解数学知识内部之间的联系和规律,产生主动学习的倾向,尽快进入新知的探究和数学的思考.相对于从现实生活背景中提出问题，这样的设计显得更直接、更自然，距离数学本质更近，效果也更胜一筹.

基于情境提出问题，其根本目的是为了深入推进数学活动，激发学生的学习动机和数学思考.所以问题情境的设计，必须建立在学生发展水平和已有知识经验的基础上，即按照学生“最近发展区”的要求来设计，以“激疑”为起点，通过独立探究去“化疑”，并在新的问题情境中“生疑”.创设问题情境要以知识链为主线，结合不同层次学生的特点，融数学文化、数学思想、生活中实际问题于一体.无论是设计生活情境，还是立足于从数学内部提出问题，都只是教学手段.有利于知识建构，有利于直达数学本质，有利于学生深入思考，是选择教学手段的主要标准.

2.设计探究性问题，促进学生的知识生长

学习的本质是体验和感悟，必须建立在学生亲身经历过程的基础之上.我们的数学课堂，要让学生带着问题，运用多种手段展开探究活动.在生成新的概念、定理、性质、法则、公式等知识的教学过程中，通常可以设置一些富有探究性的问题，如概括性问题、发现性问题、直接性问题、类比性问题、领悟性问题、递进性问题、核心性问题、发散性问题、追问性问题等，来引导学生进行探究学习，让学生充分经历知识发生和发展的过程，促进新的知识在原有的知识体系中有效地建构起来，自然地生长起来.

设计探究性问题时必须重视学生的直接经验和对直接经验的改造与发展，引导学生以多种形式积极主动地参与，为学生提供充足的体验时间、空间和有效的方法指导.开展探究活动的一般流程为：问题情境—探究问题—小组活动—交流总结，要注意以下几点：(1)设计的问题要有思维价值，能够有效地引发学生的理性思考；(2)设计的问题要难易适中，学生通过适当的努力就可以解决；(3)设计的问题要有层次性，由浅入深引导学生一步一步地走向成功.

“函数的零点”一课的教学片段

江苏省宜兴中学的张海强老师在教学这一内容时，为了建构函数的零点的概念，设计了如下一组探究性问题：

问题1　观察这幅图(投影显示，略)，你发现了什么？

【设计意图】　创设情境，激发兴趣，让学生学会用数学的眼光观察问题.

问题2　同一幅图，从不同的角度看，得到不同的结果，你从这里能得到怎样的启发？

【设计意图】　学生体验从不同的角度看同一事物，会得到不同的结果或理解.

问题3　从不同的角度看$y=2x-1$，你有什么样的理解？

【设计意图】　除函数、直线外，还可以看成方程.

问题4　在$y=2x-1$中，令$y=0$，得$x=0.5$，你对这里的$x=0.5$，又有什么样的理解？

【设计意图】　除了方程$2x-1=0$的根、直线$y=2x-1$与x轴交点的横坐标外，再给出一个新的名字——函数的零点，由此形成对"函数的零点"概念的初步认识.

问题5　对于一般的函数$y=f(x)$，你认为应该如何定义它的零点呢？

【设计意图】　由特殊到一般，让学生自然地得出函数零点的一般概念.

问题6　已知函数$y=f(x)$的图象如图3所示，你能说出这个函数的零点是什么吗？

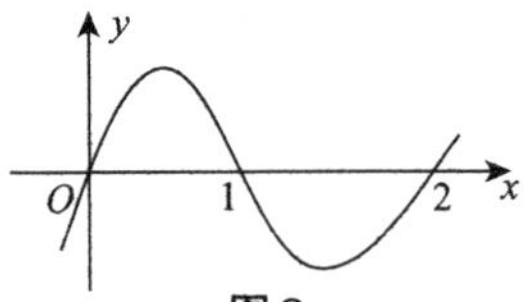

图3

【设计意图】　强调零点不是点，由形到数，揭示"函数的零点"定义的内涵和外延，深化学生对函数零点概念的认识和理解.

这是张老师十年前在无锡市辅仁高级中学开设的教学展示课的一个片段.张老师精心设计了6个递进式问题组成问题链，让学生进行理性思考、科学探究与合作交流，极大地调动了学生学习的积极性，既培养了学生辩证地看问题的理性思维，又自然地建构起"函数的零点"的概念，使学生对"函数的零点"的认识逐步地由模糊到清晰、由零碎到完整并融入原有的知识体系之中，取得了很好的教学效果.

学生的学习不单是知识由外到内的转移和传递，更应该是主动建构自己知识经验的过程，通过新经验和原有知识经验的相互作用，充实和丰富自身的知识、能力.因此，在进行概念教学时，要根据教学的目标和学生已有的知识和经验，把教学的重点和难点内容设计成一个个彼此关联的具有探究性的问题，使前一个问题作为后一个问题的基础和铺垫，后一个问题作为前一个问题的继承和发展，每一个问题都能成为学生展开思维的阶梯，将一串问题形成一个具有一定梯度和逻辑结构的问题链，共同为解决一个核心问题发挥其应有的作用，使课堂充满活力，绽放精彩.

3.设计拓展性问题，深化学生的数学理解

“抽象”和“严谨”是数学概念的重要特征，而叙述数学概念的语言又是经过高度的抽象和精心的提炼而成的.当我们完成了概念的引入时，学生是否理解了这个概念呢？答案是否定的.此时学生只获得了一个“名词”，一个概念的“空壳”.从学生的认知角度来看，只是有了一个感性知识的表象，并不等于建构了概念.要将感性认识上升到理性认识，这就是概念的形成，是概念教学的中心环节.围绕这个中心环节，及时挖掘概念的内涵和外延，对概念进行辨析和巩固，才能使学生准确地把握概念的本质，实现对概念的有效建构、深化理解和灵活运用.

在教学过程中，既要能结合具体的事例、道具、实物和模型等诠释概念的内涵与外延，又要善于设计出一些恰当的拓展性问题，组织学生开展辨析和讨论，这是概念学习有效、深入的前提.有些数学概念的定义中某些关键的字、词难以被学生所理解，容易被学生忽视；有些概念的条件比较多，学生常常会顾此失彼，不容易全面掌握；有些概念与它的邻近概念相似，会引起混淆，不容易区别.课堂上要通过一定数量的正、反实例的比较和变式教学，反复地进行推敲、分析、比较和鉴别，引导学生尽可能准确地把握概念的内涵和外延，促进学生对新知识的内化与掌握，深化学生对新知识的认识和理解，提高学生运用所学知识分析问题和解决问题的能力.

“双曲线的定义”一课的教学片段

对于双曲线的定义，学生初学时，认识上比较模糊，在理解上存在着一定的障碍，往往将其片面地记成$\left||PF_1|-|PF_2|\right|=2a(a>0)$，甚至误以为只要动点$P$满足$|PF_1|-|PF_2|=2a(a>0)$，其轨迹就是双曲线，从而导致在运用上产生偏差，解题时常常会出现这样或那样的错误.为了帮助学生正确地理解双曲线的定义，准确地把握双曲线定义的本质，弄清楚其内涵和外延，教学这一内容时，在引导学生得出双曲线的定义以后，一位特级教师设计了如下变式问题.

问题　已知定圆 O_1 和 O_2 的半径分别为1和2，$O_1O_2=4$，动圆 M 与圆 O_1 内切，且与圆 O_2 外切，则动圆圆心 M 的轨迹是什么图形？说明你的理由.

【设计意图】　让学生从具体的问题中抽象出动圆圆心 M 运动时满足的几何条件，并联想双曲线的定义判断出其图形，初步体会双曲线定义的运用.

为了进一步深化学生对双曲线定义的认识和理解，笔者在上述问题的基础上，设计了以下一组变式“问题串”，组织学生进行讨论和交流.

变式1　在直角坐标平面内，一个动点 P 到两个定点 $F_1(-2,0)$，$F_2(2,0)$ 距离的差的绝对值为6，则动点 P 的轨迹是什么图形？

变式2　在直角坐标平面内，一个动点 P 到两个定点 $F_1(-2,0)$，$F_2(2,0)$ 距离的差的绝对值为4，则动点 P 的轨迹是什么图形？

变式3　在直角坐标平面内，一个动点 P 到两个定点 $F_1(-2,0)$，$F_2(2,0)$ 距离的差的绝对值为2，则动点 P 的轨迹是什么图形？

变式4　在直角坐标平面内，一个动点 P 到两个定点 $F_1(-2,0)$，$F_2(2,0)$ 距离的差为2，则动点 P 的轨迹是什么图形？

变式5　在直角坐标平面内，一个动点 P 到两个定点 $F_1(-2,0)$，$F_2(2,0)$ 距离的差的绝对值为 $2a$，则动点 P 的轨迹是什么？

【设计意图】　通过这样一组具有拓展性的变式“问题串”，深入挖掘双曲线定义的内涵与外延，揭示双曲线定义的本质属性，深化学生对双曲线定义的认识和理解.

结合以上问题的讨论与思考，在老师的指导下通过分析和探究，学生容易得到：①当 $2a>2c$ 时，点 P 的轨迹不存在；②当 $2a=2c$ 时，点 P 的轨迹为两条射线；③当 $2a<2c$ 时，点 P 的轨迹为双曲线；④当数量关系中没有绝对值时，点 P 的轨迹是双曲线的一支.通过这样的具有拓展性的变式“问题串”的设计，组织学生进行变式训练，可以有效地加深学生对双曲线概念中“$2a<2c$”这一条件的认知，从而帮助学生建构起对双曲线的概念的正确认识和深度理解，为准确地运用双曲线概念解决问题奠定基础.

在数学教学过程中，为了帮助学生建构起对数学概念的正确认识和理解，可以适当地运用问题的变式，设计“问题串”引导学生进行主动探索，而不是进行单纯的模仿练习和机械记忆.可以让学生复述定义，举一些相关的例子让学生进行正反辨析，理解和掌握概念的内涵与外延；也可以同一些相关概念进行比较，以找出它们之间的联系与区别；还可以对问题进行拓展、发散，让学生经历“提出问题—解决问题—提出新问题”的过程，使得各个问题从简单到复杂，层层递进，环环相扣．教师要帮助学生沟通概念间的内在联系，揭示知识发展的脉络，从数学本质的深度与数学思想方法的高度去认识和理解数学概念，实现知识的灵活迁移和准确运用．

4．设计反思性问题，完善学生的认知结构

数学教学的一个基本要求就是让学生掌握核心概念和基本思想．一个数学概念的形成往往是螺旋式上升的、逐步深化的，一般要经过具体到抽象、局部到整体、感性到理性的过程．及时地、经常地对所学概念及概念的学习过程进行概括总结，将所学新知系统地、有条理地纳入学生原有的认知结构中，可以使前后概念之间密切联系，所学概念及其思想方法能够实现系统化和网络化，从而升华学生的认知系统，完善学生的认知结构，是概念教学十分重要和不可忽视的一个环节．

在对所学概念进行系统化和结构化使之形成知识网络的过程中，要重视以概念间的关系（如从属、合成、对应、对偶等）为基础构建相关概念系统，设计出具有反思性的问题系列，如提炼性问题、总结性问题、提升性问题等，引导学生回头看，从中进行归纳、总结与引申．在帮助学生梳理相关概念使之成为一个有机整体的同时，指导学生总结概念学习的方法，帮助学生实现由“学会”向“会学”转变，从而有效地提升学生的数学素养，促进学生的长效发展．

“向量的概念及其表示”一课的教学片段

无锡市辅仁高级中学的张长贵老师在参加市教学能手评选的活动中，对这节课的课堂总结，设计了如下问题：

问题1　这节课我们研究了哪些问题？

【设计意图】　引领学生回顾本节课所学内容，帮助学生构建一张思维导图，将新知有系统、有条理地纳入学生的原有认知结构中．

问题2　我们的研究运用了怎样的方法？

【设计意图】　和学生一起对概念的学习过程和学习方法进行回顾反思和概括总结，帮助学生形成一条研究路线，体会数学概念学习的一般方法．

问题3 同学们有什么想法和体会?

【设计意图】 学生通过反思,一方面明确向量具有“数”和“形”的双重身份,研究向量,要抓住“大小”和“方向”这两个要素;另一方面,体会“类比”思想在数学学习中的价值,学会“类比”方法的运用.

问题4 有什么问题没有弄懂?有哪些方法没有学会?

【设计意图】 使学生养成质疑的习惯,善于自我检查,学会理性思考.

问题5 我们还将继续研究什么问题?

【设计意图】 教师和学生共同提出需要进一步研究的问题,使本节课所学的知识成为新知的生长点,促进知识和方法的生长,将学习的兴趣和探究的热情延伸到课外.

通过上述问题,引领学生回顾课堂学习历程、收获与体会,促使学生深入思考与深度交流,使学生对本节课所学的数学知识、思想和方法有进一步、完整的认识,从而完善认知结构.同时,帮助学生养成总结反思的习惯,提高归纳总结和数学表述的能力,使学生在掌握知识的同时学会学习.

概念课教学上,课堂总结是需要我们加以重视和努力改进的教学环节,要突出教学目标,要言不烦;不仅要进行知识的总结,而且要对所学的数学思想和研究方法进行总结;要重视板书设计,体现知识和方法间的联系,帮助学生优化认知结构;问题设计要具有反思性,让学生在独立思考的基础上合作探究、组织交流,最后由师生在问题的引领下共同完善.

中国科学院李邦河院士认为:“数学根本上是玩概念,不是玩技巧.技巧不足道也!”著名数学家华罗庚先生也曾说过:“数学的学习过程,就是不断建立各种数学概念的过程.”

数学教学的根本任务不仅在于向学生传授知识,更重要的是优化学生的思维品质.数学概念教学,不仅要让学生记住概念,会用概念解题,还应让学生了解概念建立的合理性,掌握概念的本质属性,熟悉概念的内涵与外延.这首先要求数学教师在教学上具有全新的教学观,在教学的每一个环节,都应精心设计好问题,通过问题启迪和引领学生展开探究活动,使学生积极参与到知识发生、发展的过程之中,从而使学生思维的深刻性、批判性和主动性都得到有效的优化,数学素养得到有效的培养,为可持续发展奠定基础.

课例三

立足“三个理解”，让概念教学更有效

——以“对数的概念”的教学设计为例

一、教学情况分析

1. 内容解析

“对数的概念”是苏教版数学必修1第三章“对数函数”的第一课时，是继指数函数之后学习的一类新运算，内容包括对数概念、对数与指数的互化和对数的运算性质．建立并深刻理解对数的概念，是熟练掌握“对数的运算性质”的保障，是理解并灵活运用“对数函数的图象与性质”的前提．

对数作为简便的计算技术，是17世纪三大重要数学成就之一，在数学和其他许多知识领域都有广泛的应用．对数的发明、发展历史是数学文化的重要体现，能让学生感受数学知识的产生和发展源于实践又不断推动社会发展．利用课本第79页中的“阅读”内容，可以将学生对知识的渴望和探究延伸至课外．

2. 学情分析

高一学生已经学习了函数的概念、函数的表示方法与函数的一般性质，对函数有了初步的认识．学生已经完成了分数指数幂和指数函数的学习，知道了指数运算就是已知底数和指数求幂值，了解了研究函数的一般方法，经历过从特殊到一般、从具体到抽象的研究过程，有与已知知识进行类比学习的经历．

对高一学生来说，对数是一个全新的概念，它的表示及运算规则都是前所未有的，学生对其产生的必要性缺乏正确的认识，在对数概念本质的理解上存在障碍，导致其在后续学习中产生困难．这就需要教师引导学生利用指数的相关知识来深化学生对对数概念的认识和理解，将其纳入已有的认知结构之中．

3. 目标定位

(1)通过具体实例，认识到引进对数的必要性，在实际背景中了解对数的意义，经历对数概念的形成过程.

(2)理解对数的概念，引导学生认识对数与指数的相互联系，会熟练地进行指数式与对数式的互化，体会转化与化归的思想.

(3)发现关于对数的几个常用结论，了解常用对数和自然对数，了解对数的发明历史，培养探究意识和发现问题、分析问题、解决问题的能力.

4.教学重难点

教学重点：对数概念的理解，指数式与对数式的互化.

教学难点：对数概念的引入与理解.

5.教学策略

运用引导发现和讲练结合的教学方法，以“教师稚化思维，促进学生理解”为指导思想，突出教师的“导”和学生的“探”，借助多媒体课件、计算器等工具，让学生在教师的引导下，学会思考，大胆探索，建构知识，体会思想，形成技能.

二、教学过程设计

1.创设情境，引出课题

投影显示：某种放射性物质不断变化为其他物质，每经过1年，这种物质剩留的质量是原来的84%.设该物质最初的质量是1.

问题1　你能就此提出一个数学问题吗?

师：你们能根据这样的条件，提出一个数学问题吗？请在草稿纸上写写看，可以相互讨论提出的问题.

师：你提出的是什么问题?

生：经过3年以后，该物质剩留的质量是多少?

师：是多少呢?

生：0.84^3.

师：(板书$0.84^3=N$)有不同的问题吗?

生：多少年以后，该物质剩留的质量是原来的一半?

师：这个问题怎么解决？如何列式计算?

生：$0.84^x=0.5$.

师：这里的x是多少呢?

生：不知道，不会算.

师：这是个怎样的运算?

生：已知底数0.84和幂0.5，求指数x.

师：你们以前解决过这样的问题吗？

生：有，比如$2^x = 1$，我们知道$x = 0$.

师：还有吗？

生：比如$2^x = 2 \Rightarrow x = 1$，$2^x = 4 \Rightarrow x = 2$.

师：（板书学生提出的式子）如果$2^x = 3$呢？这里的x是多少呢？

生：不知道.

【设计意图】　通过学生熟悉的问题情境，让学生自主地提出问题，引发思考，体会这些问题之间的关联是：指数式$a^b = N$中已知两个量求第三个量.

问题2　满足$y = 2^x$，$0.84^x = 0.5$的x是否存在？

师：我们以$y = 2^x$为例，请大家分组讨论，设计一个方案，探究满足$y = 2^x$的x是否存在.若存在，有几个？

探究活动1　设计一个方案，探究满足$y = 2^x$的x是否存在.若存在，有几个？

生：结合函数$y = 2^x$的图象来研究这个问题.首先作出$y = 2^x$的图象，然后找到对应的函数值$y = 3$，那么我们会发现一个点，这个点的横坐标就是满足这个问题的x值.由图象可以看出，只有唯一的一个x值满足条件，这是因为指数函数$y = 2^x$是单调递增的.

生：通过准确作图，我们还能判断出这个x的数值在区间(1，2)内.

师：非常好，那么你们能再进一步探究出满足$2^x = 3$的x的准确值吗？

探究活动2　能否进一步探究出满足$2^x = 3$的x的准确值？

师：需要什么工具吗？

生：计算器.

（通过大屏幕展示计算器，配合学生的探究过程.）

$2^{1.5} = 2.828\,427\,125$,

$2^{1.6} = 3.031\,433\,133$,

$2^{1.55} = 2.928\,171\,392$,

$2^{1.56} = 2.948\,538\,435$,

$2^{1.58} = 2.989\,698\,487$,

$2^{1.59} = 3.010\,493\,495$,

$2^{1.585} = 3.000\,077\,979$,

生：……

师：在刚刚探究x准确值的过程中，你们有什么发现？

生：这里的x是一个无理数，只能无限接近，无法准确表示出来．

师：也就是说，我们现在的知识无法把x表示出来，那该怎么办呢？以前我们遇到过这样的情况吗？

生：圆周率π，是用一个符号表示一个数．

师：那么回到刚才的问题，如何表示满足$2^x = 3$的x的值，你有办法了吗？

生：引入一个符号来表示．

师：太棒啦，大家和数学家的想法是一致的，早在400年前，苏格兰数学家纳皮尔就为我们创造好了这样的符号，想看看是什么样子的吗？

师：用$\log_2 3$这样一个符号来表示这里的指数x，指数x是由2，3唯一决定的，所以把2，3放在了符号log的相应位置上．我们把这样的数称为对数．

师：有了这个符号，一开始同学们提出的问题是不是也就可以解决了？满足式子$0.84^x = 0.5$的指数x就可以表示为$\log_{0.84}0.5$.

【设计意图】 利用具体的问题引发学生的认知冲突，引导学生运用数形结合的方法探索指数x是存在的，并且只有一个，进而想办法用数学符号表示指数x.

师：那么，对于任意的指数式$a^b = N$，你都能表示出这里的指数b吗？让我们一起来看完整的定义．

2.辨析概念，建构数学

(1)定义概念．

一般地，如果$a(a > 0, a \neq 1)$的b次幂等于N，即$a^b = N$，那么就称b是以a为底N的对数(logarithm)，记作$\log_a N = b$.其中，a叫作对数的底数(base of logarithm)，N叫作真数(proper number)．

(2)概念解读．

问题3　新符号如何正确读写？

师：这样一个新符号，我们如何准确读写呢？

教师指出：对数的写法和符号表示也有讲究，要用四线三格来规范书写．

正确写法：$\log_a N$.

正确读法：以a为底N的对数．

师：那么$\log_{0.84}0.5$应该怎么读？

生：以0.84为底0.5的对数.

问题4　你能说出a,b,N在两式中的名称吗？

师：我们把定义中的$a^b=N$称为指数式，把$\log_a N=b$称为对数式，那么你能根据定义说出这两个式子中a,b,N的名称吗？

（学生回答两式中a,b,N的名称，教师板书如图1所示.）

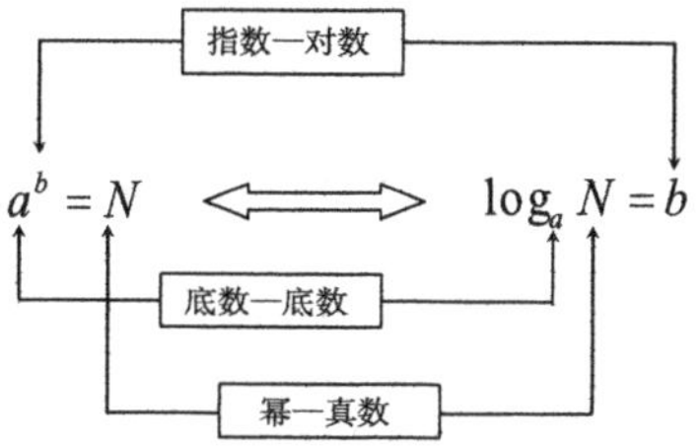

图1

【设计意图】　明确指数式和对数式中a,b,N的名称与位置变化，让学生了解对数式与指数式的关系，明确对数式与指数式形式的区别.

问题5　两式中a,b,N三个量的名称不尽相同，数值范围相同吗？

生：相同.

师：具体来说说看.

生：根据定义，$a>0,a\neq1$，两式中a的范围一致.

师：很好，那么N的范围呢？

生：$N>0$，根据指数函数的图象可以知道，N的数值肯定大于0.

师：也就是说，真数一定是正数，负数和0没有对数.

师：那么b呢？

生：$b\in\mathbf{R}$，同样结合指数函数的图象来看，b即为指数函数中x的取值，可以取一切实数.

师：既然对数可以取一切实数，那么什么样的对数为0？你能说出一个等于0的对数吗？

生：根据指数式$a^0=1$，所以$\log_a 1=0$.

师：当$a>0,a\neq1$时，1的对数为0.

师：那么何时对数为1呢？

生：根据指数式$a^1=a$，所以$\log_a a=1$.

师：当$a>0,a\neq1$时，底数的对数等于1.

师：至此，我们可以清楚地知道，指数式 $a^b=N$ 与对数式 $\log_a N=b$ 表示的是 a,b,N 三个量之间同一关系的不同形式．在底一定的情况下，指数运算是由 b 求 N，对数运算是由 N 求 b，可见其是一对逆运算．

【设计意图】 引导学生利用指数式与对数式的互化关系和已学过的指数函数的相关知识来认识 a,b,N 的范围，加深对定义的理解．

3.学以致用，深化理解

师：经过大家的共同努力，我们给出了对数的定义，并且明确了指数、对数的关系．同学们都掌握了吗？下面老师要来考考大家，你们能不能快速完成这些式子的改写呢？

例1　将下列指数式改写成对数式：

(1) $2^4=16$；　(2) $10^a=20$；　(3) $e^b=0.45$.

（让学生上黑板做，引导学生总结是如何改写的．）

师：我们看到第二个式子中，有一个以10为底的对数．通常将以10为底的对数称为常用对数，如 $\log_{10}12$，$\log_{10}0.84$ 等．为了方便起见，将对数 $\log_{10}N$ 简记为 $\lg N$，如 $\lg 12$，$\lg 0.84$.

在科学技术中，常常使用以e为底的对数，这种对数称为自然对数．$e=2.71828\cdots$ 是一个无理数，正数 N 的自然对数 $\log_e N$ 一般简记为 $\ln N$，如 $\log_e 2$，$\log_e 15$ 分别记为 $\ln 2$，$\ln 15$ 等．

师：由指数式能改成对数式，反过来，对数式也能改写成指数式，你会吗？

例2　将下列对数式改写成指数式：

(1) $\log_5 125=3$；　(2) $\lg a=-1.699$；　(3) $\ln 12=b$.

（请学生口答，总结改写的注意点．）

【设计意图】 熟悉指数式、对数式的相互转化，加深对对数概念的理解．从说、写两个角度来规范学生的数学表达．

师：刚刚大家顺利地完成指数式与对数式的相互改写，再一次可以感受到指数式与对数式是同一关系的不同表现形式．那么大家会利用熟悉的指数关系来求对数的值吗？

例3　求下列各式的值：

(1) $\log_2 64$；　(2) $\log_9 27$；　(3) $\log_a a^b$；　(4) $a^{\log_a N}$.

解：（学生口述，教师板书．）

(1)解法一:由 $2^6 = 64$,得 $\log_2 64 = 6$.

解法二:设 $\log_2 64 = x$,则 $2^x = 64 = 2^6$,所以 $x = 6$.

(2)设 $\log_9 27 = x$,根据对数的定义知 $9^x = 27$,即 $3^{2x} = 3^3$,得 $2x = 3$,$x = \frac{3}{2}$,所以 $\log_9 27 = \frac{3}{2}$.

师:那么题目(3)和(4)你们还能利用指数关系来求解吗?

解:(3)设 $\log_a a^b = x$,则 $a^x = a^b$,得 $x = b$,即 $\log_a a^b = b$.

(4)设 $\log_a N = x$,则 $a^x = N$,即 $a^{\log_a N} = N$.

师:我们利用熟悉的指数关系,得到了两个重要的结论,这两个结论我们可以直接拿来使用.如果我们用(3)式中的结论,例题中的(1)可以怎么做呢?

生:$\log_2 2^6 = 6$.

师:下面的练习你们能够很快给出答案吗?

练习:

(1)$\lg 100$;　(2)$\log_2 8$;　(3)$\log_7 \sqrt{7}$;　(4)$\log_4 64$;　(5)$\ln e^{-2}$;　(6)$\log_{\frac{1}{3}} 9$.

【设计意图】　帮助学生在应用的过程中进一步理解对数的概念,掌握对数式与指数式的互化方法,培养学生的运算能力和分析问题、解决问题的能力.

4.归纳总结,反思提炼

师:这节课我们认识了一种新形式的数——对数,你们都掌握了哪些关于对数的知识呢?

(学生畅所欲言.)

【设计意图】　结合课本中的阅读材料,和学生一起回顾整个知识的探究和发生过程,并为引入下一节课的运算性质做铺垫.

5.课后巩固,探究拓展

(1)必做题:课本第74页第1至第5题.

(2)选做题:探究对数的运算性质.

三、教学活动反思

章建跃先生在《中学数学课改的十个论题》一文中指出:“理解数学、理解学生、理解教学是课改的三大基石.”“理解数学”是解决“教什么”的问题,“理解学生”是解决“怎么教”的问题，而“理解教学”是解决“为什么这样教”的问题.教师只有理解数学，才能准确地定位教学目标，确定好教学的重点和难点；只有理解学生，才能设计出有层次的教学过程，组织好贴近学生实际的教学活动；只有理解教学，才能处理好教师的教与学生的学的统一，使课堂丰富多彩、灵动高效.

1.理解数学，从实际出发，创设自然的情境

理解数学是指教师不仅清楚数学知识本身是什么，能解各种数学题，也指教师清楚数学知识的产生背景、形成过程、形成方法，清楚数学知识的本质、结构及其与相关知识的联系，清楚数学知识“来自何处，又去向何方”，具有把现成的、成熟的数学知识还原为生成的、发展的知识的能力.数学教学教的是数学.只有教师清楚知识的发展过程与发展方法，才能带领学生“重演”知识的“萌芽期、生长期、成熟期”，才能让学生学到“有根、有血、有肉的知识”，进而把“过程与方法目标”落到实处.只有教师理解知识的本质、联系与结构，才能把知识教“活”而不是教“死”，才能让学生学会学习数学，学会智慧地思考.

对数是一个比较抽象的数学概念，但对数又是为了生产、生活中的计算需要而必然产生的.笔者以“放射性物质剩留量”这样一个实际问题为例，通过具体问题说明研究对数的必要性，调动学生学习对数的积极性，也体现了知识的系统性和内在的有机联系.同时，对数的发明与发展历史及其价值是数学文化的重要体现，能让学生感受数学知识的产生和发展源于实践又不断推动社会发展.于是，笔者将课本第79页的“阅读”内容有机地融合到课堂总结中，既向学生介绍了对数的发明历史，又向学生展示了对数的真正价值，将学生对知识的渴望延伸至课外.“纸上得来终觉浅，绝知此事要躬行.”在来自现实生活的情境中，学生亲身经历了知识的动态生成，自然地更新了学习方式，学到的不再是教师灌输的枯燥的数学，而是自己动手发现的鲜活的数学，对数概念的形成显得自然而流畅.

2.理解学生，依学情展开，搭建探究的台阶

学生是课堂的主体，所有课堂活动最终落脚点都应该是学生的学.影响课堂教学的根本性因素是学生的学习——学习的愿望(心理)、状态、过程、结果等，由于学生与教师在认知结构、认知方式以及知识内容的理解上存在差异，纵使教学立意再高，过程再科学，若学生无法感悟内化，那么教学效果还是会大打折扣.因此，教师在进行教学设计时，要换位思考，站在学生的立场，了解学生的学习心理，了解学生的认知结构，了解学生在思维深刻性方面能力的不足，根据

学生的认知基础、认知心理及认知障碍等来设计与实施课堂教学.

学习的过程就是一个不断地提出问题、解决问题的过程，提出问题比解决问题更重要.同时，提出问题、解决问题又是教学活动的重要部分，如何抓住学生的“最近发展区”，启发学生的问题意识，唤醒学生的想象力，让学生不再缺席“提问”，应该成为探究学习中最重要的一环.在对数定义的引入过程中，笔者认真设计，从学生的“最近发展区”出发，把学生推到前台，让学生完全“独立”地发现问题、分析问题、解决问题.整个教学过程中，教师时刻关注学生的一言一行，从学生提出的问题出发，去思考他们的困惑和兴奋点，适时地指导和设计铺垫，有意通过情境、疑问、讨论等方式来激发他们探究的热情.针对学生的困惑，教师进行引导和点拨，让学生亲历概念形成过程中数学家对于该概念的探究活动，感知对数概念的发现历程，理解科学艰难曲折的发现过程，体悟数学的人文精神，体验数学探究的成功喜悦.

3.理解教学，借活动着力，点燃思维的火花

理解教学是指教师清楚教学的本质与功能，掌握一定的教学方法与教学艺术，清楚学生的认识规律和教学的基本原则，能够把教与学作为有机的、统一的、相互促进的整体来加以处理.有效的数学教学活动应是师生积极参与、交往互动、共同发展的过程.奥苏贝尔的观点告诉我们，教学的一个最重要的出发点是学生已经知道了什么.教学的策略就在于怎样建立学生原有认知结构中相应的知识和新的知识的联系，以及激发学生有意义学习的心向.为了保证数学学习的意义，除对教学内容应有良好的组织外，还要适当地选择教学方法，组织丰富多彩的教学活动，使教学方法、教学内容与学生的认知结构真正相适应.

数学教学是以核心知识为主线，以提升学习能力为目的，学生在原有知识经验基础上主动建构的过程，也是师生积极参与、交往互动、共同发展的过程.教学活动中，学生是学习的主体，教师是学习的组织者、激发者、引导者与合作者.基于对教学的这种理解，笔者精心安排课堂的各个环节.在课堂的开始，由学生自己提问，让学生化身课堂的主人，在相互提出问题、解决问题的过程中，通过思维的碰撞，意识到新知的必要性，对学习新知产生强烈的渴望.在寻求使得 $2^x=3$ 这个等式成立的 x 的过程中，学生更是大胆想象，小心求证，整个过程不是“告诉”，不是“阐明”，而是“教学生发现”，“教学生思考”，充分发挥了学生的积极性，在让学生动手动脑的活动过程中，点燃了他们思维的火花.

可以说，正是基于对课堂教学中的载体“数学知识”的理解，对教学对象“认

知基础”的理解，才有了对课堂教学的“本质要义”的把握．只有对课堂教学三要素“数学、学生、教学”的理解到位，课堂教学的效益才能得以凸显，培养学生核心素养的目标才能得以落实．

当然，这节课还有一些令人遗憾的地方：第一，没有充分调动全班每一位学生探究的主动性，给学生展示的机会还略显不足；第二，有些问题还是没能让学生自主发现并提出解决的策略，对学生碰到一些问题时没能及时鼓励；第三，由于时间关系，内容结束以后，没能给学生足够的时间去发现新的问题．这些遗憾与自己不能大胆放手给学生有很大关系，在今后的教学中要注意加以改进．

课例四

突出过程教学,促进概念建构,实现素养提升
——以“二面角”的教学设计为例

一、教学情况分析

1. 内容解读

立体几何是研究三维空间中物体形状、大小和位置的一门学科.立体几何章节的学习需要通过直观感知、操作确认、思辨论证、度量计算等方法来认识空间图形及其性质.而二面角概念的学习用到了上述所有立体几何的学习方法,是培养学生空间想象能力、推理论证能力、运用图形语言交流能力等数学素养的极佳素材,对学生形成系统的空间问题探索方式、从整体观上掌握研究立体几何的套路有极大的帮助,能增进学生对空间几何问题的认识,提高学生从生活中发现立体几何问题、提出问题、分析和解决问题的能力.通过这一课时内容的学习,能实现章节的教育目标到课时的教学目标的前后呼应.

从章节知识体系上来说,二面角及二面角的平面角的相关内容从逻辑上给学生构建了一个“平面与平面位置关系”的完整体系.从内容及作用来说,二面角及二面角的平面角为引出两平面垂直的定义及判定定理做好了铺垫.二面角的平面角是刻画二面角大小的重要概念,体现了空间问题平面化的思想方法,完善了学生空间角的概念,为后续向量法的引入和研究奠定了基础.

2. 学情剖析

学生已经认识了空间几何体,对空间几何体的构成元素有了一定的了解,经历了线线位置关系、线面位置关系和面面平行位置关系的研究,对空间中位置关系的研究掌握了一定的研究方法和套路.空间角部分已经研究了异面直线所成角、直线与平面所成角,学生对空间问题平面化的思想方法有了一定的感受,这些都为学习二面角的度量(二面角的平面角)奠定了基础.

3. 目标定位

(1)能从实际问题中抽象出二面角模型,能理解“二面角”的概念.

(2)能探索度量二面角大小的方法,理解二面角的平面角的概念,能根据定义正确作出二面角的平面角.

(3)探索和研究“二面角及其平面角”的概念的发生、发展和形成过程,培养空间想象能力、数学语言表达能力,能感受类比、转化数学思想方法.

4. 教学重难点

教学重点:二面角及其平面角的概念,二面角大小的计算.

教学难点:度量二面角的方法(二面角的平面角).

5. 教学策略

让学生在情境、问题的有效互动中得到提升.在数学教学活动中,教师结合教学任务及其蕴含的数学核心素养,设计合适的情境与问题,引导学生发现问题,用数学的语言表达问题,用数学的思维分析问题、解决问题.在问题解决的过程中,学生学会二面角及其平面角的概念,掌握二面角的求法,而且可以体验数学思想方法,积累基本活动经验,学习数学研究的方法,在经历知识发生发展的过程中深化对数学概念本质的理解,促进数学核心素养的形成和发展.

二、教学过程设计

1. 研究体系

空间几何体各式各样、千姿百态,“立体几何初步”就是教大家如何去认识和把握它们.从章引言中我们可以看出本章主要研究的几个问题.

问题1　对于第三个问题,我们已经研究了哪些内容?

教师引导学生回顾空间几何体的基本元素之间的位置关系,并通过一张“结构图”(如图1)来回顾展示:主要研究了构成空间几何体的基本元素——点、直线、平面,接下去再重点研究它们的性质及相互之间的位置关系.所以,从知识体系角度来说,接下去应该研究两平面相交.

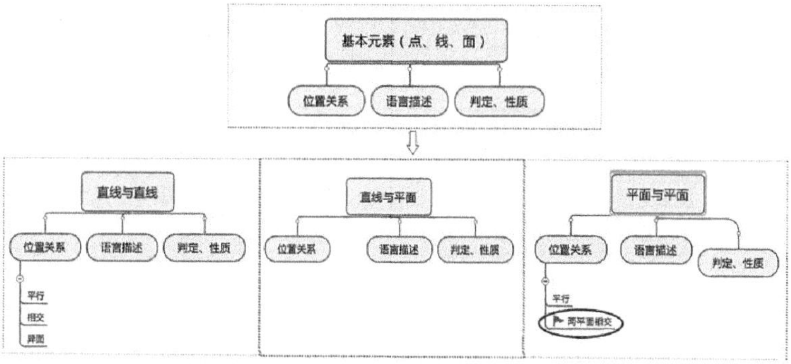

图1

【设计意图】　二面角是本章知识体系中“平面与平面位置关系”的学习基础，前面的学习过程中学生掌握了研究空间元素位置关系的方法.通过章节知识结构图，帮助学生整体建构立体几何的研究体系，明确本节课研究内容的地位，培养学生整体认识问题的观念.

2.研究意义

问题2　两平面相交的位置关系，有没有研究的必要呢？生活中有没有两平面相交的几何模型？请举例.

师生活动　学生举例两平面相交的模型（如图2）.

图2

教师举例：播放视频“中国北斗卫星系统”.

我们知道发射人造地球卫星时，要使卫星的轨道平面与地球的赤道平面成一定的角度，这给我们两平面相交的感觉，如图3.

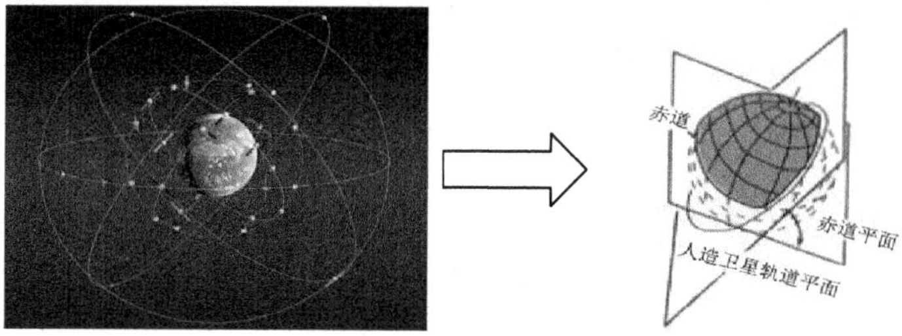

图3

修筑水坝时，为了使水坝坚固耐用，必须使水坝迎水面和背水面与水平面成适当的角度. 也给我们两平面相交的感觉，如图4.

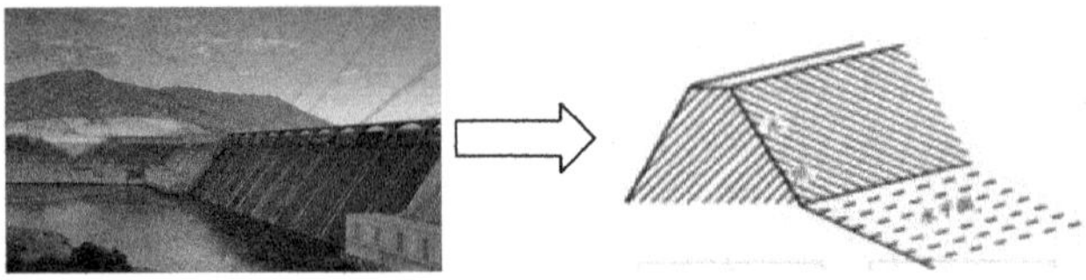

图4

问题3　常见的空间几何体中，有没有这样的位置关系？请举例(如图5).

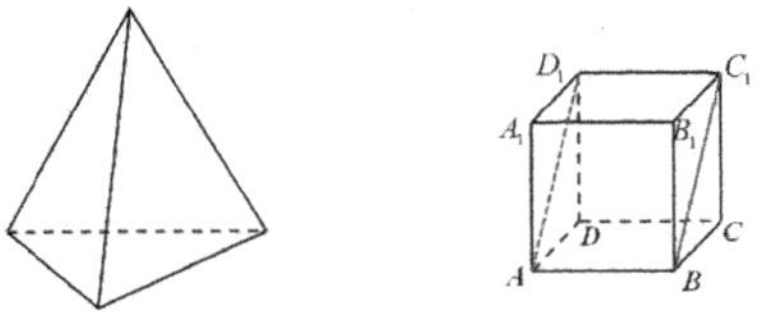

图5

从日常生活的空间到空间卫星运行、工程技术等方方面面都涉及两平面相交的情形，这种空间几何模型广泛分布、广泛应用，很有研究的必要和价值！

【设计意图】　两平面相交的位置关系可以通过两个平面所成的“角”来确定. 生活中的大量实例，能加强学生对二面角的直观感知，让学生感知研究的必要性和实际意义，引导学生从几何图形进行分析，为引出二面角的概念做好铺垫，着力提升学生数学抽象的素养.

3. 研究过程

(1)提取模型.

问题4　请你从以下三维模型和空间几何体模型中抽象出直观图.

(PPT展示三个模型，学生在纸上画出直观图(如图6)，为后续做好准备.)

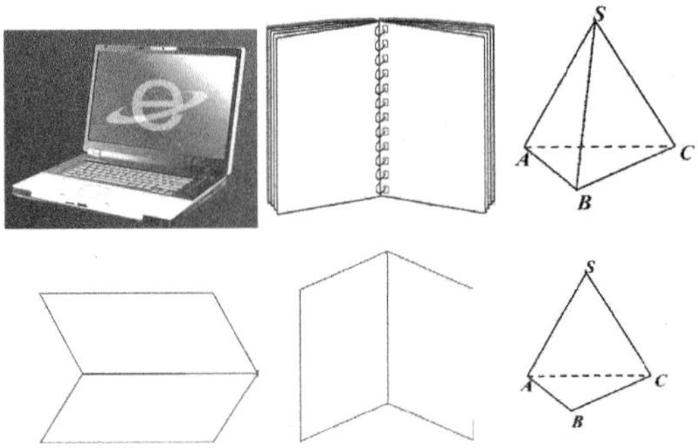

图6

(2)制订流程.

问题5　对这些图形进行研究,请你类比初中平面几何中"角"的研究过程,先制订一个研究流程(如图7).

模型 ➡ 定义 ➡ 表示 ➡ 度量

图7

【设计意图】　立体几何是研究空间物体形状、大小和位置关系的学科,对空间问题(包括二面角)的探索应遵循从实物模型中抽象出空间几何体问题的流程,让学生经历直观感知的过程,培养和发展学生的几何直观能力.同时,类比已有研究经验,构建研究流程,为后续学习指明方向.

(3)形成定义.

类比射线的定义:一个点把一条直线分成两部分,每一部分是一条射线.

平面内的一条直线把这个平面分成两部分,其中的每一部分都叫作半平面(semi-plane).

问题6　把一个半平面绕着这条直线旋转时,两个半平面就形成了一定的"角度"(如图8).类比平面几何中"角"的概念,理解这个图形,尝试下个定义.

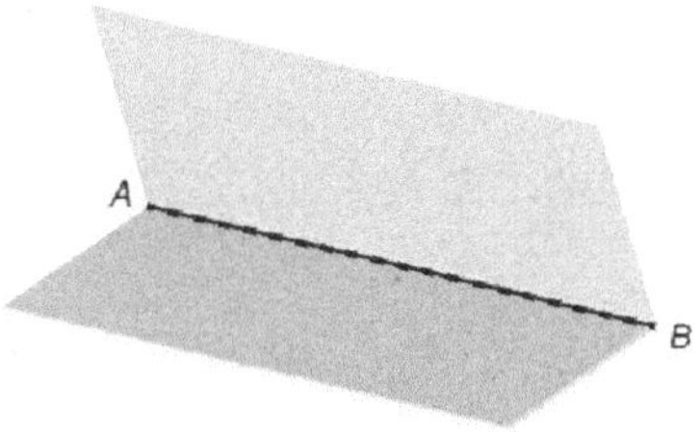

图8

定义:一般地,一条直线和由这条直线出发的两个半平面所组成的图形叫作二面角(dihedral angle),这条直线叫作二面角的棱(edge),每个半平面叫作二面角的面(face).

动画演示平面角的形成和二面角的形成.这个图形可以理解为半平面绕着这条直线旋转而成,也可以理解为由一条直线"线动成面"而成.

(4)尝试表示.

问题7　要把一个二面角图形符号化表示,需要说清哪些元素?

这个图形中的几何元素为直线和半平面,因此要表示这个图形只要说清楚面和棱就可以了.

记法:如图9,棱为AB,面为α,β的二面角,记作二面角$a-AB-\beta$,也可以记作二面角$M-AB-N$.

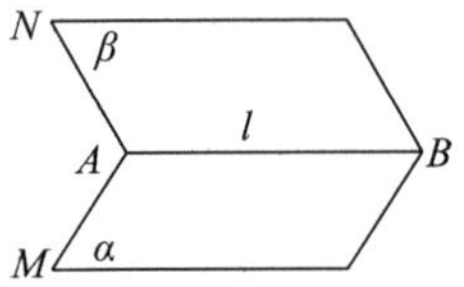

图9

(5)计算度量.

问题8　二面角的研究能不能借鉴已有的研究经验?有哪些经验可以借鉴?

此时教师引导学生回忆"异面直线所成角""直线与平面所成角"的研究,借鉴研究异面直线所成角、直线与平面所成角的思想方法.

研究异面直线所成角、直线与平面所成角的思想方法都是将其转化为平面角,这是研究基础.

总结提炼:思想方法,即平面化(降维),空间角$\Rightarrow$平面角.

问题9　我们常说"把门开大一些",是指哪个角大一些?我们应该怎样刻画二面角的大小呢?

小组探究:探索刻画、度量二面角大小的方法,给出步骤和理由.教师发放《活动单》.

预设方案1:在二面角的棱上任取一点,过这一点分别在两个半平面内作垂直于棱的两条垂线,得到一个角.

预设方案2:在二面角的棱上任取一点,过此点作一个平面和这条棱垂直,这个平面和二面角的两个半平面相交于两条射线,这两条射线形成一个角.

预设方案3:在二面角的一个半平面内任取一点(不在棱上),过这一点作另外一个平面以及棱的垂线,连接两个垂足,得到一个角.

预设方案4:在二面角的棱上任找一点,从这一点出发分别在两个半平面内任作一条射线.

预设方案5:如果从棱上一点在两个半平面内向同侧作与棱成相同大小的角的射线,那么这样的角也与点的位置无关,角的大小也是确定的.(如图10)

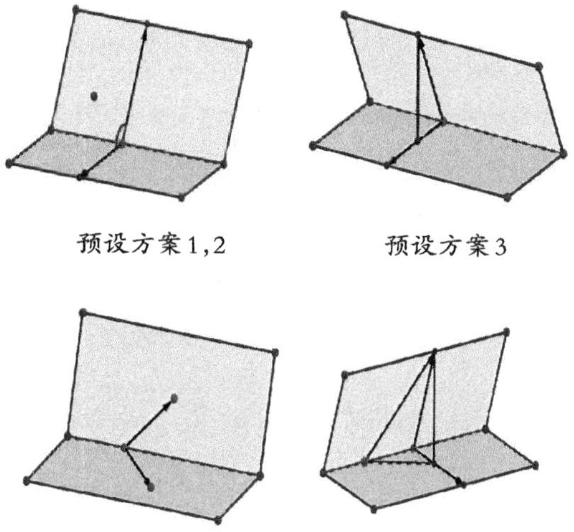

预设方案1,2　　预设方案3

预设方案4　　预设方案5

图10

思辨论证：

(1)这些方案所提供的“角”有什么区别和联系？

作法不同，但前三种方案所得到的角，其本质是相同的.但从操作方便角度来说，方案1更符合“方便性”原则.

(2)方案的合理性论证.

当我们选择某种方法度量一个量时，必须要考虑“确定性”原则和“唯一性”原则.

①在前面研究异面直线所成角的定义时，我们就考虑了“唯一性”原则.方案1～3作出的角的大小唯一确定吗？与棱上的点O的位置是否有关？

(与O点的位置无关，可以通过等角定理来证明.)

②方案4虽然可以构成一个平面角，但这样的角的大小会由于不同的人所作的射线的位置不同而改变，因而不具有“唯一性”，无法进行度量.

但如果所作的射线与二面角的棱垂直，因为在一个面内经过棱上一点只能引棱的一条垂线，所以过棱上一点所作的角是唯一确定的.

③预设方案5：如果从棱上一点在两个半平面内向同侧作与棱成相同大小的角的射线，那么这样的角也与点的位置无关，角的大小也是确定的.

师生通过上述讨论共同形成定义二面角的平面角的方案：一般地，以二面角的棱上任意一点为端点，在两个半平面内分别作垂直于棱的射线，这两条射线所成的角叫作二面角的平面角(plane angle).

【设计意图】 二面角反映了两个平面相交的位置关系,但是如何度量二面角的大小是本课的难点.对二面角的"定量分析"是关键.引导学生借鉴异面直线所成角和直线与平面所成角的研究方法,通过平面化的思想来处理难点.引领学生通过直观感知、操作确认、思辨论证等环节,经历二面角的平面角概念的完整建立过程,形成问题研究的基本技能和套路,也让学生感受数学中的化归、转化、类比等思想方法,提升学生的推理能力,培养数学的理性思维.

概念辨析:

(1)如图11,请你说说作(找)出二面角$S-AC-B$的平面角的步骤.

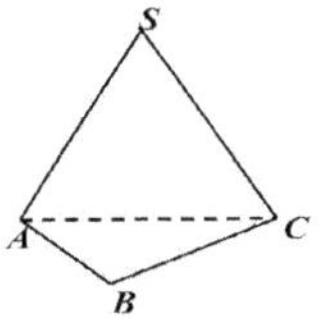

图11

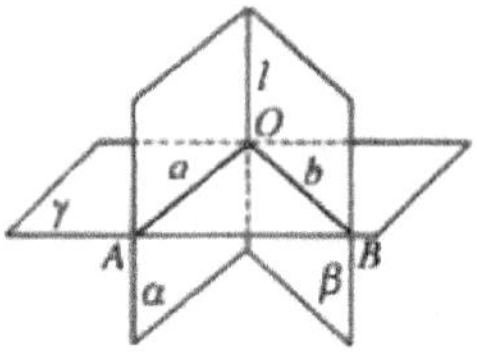

图12

(2)(课本49页练习5)α,β,γ为平面,$\alpha\cap\beta=l,\alpha\cap\gamma=a,\beta\cap\gamma=b$,$l\perp\gamma$,指出图12中哪个角是二面角$\alpha-l-\beta$的平面角,并说明理由.

思考:请你说说判断一个角是否为二面角的平面角的方法依据.

师生活动:教师引导学生概括二面角的平面角的三个关键特征:(1)角的顶点在棱上;(2)角的两边分别在两个半平面内;(3)角的两边分别与棱垂直.除此之外,还需明确:二面角的大小用平面角来度量,二面角的平面角是多少度,就说这个二面角是多少度.二面角的范围:$0°\leqslant\alpha\leqslant180°$,平面角是直角的二面角叫作直二面角(right dihedral angle).

【设计意图】 数学概念是形成数学思维的基础,若想让学生深刻理解数学概念,并能应用到实际中,教师必须引导学生对概念的本质进行剖析,理解概念的内涵和外延.这里通过两个紧扣二面角概念的辨析题,组织学生思考、辨析,引起思维碰撞,在对话交流、思辨论证中挖掘出二面角及其平面角概念的内涵与外延,深化了对二面角及其平面角的本质属性的认识和理解,为求二面角的大小奠定了坚实的基础.

4.数学运用

例1 如图13,已知正方体$ABCD-A_1B_1C_1D_1$.

(1)求二面角 D_1-AB-D 的大小;

(2)求二面角 A_1-AB-D 的大小.

解析:作(找)出二面角的平面角——证明是二面角的平面角——算二面角的平面角的大小.

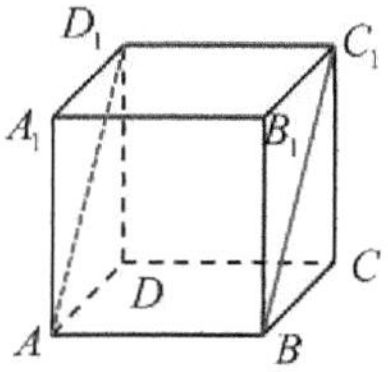

图 13

变式 在正方体 $ABCD-A_1B_1C_1D_1$ 中,求二面角 C_1-BD-C 的正切值.

练习 在三棱锥 $S-ABC$ 中,所有棱长均为 2,求二面角 $S-AC-B$ 的余弦值.

【设计意图】 从数学概念的教学过程来看,学生对概念的认识需要经历一个由具体到抽象、再由抽象到具体的过程.从具体到抽象是为了帮助学生建构概念,从抽象到具体是为了让学生深化理解并能运用概念进行推理运算.因此,在建立了概念以后,引导学生运用概念去解决数学问题,是学生提高思维能力、形成计算技能的重要环节.学生只有在解具体问题时将所学的数学概念正用、变用、反用等,才能使概念得以巩固,才能对概念的理解更加深刻,进而提高对概念的运用能力,发展逻辑推理和数学运算等数学核心素养.

5.课堂小结

小结一下我们今天这节课的学习活动.

(1)完善体系(如图 14).

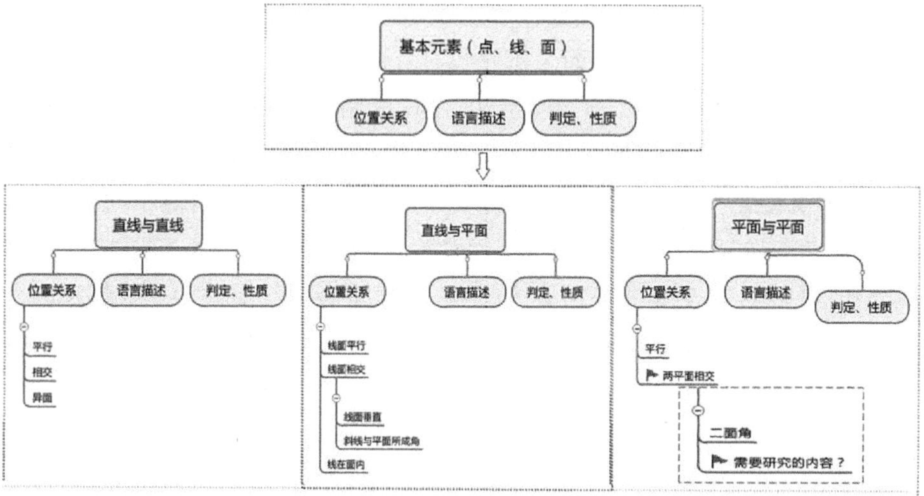

图 14

类比线线异面的刻画、线面相交中的斜线与平面所成角的刻画,丰富了两平面相交的位置关系，通过二面角的平面角定量刻画两平面相交．接下去还需要研究什么内容？

（2）提炼思想．

无论是异面直线所成角、直线与平面所成角，还是二面角的研究过程，都体现了立体几何的研究方法：空间问题平面化的思想方法．

（3）梳理流程．

对于一个立体几何问题一般经历以下几个过程：实际模型—抽象图形—形成定义—符号表示—度量计算．

（4）深度拓展．

（苏教版数学教材必修2第38页第6题）如图15，已知 $PA\perp\alpha$，$PB\perp\beta$，且 $\alpha\cap\beta=l$，求证：$l\perp$ 平面 APB.

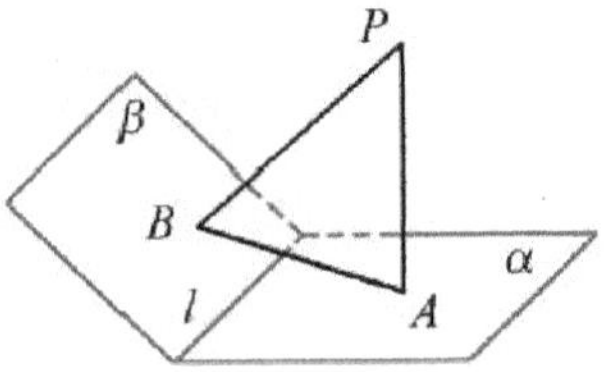

图15

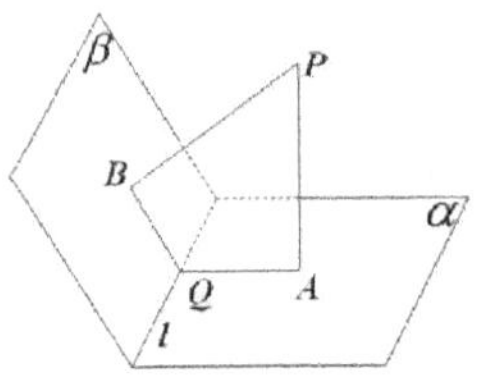

图16

拓展1　如图16，增加条件 $AQ\perp l$，求证：$l\perp BQ$.

拓展2　在处理二面角问题时，我们都是通过二面角的平面角来刻画二面角的大小，那么在二面角的平面角不好找时，该怎么解决问题呢？

（此时，可以将空间几何体放置在空间直角坐标系中，通过空间向量来计算.）

【设计意图】　从完善体系、提炼思想、梳理流程、深度拓展四个方面引领学生回顾总结本节课的学习过程，追寻数学发展的历史足迹，体会数学概念的发生、发展、形成过程及其蕴含的数学思想，掌握数学学习的方法，建立知识、思想、方法之间的联系，使其条理化、系统化、整体化，完善学生的认知结构，促成学生对所学知识的深度理解，并为进一步的学习研究设置悬念，激发学生进一步开展探究学习的欲望，将学生的学习热情延伸到课外．

三、教学活动反思

二面角及其平面角是立体几何中的一个十分重要的概念．二面角的概念发展完善了空间角的概念,其本质特征是从度量的角度,揭示平面与平面的位置关系(垂直关系是其中的一种特殊关系),为以后研究平面与平面的位置关系奠定了基础,在教材中起着承上启下的作用.许多同学对二面角的学习感到有困难,解决问题的能力差,原因在于他们获得的知识不是通过研究形成的,而是死记硬背得到的.本课例的设计不是简单地把二面角的定义抛给学生,而是充分考虑知识的形成过程,设法从学生的数学现实出发,通过创设问题情境,让学生经历知识发生、发展的过程,建构对概念的深刻认识和深度理解,积累起活动经验,强化了学习体验,提升了数学素养,取得了良好效果.

1.创设问题情境,让学生经历概念的发展过程

《普通高中数学课程标准(实验)》指出:“……由于数学高度抽象的特点,注重体现基本概念的来龙去脉.在教学中要引导学生经历从具体实例抽象出数学概念的过程,在初步运用中逐步理解概念的本质.”任何数学概念的发展形成都要有一个过程,数学概念的教学,不能采用直接告知结论的简单方法,而应从学生的认知基础出发,通过创设问题情境,充分揭示给出概念的合理性、必要性,揭示概念之间的前后联系,揭示概念发展、完善的过程,揭示概念的本质属性.这样不仅可以加深学生对数学概念的理解,为运用数学概念奠定基础,更重要的是可以培养学生科学探索的精神,提高学生的数学核心素养.

本节课的设计,首先从数学内部创设情境,提出本节课要研究的问题,紧接着让学生联系生活中的实例,举出具有二面角特征的图形,最后以音响、动画等方式,展示卫星运行轨道所在平面与地平面构成的二面角以及水坝等场景,让学生感受现实生活中二面角大量存在,引领学生学会用数学的眼光观察现实世界,帮助学生形成对二面角的直观感知,并在此基础上,引领学生从中抽象出二面角的图形,建构起二面角的模型,生成二面角的定义.学生充分经历了概念发生、发展的过程,在建构起对二面角概念的认识和理解的同时,提升了直观想象、数学抽象和数学建模等核心素养.

2.构建研究蓝图,让学生强化数学学习的体验

“学会学习比学会知识更重要.”学习方式的改变是第八次课程改革的核心任务.教会学生学习,培养学生的创新精神和实践能力是当前教师的艰巨任务.教育心理学家认为:教会学生学习的实质是发展学习或解决问题的有效策略,即学习策略.学习策略是学生在学习过程中为提高学习的效果和效率,有目的、有意识地制订有关学习过程的方案.教师在教学活动中如何进行学习策略的教

学,帮助学生强化学习体验,学会学习,是要高度重视和必须着力解决的问题.

本节课沿着"挖掘实际背景,经历建构过程,揭示概念本质,渗透研究方法,构建学习蓝图"的思路展开,根据学生已有的知识和学习经验,从数学的内部提出问题,先让学生回忆本章引言和前面已学过的相关内容,提出本节课研究的问题,紧接着通过"问题串"和问题驱动的方式,运用类比、联想等方法,引领学生进行探究和建构二面角及其平面角的有关概念,在思考辨析中认识二面角,在尝试应用中理解二面角,在总结反思中完善学习认知.整节课以一张思维导图(如图14)和一条研究路线作为课堂教学的明线和暗线,引领学生展开探究活动,使学生不但掌握了知识,而且经历了学习研究新知的过程,体会了蕴含在知识中的数学思想,学会了运用数学思维分析现实问题,培养了直观想象、数学抽象、逻辑推理和数学建模等核心素养.

3.引领探究活动,让学生积累数学活动的经验

二面角的度量是通过平面角来实现的,什么是二面角的平面角,如何定义二面角的平面角,对学生来说存在着一定的认知障碍,是教学的一个难点.这节课设计了大量的探究活动,让学生自己设计建构方法,交流定义二面角的平面角的方法,并在教师的引领下进行归纳比较、思辨论证,理解定义的合理性,活跃了课堂氛围;让学生体验了空间问题平面化这一立体几何学习中降维的基本数学思想,丰富并积累了基本活动经验;让学生体验了数学发现和创造的历程,养成独立思考、积极探索的习惯.教师适时引导点拨,给学生留有一定的时间和空间,让学生自主学习、独立探究、合作探究,使他们在互动时产生智慧的火花,用数学的语言表达研究对象的本质,进而由学生自己得出概念,体会概念的来龙去脉,体验成功的喜悦,发展自身的数学抽象、数学建模、逻辑推理等核心素养.

本节课,学生的数学核心素养在他们与情境、问题的有效互动中得到提升.在教学活动中,教师结合教学任务及其蕴含的数学核心素养,设计合适的情境与问题,引导学生用数学的眼光观察现象、发现问题,用数学的语言描述背景、表达问题,用数学的思维分析问题、解决问题.在问题解决的过程中,学生不仅学会了二面角及其平面角的概念,掌握了二面角的求法,而且体验了基本数学思想,积累了基本活动经验,学会了数学研究的方法,深化了对数学概念本质的理解,促进了学生数学核心素养的形成和发展.

心理学研究表明:知识不是教师教会的,而是学生通过接受教师传递的信

息自己领悟的.由此可见,教会学生学习比单纯传授知识更重要.因此,在概念教学的设计过程中要把实验与观察、类比与比较、分析与综合、具体与抽象、一般与特殊、猜想与辨析等思维活动真切地还给学生,让学生体验概念学习就是把一些特定的数学对象通过去粗取精、去伪存真的思维加工,从“朴素直观”到“精致抽象”的过程.只有这样,概念教学活动的过程才会因学生的积极参与和主动探索而显得生动活泼、真实高效.

专题三　数学命题课的教学设计

数学理论是由数学概念、数学命题、数学推理、数学证明和数学运算等组成的系统.数学家一旦构建起数学对象(如函数、方程、不等式、数列、椭圆、双曲线等),就能研究这些数学对象的种种性质以及它们之间的各种关系,研究的结果一般是以数学命题的形式呈现的.实际上,数学中的公理、定理、公式、性质、法则等都是数学命题,由此可见,数学命题是数学知识的主体,在数学知识体系中具有重要的地位和作用.数学命题反映了数学概念之间的内在联系,数学命题与概念、推理、证明和运算密切相关:数学命题由数学概念组成,数学概念用数学命题揭示,同时,数学命题又是数学推理、数学证明和数学运算的依据[①].因此,数学命题的教学是数学教学的重要组成部分.本专题主要结合数学定理、公式、性质和法则等内容,对数学命题课的教学特征、设计原则和过程设计等问题做一些探讨.

一、数学命题课的教学特征分析

数学命题包括公理、定理、法则、公式等内容,它们既具有一定的形式符号化的抽象性和概括性等特征,又是促进学生认知发展的重要载体.数学命题课的教学主要指数学公理、定理、公式、法则等数学真命题的教学,在高中数学教学中具有十分重要的地位与作用.数学命题课的教学的关键在于数学命题的发现和发生、推导和证明、变式和引申、理解和应用的全过程,让学生记住某个公理、某个定理、某个公式、某个法则并非数学命题课的最终目的.数学命题课的教学要能揭示数学命题的来龙去脉,揭示其推导、论证中所用的有代表性的数学思想、思维方法和典型的数学技能技巧,交代清楚公式、定理适用的范围及成立的特定条件,让学生理解由某一条件得出的必然结论,熟练地掌握其应用,并

① 刘华祥.中学数学教学论[M].武汉:武汉大学出版社,2003:8.

在此基础上建立起命题之间的有机联系，将学过的命题系统化，形成结构紧密的知识体系.数学命题课的教学能提高学生的数学核心素养，让他们学会判断命题的真伪，学会推理、论证的方法，加深对数学思想方法的理解和运用，能培养学生阅读和理解数学语言的能力、逻辑思维的能力、空间想象的能力、数据处理的能力以及数学运算的能力，还能培养学生数学思维的特有品质.因此，数学命题课的教学必须体现以下几个方面的特征：

1.过程性特征

许多老师在进行命题教学时，习惯把学生看作一个接收器，喜欢把数学命题的结论直接抛给学生，认为命题教学的重点是让学生记住命题的结论，并会运用结论去解题.为了节省时间，课堂上匆匆忙忙地给出命题的结论，展示其结论的证明后，就开始进入运用命题进行解题训练的环节，缺少命题的发现过程、证明的探索过程，缺乏对命题及其证明和运用的反思过程，重结论、轻过程.学生学习命题时，常常是记住命题的内容，对命题的来龙去脉、内涵与外延不甚了然，对结论的证明方法不甚理解，对结论成立和适用的条件混淆不清，更不用说去提炼其蕴涵的数学思想方法.这样的命题教学丢掉了命题学习的精华，失去了命题学习的价值，导致学生在运用定理、公式和法则解决数学问题时只能机械地套用，学习的效果大打折扣.

在数学教材中，数学命题大都是用抽象的数学语言来描述的，为我们提供的仅仅是数学命题的逻辑结论，但“逻辑是论题的一种属性，而非精神过程的属性”.数学命题的发现过程大致有两种：一是借助特例，通过观察、分析、类比、归纳等方式提出猜想；二是借助已有的知识和结论，通过推理论证得出结论.每一个公式、定理等的发现、形成以至完善都曾经历过曲折而迂回的过程，但作为数学教材，只可能呈现出经过逻辑加工的“完美无缺”的数学形式和由概念、法则、公式、定理、例题和习题组成的规则系统，这种呈现形式在一定程度上隐去了数学命题的发现过程，掩盖了数学发现与创造过程中丰富的思维活动.所以，教师在实施教学时，必须对数学家是如何进行试验、联想、类比、猜想的等进行深入分析，并在教学情境中“还原”数学家的发现过程，为学生创设“再发现”的条件，使学生通过自己的学习活动主动建构自己对数学命题的理解，在“再创造”过程中，享受发现的快乐，正确认识数学命题的形成过程，从而建立“数学是一种人类活动”的观念[①].正如美国著名心理学家、教育学家杰罗姆·布鲁纳所言:“探索是数学教学的生命线.”数学命题的教学不能照本宣科,而应创造性地重组和加工教学内容,创设有利于学生主动探索、主动发现的情境,引导学生揭开数学命题发现过程的神秘面纱,丰富学生的学习活动,激发学生探索与创新的科学精神,使数学命题的学习过程成为探索、创造和再发现的过程.

2.思维性特征

数学命题是理想化的思维训练材料,是数学知识的主体,是数学课程内容的核心部分.数学这门科学与其他科学的不同之处,除研究对象不同外,最突出的就是数学对象的内部规律真实性,必须用逻辑推理的方式来证明.要以逻辑推理的方式来证明对象内部规律的真实性,首先必须要明确对象的概念;其次是内部规律必须表现为一个数学命题的形式(包括公式和法则),这样经推理证明后,就叫作定理.因此,一部数学理论,即由一套概念、命题和命题的推理证明组成,数学概念和命题的体系构成了数学的主要理论框架.数学命题与概念、推理证明有着密切的联系:命题由概念组成,概念用命题揭示,命题是组成推理的要素,而很多数学命题是经过推理获得的,命题是证明的重要依据,而命题的真实性一般都需要经过证明才能确认[②].

数学命题课的教学是数学思维活动的教学,而不仅仅是数学思维活动的结果——数学知识的教学.数学命题课的教学,不仅要让学生掌握数学命题本身,更重要的是让他们从中体验发现、概括、证明和应用数学命题的心路历程,领悟研究问题的方法以及用数学的观点看待和认识世界的思想真谛,从而有效地提升数学学科核心素养,真正学会数学学习.在数学命题课的教学中,教师要通过再现数学知识动态的发生、发展轨迹,突出数学思维方法的应用和演变,使学生充分看清数学思维的过程,启发学生在直接或间接感受、体验数学再发现和再创造的过程中,把握数学的知识、思想和方法之间的联系,学会用数学思维思考.任何数学命题的产生都具有一定的背景,而且往往与数学问题的求解密切相关.教学中要注意通过精心设计的问题情境,激活学生的思维,促进数学命题沿着学生的思维活动自然而然地产生.数学命题的证明是对数学命题的逻辑真值的肯定.命题的推证过程,揭示了命题产生的内因以及它的逻辑依据,因而也

---

① 蒋永鸿.例谈数学公式、定理课的教学设计[J].数学教学研究,2008(12):6-8.

② 郑庆全.数学命题教学研究:数学教育研究“绕不开的广阔领地”[J].山东教育学院学报,2007(5):46-49.

就揭示了它的本质.同时,命题推证过程蕴涵着丰富的方法论意义,是学生学习推证思路的重要途径,也是学生获得数学思维方法的重要手段,更应引起我们的高度重视.在应用数学命题解决问题的过程中,不能将事先准备好的思路直接告知学生,而应注意还原思维过程的本来面目,充分开展观察和实验、归纳和演绎、类比和概括、分析和综合、假设和猜想等探究活动,引导学生主动建构数学命题和对数学命题的直观理解.特别要注重现想现推,保留思维活动的真实场景,暴露思维是如何从困境或死胡同中挣脱出来的,启发学生从思维活动的过程中积累经验,学会创造.

3.应用性特征

应用性特征是指数学命题在功能及其发挥方面所表现出来的特征,每个数学命题都可以作为工具来应用,是数学推理、数学运算和解决问题的有力工具.数学命题的应用既有数学理论内部的应用,又有数学理论外部的应用,更充分地表现为它在解决问题中的应用.在这些应用中,每个数学命题都表现出不同的特征.数学命题的应用性特征历来是受到广泛关注的,主要表现为非常重视解决问题.应用性特征所表现出来的知识要素主要有:有何用、何时用和如何用等.例如,基本不等式就有着十分广泛的应用,在解决证明不等式、求函数的值域和最值、确定参数的取值范围、生活实际中的最优化问题等中,基本不等式都大有用武之地.应用性特征常常可通过以不同的方式解决不同的问题来反映,从而促进学生对数学命题的掌握,体会数学命题的广泛应用性①.

数学命题课的教学应使学生充分感受数学命题的应用功能,特别是在解决实际问题中的应用,借以培养学生数学应用的意识,发展学生数学应用的能力.当前数学命题课的教学中存在的一个问题就是只关注解题训练,而忽视实际应用.学生由于不知道学了数学命题以后到底有何用,更不会自觉地用其去解决实际问题,自然而然地就对数学命题的学习产生认识上的偏差,导致数学命题在数学教学中的功能得不到充分展开和有效发挥.数学命题的应用,既要重视"正用"训练,也要关注"逆用"训练和"推广"训练,同时也应注意数学命题的"变式"应用,使学生学会全方位看问题的习惯和方法.因此,数学命题课的教学设计,要加强开展对数学命题应用的设计研究.一方面,教师必须多加留意和充分了解数学命题的现实背景,注意从学生熟悉的、身边的、感兴趣的日常生产和生

① 郑庆全,单墫.数学命题的特征及其教学意义[J].数学通报,2009(3):5-8.

活实际中的具体问题出发，引入、发现、抽象和概括出数学命题；另一方面，教师更要有意识地引导学生运用所学数学命题解决数学中的问题、生产和生活中的实际问题以及其他学科中的有关问题，让学生充分体验数学命题在解决数学问题、实际问题中的作用以及数学命题与其他学科问题的联系，帮助学生在应用数学命题解决各种问题的过程中深化对数学命题的认识和理解，使学生逐步形成和发展数学应用的意识，提高数学实践的能力.

二、数学命题课的教学设计原则

数学命题反映了数学对象属性之间的内在联系，它是数学基础知识的重要组成部分，是学生知识“仓库”中的重要“货源”，是学生解题的“资本”和有力工具.在数学命题的发现、证明和应用过程中蕴含着丰富的数学思想、数学方法和数学观点，对于全面提高学生的数学素养、训练学生的理性思维、开发学生的智力、发展学生的能力有着举足轻重的作用.

数学命题课的教学不仅是为了帮助学生掌握具体的数学知识，更应促进学生深刻领会蕴含在数学命题内部的数学思维方法，认识和理解数学命题之间的基本规律，揭示出数学命题的本质属性.数学命题课的教学既是数学概念教学的延续，又是解题教学的基础，具有承上启下的特点，直接关系概念教学和解题教学的质量.根据数学命题课的教学特征分析，在数学命题课的教学设计中必须把握以下几个原则：

1.层次性原则

数学命题教学在数学教学中占有重要的地位.教学中如果教学内容过于抽象，难度太大，如同“暗箱”难以理解，学生便会出现埋怨和焦急的心境，体验不到获取新知识的期望和快乐.反之，如果过于具体、简单，过于浅显、一目了然，缺少挑战，则引发不了学生的探究欲望，容易导致学生学习浅尝辄止，学风浮躁，教学效率也较低.那么究竟怎样才能使数学命题课的教学收到令人满意的效果呢？实践表明，只有充分了解学生的学习现状，把握学生的心理特点，按照学生的认识规律以及与之相匹配的审美实现的层次性，精心设计出有层次的教学情境和数学问题，引领学生通过对不同层次情境与问题的分析、探索、思考和解决，完成数学命题的建构，学会知识的迁移，引导学生在循序渐进地深刻理解知识、形成技能和能力的同时，通过由表及里、由浅入深的层次，感受和体验数学美的结构，启发学生的数学直觉，激发学生思维的活力，引领学生去发现真理、识别真理、运用真理，才能激发学生掌握新知识的审美情绪，唤起探求创新的欲望，达到“以美启真”的目的.

2.活动性原则

数学教学是数学活动的教学.所谓数学活动，通常是指学生有目的地、积极主动地学习数学的活动，包括动手实践、自主操作与合作交流等.以活动引领和串联学习内容的形式是新课程理念的具体体现，符合学生的认知规律.苏霍姆林斯基说过:“学生要想牢固地掌握数学，就必须用内心创造与体验的方法来学习数学.”因此，引导学生在活动中探究，在探究中体验，在体验中学习，在学习中发展，是学好数学的核心和关键.在数学命题课的教学中，教师要通过创设情境、设置问题、引导思考、动手操作、情感交流等多种途径，组织学生展开积极有效的学习活动，让学生亲身经历直观感知、操作确认、归纳猜想、应用拓展等探究过程，自然而然、水到渠成地得出数学命题，让师生、生生在这个丰富多样的活动过程中实现思维的和谐共振、知识的有效生长.活动是经验的源泉，不亲历实践活动就根本谈不上经验.课堂活动是学生运用学具按照学习内容和教师要求进行的实践活动，它有助于学生理解和掌握所学知识.心理学家指出，在数学教学中如果能够锻炼学生的动手操作能力，就可以使学生直接获取感性认识，掌握知识.纸上得来终觉浅，绝知此事须躬行.对于学生来讲，动手做始终是他们最欢迎的学习形式，只有学生在动手操作、动脑思考、动口交流的活动中体验积累起来的数学经验，才能最终沉淀到他们的内心深处，成为一种能力、一种素养，伴其一生，使其受用一生.在进行数学命题课的教学设计时，面对教材留给我们的广阔的再创造空间，如何设计和组织好活动、挖掘出活动的内涵、发挥出活动应有的功效，值得我们去探讨.

3.联系性原则

任何一个数学命题，都是人们生活经验的高度概括，它们不是孤立和零散的知识，而是一个系统的知识体系，其中很多数学定理是相辅相成的，所以在教学时，教师应引导学生关注命题的逻辑推理及命题之间的区别和联系，通过类比和对比，让学生清楚每一个命题的因果和从属关系，明白它们之间的相互联系，从而厘清数学命题的脉络，揭示数学命题的本质，以达到触类旁通、举一反三的目的.要加深对数学命题的认识和理解，就必须认清数学命题在数学知识系统中的作用和地位，以及它们之间的相互联系.各数学命题之间如果没有建立起必要的联系，学生所学的知识是孤立的，很容易被遗忘，不能形成良好的数学认知结构，从而也无法灵活地将其运用到解决问题的实践中去.在教学中，我们都有这样的经验和体会：学生常常在典型的问题情境下对条件模式很熟悉，能正确地运用相关的数学命题去解决问题，但随着问题情境的变化，在一个较为陌生的情境下，往往不能敏感地识别出应用命题的条件模式，从而影响到有关数学命题的提取.数学命题只有在条件模式被识别的情况下才能被应用于解决问题，大部分数学问题不是利用一个数学命题就能够得到解决，得到问题最后结果或结论的条件往往不是直接呈现在问题的已知中，而是需要根据问题的已知条件，调用一系列数学命题进行推理，才能得出问题解决的关键条件.所以，在数学命题课的教学设计中，就要设计适当的数学问题来展示条件模式的各种变式，并将命题的条件模式进行适当的扩充，建立起命题之间的相互联系，使学生在数学认知结构中形成稳定的数学命题的固着点，从而能够从整体上去理解和掌握数学命题.

4.拓展性原则

对教材的处理和使用是教师的基本功之一.任何一种教材有其优点也有其缺陷，关键在于教师要学会灵活处理和使用.教师要对教材内容加工改造、更改补充、拓展延伸、重新组合、发展创新，还要对教材进行再度开发，增加实用性，但这一切都必须服从和服务于课程标准的教学要求.就数学命题课的教学而言，为了能够更好地衔接知识点、平衡教学与考试的问题，教师可以适度拓宽定理的教学内容，补充一些经典定理的教学和应用.在数学命题课的教学中，要注意引导学生理解数学命题的文字语言、符号语言、表达式的结构特征，学会欣赏表达式的和谐美和对称美，以及数学命题所体现的美学价值；引领学生探究数学命题应用的条件，以便正确应用数学命题，提高学生实际应用的能力；指导学生结合图形对数学命题进行符号化、几何语言化、公式变形化，让学生洞悉数学命题的内部联系和本质，学会灵活巧妙地应用数学命题.探求数学命题的变形与推广形式，做好数学命题的拓展延伸，充分体现数学命题的转化和简化功能，可以培养学生的应变能力和简捷思维、快速解题的能力，为学生的发展搭建一个更为广阔的平台.数学命题的完整性和数学模型的普遍性是数学探索的主要内容，是对数学命题进行变式和拓展、引申和推广，也是数学家常用的研究方法.数学研究的很多问题都是某种形式的引申和推广，将数学命题进行引申和推广，既符合数学知识本身发展的规律，也符合学生个体心理发展的规律.学生经历对数学命题（定理、公式、法则等）进行引申和推广的过程，不但使他们也像数学家一样经历了发明创造的过程,而且使他们在理解知识的基础上,把学到的知识转化为了能力,同时还使他们体验到新知识是如何从已知的数学命题逐渐演变或发展而来的,从而理解数学命题的来龙去脉,形成良好的认知结构,全面掌握数学命题,灵活地分析和解决问题.

5.理解性原则

数学命题的学习离不开记忆,牢固记忆是灵活运用数学命题以至学好数学的关键.认知负荷理论认为,教学目的是在人类的长时记忆中建立知识.在长时记忆中,保持的不是数学命题本身,而是数学命题表达的意义,同时对数学命题进行言语和意象的双重编码,有利于知识的长时记忆.数学命题的教学更加强调理解,强调为数学命题"析理以辞,解体用图",是学习心理规律的经验表现.要指导学生在理解的基础上有效地记忆,对于数学命题的学习而言,没有理解的记忆是没有价值的,相反,没有记忆也不可能有深刻的理解.长时记忆中的命题如果能编织成网络状,形成一定的结构图式,有利于知识的有序检索和综合融会贯通,这正是命题关联性特征的体现.对于数学命题的记忆应重点关注如下几点:一是数学命题所反映的是哪些数学概念之间的关系;二是数学命题的前提条件和结论;三是数学命题的适用范围及隐含的附加条件.事实上,数学命题按记忆的需要又可分为两种类型,一类是需要记熟、背诵,朗朗上口的命题;另一类则是更多地强调理解,需要运用时,即使记不住,也可以从数学命题的发现、形成的过程中,使学生在理解的基础上能很快地推导出所需要的结论.例如,三角函数的变换公式按一定的线索组织起来,它们之间有着密切的联系,使学生明白数学用以简化问题的"等价变换"思想,进而对公式及其蕴含的关系、思想方法有实质性的深入认识,运用起来就可以得心应手了.因此,在数学命题课的教学中,教师要高度重视学生的理解程度,运用系统方法对各种课程资源进行有机整合,促进学生的理解性学习,使学生理解数学定理产生的深刻背景和逐步形成的过程,体会其中的数学思想方法,领悟定理本质及丰富内涵,并能熟练地、创造性地加以应用.

三、数学命题课的教学过程设计

一般说来,数学命题的学习可分为三个阶段:一是数学命题的发现阶段,二是数学命题的形成阶段,三是数学命题的应用阶段.学习数学命题的目的,就是要透彻理解它所反映的数学意义,掌握其在解决具体问题中的广泛应用.数学命题的教学,需要根据不同阶段的各自特点精心设计教学活动,让学生充分经历数学命题感知、确认、理解和应用的过程.问题和问题解决一直都是教学设计的逻辑生长点.数学命题的教学设计,应注意从问题出发,充分展示数学发生、发展的完整过程,而不是“掐头去尾烧中段”,应努力体现数学逻辑推理之美和数学方法之美,应有助于学生形成完整的认知图式,着眼学生的长远发展.

1.引导学生经历数学命题的发现与发展过程

数学命题的发现与发展实际上经历了曲折的猜想、试验、归纳等一系列探索过程,这个过程是发现者的思维过程.在进行数学命题课的教学设计时,要根据学生的认知特点和学习要求,有选择地进行数学命题的再发现,引导学生重复或模拟结论的发现过程,这不仅可以使学生了解原理结论的由来,强化对命题具体内容的理解和记忆,而且可以充分发挥学生学习的主观能动性,培养学生科学发现的能力.要充分运用奥苏伯尔关于“先行组织者”的理论,以理育情、以趣激情,使学生带着积极的情感体验去学习,增强学习的动机,激发学习的热情,丰富思维、记忆等认知活动,把教学过程变成渴望不断探索真理的带有感情色彩的意向活动.通过各种合适的方式创设情境,从特例出发,使学生从不同的侧面来观察、归纳和猜想特例的共性,为运用数学命题实现问题解决奠定基础①.

“二项式定理”的发现与发展过程,可进行如下设计:

师:初中学习多项式的乘法时,我们得到了完全平方公式和完全立方公式,同学们还记得这两个公式吗?

生(众):$(a+b)^2=a^2+2ab+b^2$,$(a+b)^3=a^3+3a^2b+3ab^2+b^3$.

师:我们自然会想到更一般的问题,请同学们说出这个一般问题.

生(众):$(a+b)^n$展开后是什么?

师:很好!要注意n是正整数.如何解决这个问题呢?请谈谈你们的想法.

生(众):先猜后证.先根据$n=2,3,4$时的展开式,观察它们的规律,猜测出$(a+b)^n$的展开式,再进行证明.

师:由特殊到一般,由具体到抽象,是我们研究问题的一种基本方法.

① 宁涛.初中数学公式、定理课的过程性教学的探索[J].学苑教育,2010(10):26–27.

请按照这个方法试一试$(a+b)^n$展开后是什么.

[学生计算$(a+b)^4=(a+b)(a+b)^3=(a+b)\left(a^3+3a^2b+3ab^2+b^3\right)=a^4+4a^3b+6a^2b^2+4ab^3+b^4$,结合$n=2,3$的展开式,似乎发现了一些规律,但对$(a+b)^n$展开后是什么,仍感到困惑.]

师:大家猜测出展开式是什么了吗?

生1:(有点沮丧)还没有,但我猜测$(a+b)^n$展开式的每一项都是n次的,有$n+1$项,系数具有对称性.但系数究竟是什么,还不清楚.

师:不错!虽然还没有完全解决,但已经有了很大的收获.为避免字母的干扰,把$n=2,3,4$时展开式的系数抽出来,排成三列,能发现什么规律?

生2:两端都是1,中间的系数是上方两个数的和.

师:非常好!我们在无意中穿越时空,得到了一千多年前我国古代数学家同样的一个发现.请看大屏幕:(投影)

$$
\begin{array}{ccccccccccc}
 & & & & 1 & & 1 & & & & \\
 & & & 1 & & 2 & & 1 & & & \\
 & & 1 & & 3 & & 3 & & 1 & & \\
 & 1 & & 4 & & 6 & & 4 & & 1 & \\
1 & & 5 & & 10 & & 10 & & 5 & & 1
\end{array}
$$

(介绍"杨辉三角",略.)

师:有点遗憾的是,尽管对于任意的自然数n,通过杨辉三角都可以写出$(a+b)^n$的展开式,但还没有找到它统一的表达式.直到1664年冬,一名伟大的物理学家和著名的数学家牛顿,才利用排列组合的原理,彻底解决了这个问题.牛顿是怎么解决这个问题的呢?

(学生茫然.)

师:华罗庚先生曾说过:"善于'退',足够的'退','退'到最原始而不失重要的地方,是学好数学的一个诀窍."这是我们解决和探究数学问题的一种重要指导思想.有时候为了认清数学问题的本质,我们需要退回到数学问题的起点,寻找数学问题之间的联系.

在我们试图从$n=2,3,4$的展开式结论出发,归纳猜想一般性结论时,已经运用了以退为进的思想,但还没有成功.是否有别的"退"的途径呢?

(学生茫然.)

师:我们能否从$n=2,3,4$时展开式的生成过程来思考?先来看完全平方公式$(a+b)^2=a^2+2ab+b^2$,这个展开式是怎么得到的?

生(众):$(a+b)^2=(a+b)(a+b)$,再利用多项式乘法运算法则得到.

师:很好!多项式乘方的本原是多项式自乘,其展开式是利用多项式乘法运算法则得到的,这样我们就从另一个途径"退"到最原始的地方了.

师:我们一起来分析$n=3$时的情形:(投影)

$(a+b)^3=(a+b)(a+b)(a+b)=\cdots=a^3+3a^2b+3ab^2+b^3$.

师:从中能发现每一项系数的形成规律吗?

生3:a^2b是两个a和一个b相乘得到的,这两个a和一个b分别来自三个括号,三个括号中两个选a一个选b.

师:为什么系数是3?

生4:用组合数表示系数为$\mathrm{C}_3^2\cdot\mathrm{C}_1^1=3$.

师:很好,从选a的角度考虑,系数就是C_3^2,余下的都选b(一种情况,C_1^1可以省略);如果从选b的角度考虑,系数是C_3^1,余下的都选a.习惯上按照组合数的上标依次递增.

师:请用组合数的形式写出$n=2,3,4$时的展开式.

(学生用组合数的形式写出$n=2,3,4$时的展开式.教师巡视,个别指导.)

师:通过上述探索,能否得到一般情况下的展开式呢?如何得到?

生5:

$$(a+b)^n=a^n+\mathrm{C}_n^1a^{n-1}b+\mathrm{C}_n^2a^{n-2}b^2+\cdots+\mathrm{C}_n^{n-2}a^2b^{n-2}+\mathrm{C}_n^{n-1}ab^{n-1}+b^n \quad ③$$

(教师板书.)

师:要不要证明?为什么?

生(众):由归纳猜想得到的结论不一定正确,要说明其正确性,就必须证明.

二项式定理是代数学最基本的内容之一,在数学发展史上占有重要地位,有着丰富的内涵和长久的历史,但是由于二项式定理在中学中的课时少,高考中占的分值较低,不少老师在教学时往往只注重形式,把二项式定理作为展开二项式的一个工具,认为学生会机械地用它来做题就可以了.这种功利性的教学忽略了二项式定理更深层次的内涵和意义,使学生对二项式定理的发生和发展过程一知半解，在整个教学关键处学生存在认知障碍，影响数学理解.上述案例的教学处理，教师选用的内容全都源于教材，只是把教材中省略的思维过程“还原”了，让学生经历了二项式定理形成和发现的真实过程，学会了科学合理的数学思维方法.创设递进式的问题情境，激发了学生探究学习的欲望，利用预设的问题，引领学生像科学家当年推导发现二项式定理那样进行探索发现，不仅使学生了解了知识和方法的来龙去脉，完成了知识和方法的有效建构，而且有效地激发了学生探究学习的兴趣，培养了学生数学思考、理性思维和科学发现的能力，使学生在学会知识的同时学会了学习.

2. 启发学生主动探索数学命题的推导与论证

逻辑性极强是数学命题最为显著的特点，它决定了数学命题的学习活动不仅需要充分经历、体验和发现，更需要对研究对象进行严密的推理和论证.一方面，是因为只有经过了严格的推理和论证得出的结论，才能纳入严密的数学知识体系；另一方面，许多数学命题(公式、定理和法则等)的推导与证明方法都具有一定的典型性，往往代表了典型的解题思想和方法，其推导与论证的过程就是在已有的知识基础上生成新知识的过程.在这一过程中，学生知识体系中原有的知识被再次激活，并进一步得到深刻理解.在数学教学的过程中，我们大都有这样的体会：对于课本上的一些重要的数学命题，学生听课时好像都听懂了，但一离开书本就没有多深的印象了，该记的记不住，该用时用不上.产生这种现象的原因虽然是多方面的，但不可否认的是，忽视数学命题的推导与论证是重要的原因之一.因此，在进行数学命题课的教学设计时，应注意将数学命题的推导与论证思路的探索过程尽可能地暴露给学生，有的放矢地引导学生多角度地探索，多渠道地尝试其推导和论证的思路与方法，使学生在弄清数学命题的来龙去脉和本质内涵的同时，逐步养成探索问题的良好习惯，培养和发展探索问题的能力，这也是新课程改革的目标之一.

对于等比数列前n项和公式的推导论证过程，可进行如下教学设计：

师：一般地，设等比数列$a_1, a_2, a_3, \cdots, a_n, \cdots$，其前$n$项和是$S_n = a_1 + a_2 + a_3 + \cdots + a_n$.请同学们思考：怎样求出$S_n$呢？

指导学生看书后思考以下两个问题：

一是公式中应该注意哪些问题？二是除了课本上的证明方法还有其他证法吗？

(给足够的时间鼓励学生对问题自由思考,积极解决.)

生1:我觉得公式应该对$q=1$与$q\neq1$分类讨论.

生2:我觉得等比数列的项数还应该重视.

师:很好,我们在运用公式时要注意对q的讨论以及数列的项数.课本上的证明方法叫作错位相减法.(教师板演)(这种求和的思路在解决某些求和问题时经常用到,应使学生掌握.)那么除了课本上的证法还有没有其他证法?

生3:由等比数列通项得$a_2=a_1q$, $a_3=a_2q$, $\cdots$, $a_{n-1}=a_{n-2}q$, $a_n=a_{n-1}q$,将上面n个等式的等号两边分别相加,得$S_n-a_1=S_{n-1}q$,$S_n=a_1+qS_{n-1}=a_1+q\left(S_n-a_n\right)$, $\left(1-q\right)S_n=a_1-a_nq$. 当 $q\neq1$ 时 , $S_n=\dfrac{a_1-a_nq}{1-q}$;当$q=1$时,$S_n=na_1$.

生4:(板演)由等比数列的定义得$\dfrac{a_2}{a_1}=\dfrac{a_3}{a_2}=\cdots\dfrac{a_n}{a_{n-1}}=q$,运用等比定理,得$\dfrac{a_2+a_3+\cdots+a_n}{a_1+a_2+\cdots+a_{n-1}}=q$,于是$\dfrac{S_n-a_1}{S_n-a_n}=q$,得出$S_n=\dfrac{a_1-a_nq}{1-q}\left(q\neq1\right)$,或$S_n=\dfrac{a_1\left(1-q^n\right)}{1-q}\left(q\neq1\right)$,或$S_n=na_1(q=1)$.

生5:(板演)$S_n=a_1+a_2+a_3+\cdots+a_n$,则$S_n=a_1+q\left(a_1+a_2+\cdots+a_{n-1}\right)=a_1+qS_{n-1}$,所以有$S_n=a_1+q\left(S_n-a_n\right)$,即$S_n=\dfrac{a_1-a_nq}{1-q}\left(q\neq1\right)$,或$S_n=na_1(q=1)$.

师:非常好,同学们能够想出三种不同的方法相当不容易,我们再来仔细学习以上三种方法:生3根据等比数列的定义,用叠加的方法推导出了等比数列$\left\{a_n\right\}$的前n项和公式;生4围绕等比数列的基本概念,从等比数列的定义出发,运用等比定理推导出了公式.生5的方法就是课本上的错位相减法,也是相当重要的一种方法,这种方法在我们以后的习题中还会大量使用.

由此，我们得出了等比数列的前n项和公式$S_n = \begin{cases} na_1, q = 1, \\ \dfrac{a_1(1-q^n)}{1-q}, q \neq 1. \end{cases}$

请同学们思考，有了这个公式，要求一个等比数列的前n项和，我们应该怎样做？

生(众)：直接用公式.

师：运用公式要注意什么？(启发学生得出：需按公比q是否为1分类讨论.)

师：这个公式除了可以用来求等比数列的前n项和之外，还有其他用途吗？

(仔细观察公式，引导学生发现"知三求二".)

数学命题推证教学的设计，应着重关注以下几点：一是启发学生探索并确定推证的基本思路.在弄清条件和结论的基础上，引导学生从已有的知识和经验中提取相关有用的信息，建立起条件和结论以及各中间环节之间的联系，对各种可能的推证思路提出假设，并逐一分析求证，直至找到从条件到结论的逻辑关系.二是学会简洁规范的书写表达.简洁规范的书写是数学学习的基本技能，很多学生在解决问题的过程中，虽然找到了解决问题的思路和方法，但在推证过程的书写上却存在条理不清、逻辑混乱的问题.因此，推证过程的书写表达同样是数学命题教学应重点关注的问题.三是重视数学命题的多种推证方法.探索数学命题的多种推证方法，不仅可以使学生对数学命题本身有更清晰的认识和理解，更重要的是可以有效地揭示和提炼蕴含在数学命题推导和论证过程中的数学思想方法，使学生在联系新旧知识、掌握正确解题思路的同时，培养思维的灵活性与广阔性，帮助学生逐步积累起数学活动和解决数学问题的经验，不断提高分析问题和解决问题的能力[①].

3.帮助学生在应用中深化对数学命题的理解

对于数学命题的学习，应用既是最终的目标，也是一个重要的环节.一方面，学生是否真正理解和掌握了数学命题，主要就看他是否能够灵活地运用数学命题去解决问题；另一方面，学生只有在运用数学命题的过程中，才能真正理

① 向利平.谈数学公式、定理的教学[J].湖南教育，2010(3)：32-34.

解和掌握数学命题.实际上,懂了而不会应用的知识是不牢固的,是很容易被遗忘的,只有在应用数学命题的过程中,才能加深对数学命题的认识和理解,才是真正掌握数学命题.数学命题的运用包括数学命题在解决纯数学问题中的应用,也包括在解决实际问题中的应用.数学命题的应用一般包括以下三个层面:一是数学命题的直接套用;二是数学命题的逆向使用和变形应用;三是探究数学命题时所涉及的典型的推证方法的应用.在进行数学命题的教学设计时,要以教材中典型的例题和习题为基础,辅以相应的典型问题作为必要的补充,通过循序渐进、由浅入深的组织和编排,引导学生尝试运用所学习的数学命题加以解决,帮助学生在应用数学命题分析和解决问题的过程中,逐步明确数学命题的使用条件、适用范围和使用时的注意事项,把握数学命题所能解决问题的基本类型,深化对数学命题的内涵外延与本质特征的认识和理解.

在完成"基本不等式"的推导和论证后,可设计如下应用过程,让学生感受基本不等式的应用,训练学生的思维,培养学生运用基本不等式分析和解决相关问题的能力.

例1　已知x为正实数,求证:$x+\frac{4}{x}\geqslant 4$.

首先,教师引领学生分析,要证明$x+\frac{4}{x}\geqslant 4$,当然可以用作差比较法.但分析发现给出的问题具有正数、定值、和的结构等基本不等式的特征,不妨考虑直接运用基本不等式加以证明.

在此基础上,让学生尝试独立完成证明过程:

因为$x>0$,所以由基本不等式,得$x+\frac{4}{x}\geqslant 2\sqrt{x\cdot\frac{4}{x}}=4$,所以$x+\frac{4}{x}\geqslant 4$成立.

然后通过总结与反思,得出如下结论:对已知符合基本不等式条件的不等式证明,应首先考虑运用基本不等式直接证明,使学生对基本不等式的应用形成初步的认识,然后进行变式训练,帮助学生加以巩固和深化上述认识.

变式1　已知$x<0$,求证:$x+\frac{4}{x}\leqslant -4$.

解析　因为$x<0$,所以$-x>0,-\frac{4}{x}>0$,由基本不等式,得

$x+\frac{4}{x}\leqslant -4 \Leftrightarrow -\left(-(x)+\frac{4}{-x}\right)\leqslant -2\sqrt{-x\cdot\frac{4}{-x}}=-4$,所以$x+\frac{4}{x}\leqslant -4$成立.

变式2　已知$ab>0$,求证:$ab+\frac{1}{ab}+\frac{b}{a}+\frac{a}{b}\geqslant 4$.

解析　因为$ab>0$,所以$\frac{1}{ab}>0,\frac{b}{a}>0,\frac{a}{b}>0$,

所以$ab+\frac{1}{ab}+\frac{b}{a}+\frac{a}{b}\geqslant 2\sqrt{ab\cdot\frac{1}{ab}}+2\sqrt{\frac{b}{a}\cdot\frac{a}{b}}=4$.

例2　已知$x>2$,求函数$y=x+\frac{1}{x-2}$的最小值,并求y取最小值时x的值.

教师先引导学生分析,表面上看,给出的问题难以运用基本不等式求解,但若注意到题设$x>2$,隐含着$x-2$是正数这一条件,就可通过配凑,使积为常数,再运用基本不等式来求最小值,然后让学生完成解题过程.

由$x>2$,知$x-2>0$,所以$y=x+\frac{1}{x-2}=x-2+\frac{1}{x-2}+2\geqslant 2\sqrt{(x-2)\cdot\frac{1}{x-2}}+2=4$.当且仅当$x-2=\frac{1}{x-2}$,即$x=3$时等号成立.故函数$y=x+\frac{1}{x-2}$的最小值为4,取最小值时$x=3$.

再让学生反思上述解题过程,可形成如下认识:(1)使用基本不等式求最值,“一正”“二定”“三相等”三个条件缺一不可;(2)“当且仅当$a=b$时等号成立”的含义是$a=b$时等号成立,且等号成立时$a=b$,这一点至关重要,忽略它往往会导致解题错误;(3)对于两个正数,积定和最小,和定积最大.然后通过一个变式让学生加以体验.

变式　设$0<x<2$,求函数$y=\sqrt{x(4-2x)}$的最大值.

解析　因为$0<x<2$,所以$2-x>0$,

所以$y=\sqrt{x(4-2x)}=\sqrt{2}\cdot\sqrt{x(2-x)}\leqslant\sqrt{2}\cdot\frac{x+2-x}{2}=\sqrt{2}$,当且仅当$x=2-x$,即$x=1$时取等号,所以当$x=1$时,函数$y=\sqrt{x(4-2x)}$的最

大值为$\sqrt{2}$.

例3　已知$x,y>0,x+y=1$,求$\frac{1}{x}+\frac{1}{y}$的最小值.

思考片刻,有两个学生各自提出一种解法:

生1(方法1):因为$x>0,y>0,x+y=1\geqslant 2\sqrt{xy}$,所以$\sqrt{xy}\leqslant\frac{1}{2}$,所以$\frac{1}{x}+\frac{1}{y}\geqslant 2\sqrt{\frac{1}{xy}}\geqslant 4$,所以$\frac{1}{x}+\frac{1}{y}$的最小值为4.

生2(方法2):因为$x>0,y>0$,$\frac{1}{x}+\frac{1}{y}=\frac{x+y}{x}+\frac{x+y}{y}=2+\frac{y}{x}+\frac{x}{y}\geqslant 4$,所以$\frac{1}{x}+\frac{1}{y}$的最小值为4.

师:两位同学从不同的角度,运用基本不等式求出了最小值,上述过程有需要完善的地方吗?

生3:都没有检查等号成立的条件.

师:很好!运用基本不等式求最值时,一定要注意"一正""二定""三相等",缺一不可.

经过学生验证,发现虽然生1用了两次基本不等式,但是等号同时成立,所以两个方法都可行.这里教师特意强调等号成立的条件,为后面打下伏笔.下面教师趁热打铁,给出变式:

师:如把"$x+y=1$"改为"$x+y=2$"(练习1),这个题目还可以解决吗?

很快,有学生用类似生1的方法解决了问题,并且严格地检验了等号成立的条件.但是,当问到他们有没有类似生2的方法时,学生面露难色了.

师:我们来回顾一下生2的解法,生2在处理的时候,是把"1"换成了题目中的$x+y$,那现在$x+y=2$,怎么办?不能代换了?

同学们恍然大悟:把$\frac{1}{x}+\frac{1}{y}$的"1"理解为$\frac{1}{2}\times 2=\frac{1}{2}\times(x+y)$,其他和生2做法都一样了.

师:难不倒你们吗?再来!条件、结论互换,如果是"因为$x>0,y>0$,$\frac{1}{x}+\frac{1}{y}=1$,求$x+y$的最小值"呢?(练习2)

经过一段时间的课堂讨论,学生们意识到练习2的处理依然是方法1

和方法2都可以用.

前面通过三个类似的问题,使学生对运用基本不等式求最值加深了认识,熟悉了方法.但是鉴于学生的理解还不够,要归纳通性通法,也为了承上启下,教师可进行如下小结.

师:原题和练习,我们都用了两种方法,通过比较可以发现,方法1用到了两个基本不等式,恰巧两次基本不等式等号成立的条件一致,不等式可以连续取到等号.而方法2我们是把已知条件的“1”进行了代换,好处是只要用一次基本不等式.如果已知条件不是等于1而是等于m,那么用方法2时就再乘一个$\frac{1}{m}$,凑配成右边为1的形式即可.

师:刚才的两个练习,一个改变了数字,一个改变了条件、结论的顺序,都被同学们轻松地解决了.下面,你们可以自己编制出类似的题目吗?只提一个要求,所有已知或者要求的字母前系数为正.

一开始,学生面面相觑,毕竟以前都是教师出题,学生解题,突然改成了开放性问题,要他们自己出题,他们还是很不适应.但是为了培养学生发现问题和提出问题的能力,课堂上要给学生创造机会.一会儿,一个学生跃跃欲试.

生4:按照前面两个变式的方法,我出的题目是:已知$x,y>0$,$x+2y=5$,求$\frac{4}{x}+\frac{1}{y}$的最小值.

师:非常好,我们不仅要学会解决现成的问题,还要善于发现问题和提出问题.同学们还有其他的想法吗?

一石激起千层浪,同学们的积极性被调动起来了,纷纷尝试出题,这时教师可根据难易程度,把学生的问题依次归纳为以下三类:

变式3　已知$x,y>0$,$x+2y=1$,求$\frac{1}{x}+\frac{1}{y}$的最小值;

变式4　已知$x,y>0$,$\frac{4}{x}+\frac{1}{y}=1$,求$x+2y$的最小值;

变式5　已知$x,y>0$,$x+2y=5$,求$\frac{4}{x}+\frac{1}{y}$的最小值.

师:大家提出的问题都很好,怎么解决这些问题呢?先来看变式3吧!

生5:跟方法1类似,因为$x>0$,$y>0$,$x+2y=1\geqslant 2\sqrt{2xy}$,所以$\sqrt{xy}\leqslant$

$\frac{1}{2\sqrt{2}}$,所以 $\frac{1}{x}+\frac{1}{y}\geqslant 2\sqrt{\frac{1}{xy}}\geqslant 4\sqrt{2}$.

师:大家同意吗?

学生都点头,教师追问,有没有其他方案?

生6:跟方法2类似,利用前面的总结,就可得到如下解法:

$$(x+2y)\left(\frac{1}{x}+\frac{1}{y}\right)=1+\frac{2y}{x}+\frac{x}{y}+2=3+\frac{2y}{x}+\frac{x}{y}\geqslant 3+2\sqrt{2}.$$

师:怎么两个方法结果不同?

学生纷纷称奇,仔细观察两个解题过程.

生7:生5用了两次基本不等式,等号不是同时成立,所以答案错了!

有了前面的铺垫,面对这个问题,学生显然得心应手了.紧接着的变式4和变式5,学生也很快发现方法1行不通,而方法2却没有问题.到了这里,教师要求学生对本段内容进行小结,学生陷入了沉思.

最后通过讨论,大家对这些题目进行了分析比较,达成如下共识:

(1)运用基本不等式求最值,不能忘记检查等号成立的条件.

(2)形如 $mx+ny$ 和 $\frac{p}{x}+\frac{q}{y}$ 的两个式子(字母都为正数),知道其中一个是定值,另一个就可以求最小值,方法1有局限性,所以从通法的角度说,方法2显然是常规方法.

师:同学们总结得非常好,最后留下两个思考题:

(1)$x\in(0,1)$,求 $\frac{4}{x}+\frac{1}{1-x}$ 的最小值.

(2)如果形如 $mx+ny$ 和 $\frac{p}{x}+\frac{q}{y}$ 的两个式子中,m,n,p,q 中有负数,该如何处理,还能不能解决呢?

按照信息加工理论的观点,数学命题是一种智慧技能,如果以产生式表征,就会转化为办事法则.所谓产生式就是条件—行动规则.在进行数学命题运用的教学设计时,要注意引导学生分清楚条件和结论,营造条件或变式条件,压缩中间思考、证明的过程,对数学命题形成一种直观上的认识,顺利实现由条件到行动的转化.如果问题的条件是以形式化的数学语言给出的,就是数学命题在数学内部的应用,一般来说,会相对容易一点;如果问题的条件是以情境语言给出的,就是数学命题在外部世界的应用,一般来说,常常需要通过建立数学模型来实现问题的转化,解决起来就会麻烦一点.在把数学命题应用到解决问题的实践中时,教学设计的关键在于引导学生学会用数学的眼光解析繁杂现象中蕴含的数量关系,并使之符号化、形式化,转化成数学问题,然后用有关的数学命题解决.要使学生能够灵活地运用数学命题,除了必须对数学命题有深刻的理解外,在进行数学命题课的教学设计时,一定要注意配备适量的不同层次的习题,既要有直接应用数学命题的简单习题,还要有需要推理论证的综合性习题以及日常生活中的实际应用题,让学生明确数学命题的应用价值和数学命题的准确性.对于数学命题的应用,学生正向使用一般来说比较容易,但逆向使用和变形使用则比较困难,因此要适当补充这方面的例题和习题,提供系统的、多样化情境中的变式训练,在这个过程中,引导学生通过归纳总结、拓展引申等手段,将学过的数学命题系统化,形成多向的结论链,弄清每个命题在知识系统中的地位和作用以及它们之间的区别,从全局的高度建立数学的整体视野,有效地提高数学核心素养.

综上所述,数学命题课是新授课的一种,是学习一个公式、定理、法则、性质等数学命题探究、推导、理解、运用、巩固的过程.数学命题课教学的关键在于数学命题的探索发现、推导证明和深度应用的全过程.让学生记住某一个公式、定理、法则等并不是命题课教学的最终目的.我们要达到的教学目标是:揭示数学命题的来龙去脉、内涵外延和本质属性,揭示其推导、论证过程中所运用的具有典型性、代表性的数学思想、数学思维方法和数学技能技巧,交代清楚数学命题成立的特定条件和适用范围,理解在某一条件下进行拓展延伸所得出的必然结论,进一步了解数学命题之间的内在联系及其演绎规律,掌握某些数学命题之间存在的某些定律或联系法则.在此基础上,能熟练、灵活地运用数学命题进行运算、证明和解决实际问题,为学生的数学学习提供更为宽阔的空间和平台,使学生在这个过程中实现思想的熏陶、能力的培养、思维的发展和素养的提升.

课例五

践行“三个理解”，构建“生本课堂”

——以“导数在研究函数中的应用——单调性”的教学设计为例

一、教学情况分析

1. 内容解析

本节课是苏教版数学教材选修2-2中“导数在研究函数中的应用——单调性”，主要内容是导数与函数的单调性之间的关系和运用导数研究函数的单调性的方法.这是学生在学习了导数的平均变化率、瞬时变化率、导数的定义和几何意义、导数的运算之后，学习的“导数在研究函数中的应用”的第一种应用，一方面可以深化学生对前面学习的导数的概念和导数的运算等知识的认识和理解，另一方面也是后两节课学习导数在研究函数中的应用——极值、最值的知识铺垫、能力基础和方法指导，具有承上启下、完善建构、拓展提升的作用.

2. 学情分析

作为高二的学生，他们已经学习了函数的概念、函数的表示方法与函数的一般性质，对函数有了初步的认识，已经掌握了基本初等函数的图象和性质，能够运用初等方法对一般函数的图象和性质进行研究.另外，他们先前学习了导数的概念和运算，领悟了“割线逼近切线”的思想，已经具备了运用导数来研究函数的单调性的知识储备和能力储备，为本节课内容的学习奠定了基础.

但是，运用导数的方法研究函数的性质，对他们来说是一个全新的内容，初次接触，由初等方法过渡到导数方法，学生对其产生的必然性缺乏正确的认识，在理解上存在差距和障碍，导致其在学习过程中尤其是导数与函数单调性之间关系的获得过程中存在一定的困难，需要教师引导学生运用切实有效的方法加以化解，将新知识和新方法纳入已有的认知结构中，实现顺应和同化.

3. 目标定位

(1)借助几何直观,通过具体实例探索并了解函数的单调性与导数的关系,培养探究意识,提高发现问题和提出问题的能力.

(2)理解并掌握利用导数判断函数单调性的方法,会用导数求函数的单调区间,体会数形结合、转化与化归等思想方法,提高分析问题、解决问题的能力.

(3)通过初等方法与导数方法在研究函数性质过程中的比较,体会导数方法在研究函数性质中的一般性和有效性,感受数学自身发展的一般规律.

4. 教学重难点

教学重点:导数与函数单调性的关系和运用导数研究函数单调性的方法.

教学难点:含参数的函数单调性的研究.

5. 教学策略

本节课以建构主义基本理论为指导,以新课标基本理念为依据,针对学生的学习背景,对导数在函数单调性中的应用首先要贴近学生实际挖掘其知识背景,其次激发学生的学习热情,把学习的主动权交给学生,为他们提供自主探究、合作交流的机会,改变学生的学习方式.同时,结合实例,借助几何图形直观探索并了解函数的单调性与导数的关系.

本节课采用教师设问启发引导,学生探究学习的教学方法,通过情境创设,引导探究,师生交流,形成概念,获得方法,学会综合应用.设计的教学流程如下:创设情境—引出课题—师生活动—形成理论—问题解决—提升应用—归纳总结.在教学过程中,恰当地使用多媒体辅助教学,为学生提供直观感性材料,有助于学生对问题的理解和认识.

二、教学过程设计

1. 创设情境,提出问题

师:很高兴有机会能与我们无锡辅仁中学高二(9)班的同学们一起学习.上课之前,我做了点了解,听说同学们都很聪明,数学成绩特别好.现在考考大家:在以前的学习中,我们是如何研究函数单调性的? 以屏幕上的函数为例.(投影如图1)

提出问题

在以前的学习中，我们是如何研究函数单调性的？

函数	$y=x^2-2x-3$
单调区间	增区间： 减区间：
研究方法	

图1

（学生独立思考，教师板书：函数 $y=f(x)$ 在区间 I 上的单调性.）

生1：画出二次函数的图象，根据图象我们可以看出该函数的增区间为 $(1,+\infty)$，减区间为 $(-\infty,1)$.

师：回答得很好，这是通过图象法来研究函数单调性的，还有其他研究方法吗？

生2：可以通过函数单调性的定义.

师：好的，这是定义法研究.那你能说说函数单调性的定义吗？

（生2回答得不是很规范，也不是很完整，生3补充后教师板书.）

师：图象法与定义法是以前我们研究函数单调性的主要方法.接下来，同学们再看屏幕（如图2），请研究下列两个函数的单调性.

提出问题

在以前的学习中，我们是如何研究函数单调性的？

函数	$y=x^2-2x-3$	$y=x^3-3x$	$y=x+\ln x$
单调区间	增区间：$(1,+\infty)$ 减区间：$(-\infty,1)$	?	?
研究方法	图象法、定义法		

图2

（学生沉思一段时间后，自发地展开组内讨论，非常热烈.）

师：好了，谁来告诉我如何解决这两个函数的单调性问题？

（全班安静，无人应答，提问生4，生4摇头回答说不会处理.）

师：这个问题用我们已掌握的单调性研究方法确实难以处理，看来我们需探寻一种新的解决途径，这个途径会是什么呢？

（学生继续交流与讨论，有的看教科书，有的翻看资料.）

【设计意图】　考虑到多数高中生的认知特点，为了帮助学生理解导数对函数单调性的作用，本课从学生已有的知识和实际问题入手，因此，新课引入让学生充分熟悉已有概念和知识背景，提出问题，让学生产生强烈的求知欲，从而自然地导入课题.

2.组织探究，揭示规律

师：哪位同学能谈谈想法？

生5：用导数研究函数单调性.

同学们都注视着生5，生5继续说：前面我们学习的导数是刻画函数变化趋势的工具，单调性就是指变化趋势，故它们应该存在关联.

师：说得很好，生5的直觉也很好，同时对知识的理解非常充分，注重知识间的联系，那导数真的能研究函数单调性吗？如果能，会有什么结论？你将如何研究？请同学们再思考！

（3分钟左右的思考与讨论.）

生6：对学习过的函数图象分析可以看出，导数大于0时为增函数，导数小于0时为减函数，也就是观察图象可以得到.

师：研究的角度很好，用从特殊到一般的方法进行研究，结合我们熟知的函数单调性与对应导数的关系分析可得出一般结论.我们再通过几何画板软件做进一步观察与验证……好了，其他同学有何不同意见或疑惑？

（大部分学生赞同.）

生7：老师，这个只是作了验证，还可以用定义说明.

师：嗯，用定义！请你上台跟大家具体讲一讲吧！（生7走上讲台.）

生7：导数的定义我们刚学习过，大家都知道，即当$\Delta x \to 0$时，平均变化率$\dfrac{f(x_2)-f(x_1)}{x_2-x_1}$的极限就是$f'(x)$.大家再看，刚才老师与我们一起复习的函数单调性的定义，对于单调递增函数的定义其条件可以等价地改写成$\dfrac{f(x_2)-f(x_1)}{x_2-x_1}>0$.很明显，当$f'(x)>0$时，必有$\dfrac{f(x_2)-f(x_1)}{x_2-x_1}>0$，所以函数就是递增函数了，同样，当$f'(x)<0$时，它就是减函数！

师：讲得太棒了，这位同学看问题非常深刻，他是从导数的定义与函数单调性定义的逻辑关系上分析研究的，充分揭示了两者的联系.

（教师上讲台继续讲解，此时黑板上的板书如图3.）

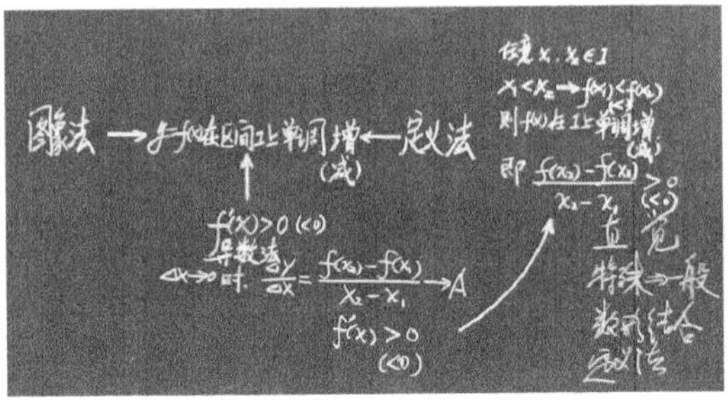

图3

师：现在回头看看我们对这一问题的研究过程，第一种思路：采用从特殊到一般的方法，同学们以熟知的函数图象为研究对象，直观地看出：若函数 $y=f(x)$ 在某区间上的导数 $f'(x)>0$，则函数在该区间为增函数；反之，若 $f'(x)<0$，则为减函数.第二种思路：从两者的定义出发，也易得上述结论，刚刚上台讲解的同学讲得很精彩，我就不重复了.

（展示结论）

师：内容研究到这里，同学们还有没有什么问题或疑惑？

（没有学生响应）

师：好的，同学们没有，老师这里有个问题.刚才我们探讨了用导数方法研究函数的单调性，那么反过来，结论成立吗？即上面命题的逆命题成立吗？对于这个问题，由于课堂时间有限，我们把它作为课外学习与研究的内容.

【设计意图】 从单调性定义出发，设计一系列的问题，让学生自己探究单调性定义和导数之间的相关点，并建立联系，重视学生学习过程，加深感性认识.同时，帮助学生确定探究问题、探究方向和探究步骤，确保探究的有效性.这个环节还要借助计算机辅助教学，增强学生的直观感受和逻辑性.

3.尝试应用，深化理解

师：有了我们前面的学习，现在我们回到本课开始提出的但未能解决的问题.

（投影三个习题，如图4）

知识应用

① $y=x^2-2x-3$　　② $y=x^3-3x$　　③ $y=x+\ln x$

证明函数①在区间(1, +∞)上是增函数.

求出函数②的单调增区间与单调减区间，并尝试画出其草图.

指出函数③的单调性.

图4

师:我们请三位同学上台分别解决这三个问题,请大家自告奋勇!

(生8、生9、生10主动上台板演,台下学生也在同步解答,其中生8和生9的基本功很好,整个解答过程非常到位,思路清晰,书写规范,生10没有考虑函数的定义域,产生了错误.)

师:下面请三位板演的同学分别向大家介绍自己的思路.

生8:本题是要证明函数$y=x^2-2x-3$在区间$(1,+\infty)$上单调增递,在以前我们就能用单调性的定义给予证明,今天我们学习了用导数法解决函数的单调性,如果要证函数在区间$(1,+\infty)$上单调递增,那么只要证明$f'(x)>0$成立即可,具体大家看我的解答过程.

师:分析得很好,做得也很到位,$f'(x)>0$作为函数在某区间上为增函数的充分条件,可将函数单调性证明归结为导数符号的确定问题.实际上本题有两种方法处理,即定义法与导数法,大家比较一下,哪种方法更简洁?

生(众):导数法.

师:是的,导数法是我们以后处理函数单调性的常用方法.继续看下一题!

生9:本题首先要求函数②的单调区间,可以通过$f'(x)>0$的解找到增区间,通过$f'(x)<0$的解找到减区间,这里大家要注意两个增区间$(-\infty,-1)$与$(1,+\infty)$不能"并".得到单调性结论后,我还发现函数②是个奇函数,有三个零点0与±1,结合上述信息,草图不难画出.

师:讲得很棒!比老师讲得好,所以我就不需要再说什么了.我们可以看出导数在研究函数图象与性质方面的作用真的很大.看下一题!

生10:本题跟生9讲的第②题差不多,是求函数单调性的,我们可以通过$f'(x)>0$的解找到增区间,通过$f'(x)<0$的解找到减区间,进而得到这个函数在

区间$(-\infty,1)$上是单调减函数，在区间$(1,+\infty)$上是单调增函数.

（教师注视众学生，有不少学生摇头，其中生11反应强烈.）

生11：这个结论有问题，答案应是在区间$(0,1)$上是单调减函数，在区间$(1,+\infty)$上是单调增函数，他错在没考虑定义域.

（其他同学均点头赞同这一点.）

师：补充得很正确，综合两位同学的讲解，我们该明白本题正确的解答流程，这里要强调的是研究函数"定义域先行"的要求，那么研究函数②时为什么没考虑定义域，大家为什么没有异议？

生：定义域为$\mathbf{R}$.

师：是的，由于本题定义域为$\mathbf{R}$，所以不需要考虑其影响，但不是不考虑.刚才生9讲解时，他其实忽略了这一点，这里我们要作纠正.哪位同学能帮我们归纳总结一下求函数单调区间的一般步骤呢？

生12：先求定义域，再解不等式$f'(x)>0$或$f'(x)<0$，最后将相应解集写成单调区间的规范形式.

【设计意图】 这一个环节紧扣课标要求，立足于课本但高于课本，优选课本例题，精选变式练习，让学生利用新学知识去解决实际问题.在解题过程中注意过程的完整性，让学生板演充分暴露易错点、易发生的问题，从而强化记忆，充分发挥学生主体作用.

4.总结提升，完善建构

师：很好，最后请大家对今天的学习内容做一个回顾与反思.

生13：本课我们学习了用导数方法来研究函数单调性，若函数$y=f(x)$在某区间上的导数$f'(x)>0$，则函数在该区间为增函数；反之，若$f'(x)<0$，则为减函数.通过导数我们可以证明函数的单调性，可以求出函数的单调区间.（停顿几秒）还有，在研究过程中，要注意"定义域优先"的要求.

师：归纳得很好，言简意赅，对所学知识的归纳准确完整.还有没有要补充的？

（众生安静，没有要发表意见的同学.）

师：班长说说看.

生（班长）：归纳得比我完整，我没有要补充的了.

师：可以看出，同学们总结学习内容时，重视学到的知识以及学习中的注意点，非常关注“学习了什么”，但老师觉得我们是“怎么学习的”及“还会怎么样”更值得我们思考. 由于时间关系，今天的课就到这里，请大家课后继续反思与总结.

【设计意图】 老师设问，引领学生回顾本节课的学习过程，归纳总结本节课所学习的知识、思想和方法，交流学习的体会和收获，在帮助学生深化对所学知识的认识和理解的同时，培养学生反思的习惯，提升学生的数学素养.

5. 布置作业，延伸探究

师：本节课的作业是教材第29页练习1–4和下面的两道课外思考题：

(1)已知函数在某区间上为单调增函数或单调减函数，其导数应具有怎样的性质？

(2)已知函数$f(x)=x^3-mx^2+3x+2$在$\mathbf{R}$上是单调增函数，求实数m的取值范围.

这既是对本节课所学内容的提升训练，也是对下节课继续研究函数问题所作的铺垫，请同学们认真完成. 谢谢大家！

【设计意图】 数学作业是课堂教学的延续和补充，是学生独立完成学习任务的活动过程，是数学教学的一个重要环节. 结合本节课的教学内容，从学生的实际出发，立足教材，精选了4道具有针对性、典型性、代表性的习题，帮助学生巩固基础知识，掌握数学方法，体会数学思想，训练理性思维，提升解题技能. 考虑到不同层次学生的学习需求，还布置了两道有一定难度的课外思考题，供学有余力的学生研究.

三、教学活动反思

1. 整体把握知识联系，努力做到理解数学

理解数学就是要充分了解数学知识的背景，准确认识数学概念、定理、法则、公式等的逻辑意义；亲身经历知识发生、发展的过程，弄清知识的来龙去脉；深刻领悟数学知识中所蕴含的思想方法，明确这些数学思想方法在学习其他知识时是否可以利用、类比、推广；从整体上把握知识之间的多元联系，挖掘出数学知识内部的科学方法、理性精神和价值观资源；善于区分核心知识和非核心知识，准确把握知识在教材中的地位、作用、前后联系以及后续学习的必要性

等.正如章先生所说,理解数学是教好数学的前提①.

单调性作为函数的主要性质之一,主要用来刻画图象的变化趋势,学生在必修1中已经学习了函数单调性的定义和求函数单调区间的方法,也能够借助函数图象特征和单调性的定义来研究函数单调性.本节课要从另外一个视角,利用导数这一工具展开对函数单调性的研究,探究出函数单调性与导数之间的内在联系,揭示使用导数研究函数单调性的合理性和有效性.通过对函数求导,探究其单调性,进一步扩大了可研究单调性的函数的范围,是对函数单调性研究的继续和深入,是学生学习、认识函数螺旋式上升过程中的关键环节,具有承上启下、完善建构、拓展提升的作用.

基于上述认识,笔者尝试从数学的内部提出问题,在引领学生复习回顾单调性的定义、研究单调性的方法和导数的意义的基础上,较为自然地提出需要学习研究的问题:“为什么可以用导数研究单调性?”“怎样用导数研究单调性?”接着由学生熟悉的二次函数过渡到三次函数和其他复杂的函数,学生知道怎样去研究,但运用原有的知识和方法不能顺利解决,让学生形成认知冲突和强烈的求知欲望,调动他们学习和研究新知识的积极性.然后引导学生经历“在具体问题中获得猜想—通过熟知函数验证猜想—回归定义揭示本质”的研究过程,获得导数与函数单调性的关系,再通过练习帮助学生不断回归思维的起点和知识的本源,建构运用导数研究函数单调性的知识与方法体系,深化对运用导数研究函数这一知识和方法的认知和理解.

2.认真开展学情分析,切实做到理解学生

理解学生是指一切以学生为本,教学中着力体现“学为中心”.数学学习与理解、应用密切相关,数学教学应设法使学生理解数学和应用数学.“学生理解”之前,教师要先“理解学生”.要做到理解学生,就要充分关注学情,认真分析学情.只有这样,教师方能设计出与学生的已有经验、学习基础和思维特点相匹配的教学活动.学生是数学学习活动的主体.由于学生存在着个体差异,因此教师教学应该以学生的认知水平和已有经验为基础,充分考虑学生的年龄特征、认知差异及思维特点,立足于学生思维的“最近发展区”设计有效的课堂活动,使学生通过教师引领的研究活动,能够很好地内化数学知识,深化数学内涵,理解数学本质,学会数学运用.

① 张文明.基于“三个理解”的数学“微创”策略摭谈[J].中国数学教育,2014(5):15-18.

本节课在教材中篇幅短小、内容简洁，往往给学生抽象难懂的感觉．就授课对象而言，高二年级的学生在经历了高一一学年的数学学习后，在知识储备上已经掌握了基本初等函数的图象特征和基本性质、导数的定义、导数的计算及其几何意义；在能力上已经基本了解高中数学的基本思想和研究方法，具备了一定的发现问题、探究问题、分析问题和解决问题的能力．但是要将函数的单调性与导数联系起来，学生的抽象概括能力还不够，所以本节课的教学重点是导数与函数单调性的关系的探索和发现．

笔者站在学生的角度，用学生的眼光看数学，稚化自己的思维，充分运用数形结合的思想和直观感知的方法，由浅入深，及时发现学生的思维障碍，由感性到理性、由特殊到一般地设计问题，与学生一起走入探究和发现的活动之中，引导学生反复通过图形去感知和熟悉简单函数、认识导数与函数单调性的关系，简化理论上严格的推导过程，化抽象为直观，逐步让学生走进问题的本质，让知识的产生和发展自然而流畅．这样的教学既减少了学生认知的困难，又有利于学生真正理解导数与函数单调性的关系，也体现了数形结合、转化与化归等数学思想方法对数学学习的意义和作用．

3.充分发挥引领作用，真正做到理解教学

理解教学是指教师清楚教学的本质与功能，掌握一定的教学方法与教学艺术，清楚学生的认识规律和教学的基本原则，能够把教与学作为有机的、统一的、相互促进的整体来加以处理．真实、自然、有效的探究学习呼唤教师引导学生在真实的情境中提出真实的、处于他们认知“最近发展区”的问题，并用与学生已有的认知基础和认知策略相适应的方法进行探究．数学是思维的科学，数学教学是培养学生思维能力的活动．数学教学离不开学生的探究活动．要通过问题驱动让学生在做中学，在学中做，使学生在学和做的过程中建构起自己对知识的认识和理解，学会运用所学知识分析问题和解决问题，使数学核心素养的培养落地生根．

按照新课程的理念，教学活动是师生积极参与、交往互动、共同发展的过程．有效的教学活动是学生的“学”与教师的“教”统一．学生是学习的主体，教师是学习的组织者、引导者、合作者．教学过程应是教师在理解教学的基础上进行的数学创造性活动，教师应围绕“具有思考梯度、广度、深度的问题”来设计有效的探究活动，使学生充分经历数学知识发生、发展的过程，积累活动经验，感受数学思想方法的价值和魅力．数学教学要为学生的长期利益服务，数学教师应引导学生不断感悟数学本质,学会数学地思考,鼓励学生的创造性思维,培养学生良好的数学学习习惯,使学生掌握恰当的数学学习方法,实现从“学会”到“会学”的转变,进而实现长效发展和可持续发展.

导数与函数单调性的关系如何呈现给学生?直接告诉学生,让学生记住结论,然后通过练习尝试应用,学生也能够接受,很多教师直接采用了这一方法.笔者基于对教学的理解,努力构建生本课堂,充分发挥学生的作用,让学生积极参与课堂活动,尝试让学生自己发现规律,经历数学学习的“再创造”过程,让学生在获取知识的同时提升数学素养.教学中,紧紧围绕数学本质和教学重点进行设计,提出一系列具有思考价值和挑战性的问题:“如何理解切线与函数单调性的关系?”“如何理解导数的正、负与函数单调性的关系?”借助“问题串”组织合理学习活动,启发学生有效思考,引导学生经历观察(两个定义的比较)—猜想(单调性与导数的关系)—验证(学生计算,作图验证)—结论(学生归纳,教师完善)—应用(学生练习,尝试应用)探究学习过程,让学生体验数学研究方法,激励学生相互交流,在交流中发现和建构,产生思维的火花,深化对知识的掌握和理解.

课例六

立足于完善认知结构，着眼于提升核心素养

——以“椭圆的几何性质”的教学设计为例

一、教学情况分析

1. 内容解析

“椭圆的几何性质”一课是苏教版数学教材选修2-1第二章第二节“椭圆”第二课时的内容. 学生在学习过椭圆的定义和标准方程以后，带着“椭圆作为一个几何图形，它具有怎样的几何性质”的疑问开始本节课的学习. 通过研究焦点在x轴上的椭圆的标准方程，探索出椭圆的范围、对称性、顶点坐标、离心率等几何性质，并能进行简单的应用，从中体会通过对方程的讨论研究曲线几何性质的方法，深化对解析几何的本质的认识. 椭圆是生活中常见的曲线，研究它的几何性质，既是对前面所学的椭圆的定义、标准方程等知识的一个巩固与提升，而且对于后续学习圆锥曲线又有着重要的指导作用，可以为之后进一步研究双曲线和抛物线做好铺垫，奠定基础.

2. 学情分析

学生经过必修2解析几何初步的学习，已经感受到解析几何的核心思想和方法：以坐标系为研究工具，将几何对象转化为代数对象，通过研究代数对象解决几何问题. 但具体地运用曲线的方程来研究曲线的几何性质，对学生来说还是第一次，在认知上存在一定的障碍，学习难度较大，怎样让学生充分认识和正确运用椭圆的方程来研究椭圆的几何性质，进一步体会运用代数方法研究几何问题的思想和方法，是本节课需要着力解决的问题.

3. 目标定位

（1）通过对给定具体椭圆方程的研究和对一般椭圆标准方程的共同探究，学生能说出给定标准方程的椭圆的范围、对称性、顶点坐标和离心率等几何

性质.

(2)通过经历解析法研究椭圆几何性质的过程,学生体会用代数方法研究几何问题的思想,并能初步运用方程研究相应曲线的简单几何性质.

(3)学生在探究椭圆几何性质的过程中,感受数学的魅力,培养合作的意识以及观察、分析、抽象和概括的能力,完善认知结构,提升数学素养.

4.教学重难点

教学重点:椭圆的几何性质,椭圆的主要参数a,b,c,e的几何意义及其相互之间的关系.

教学难点:椭圆的几何性质的研究方法及椭圆的离心率对椭圆的扁平程度的影响.

5.教学策略

运用“问题驱动”策略,紧紧围绕两条主线展开:一条是知识线(明线),从数学内部提出问题,通过画椭圆、看椭圆,回顾椭圆的定义和标准方程,直观地得出椭圆的几何性质,再借助例题与变式训练,深化学生的理解;另一条是思想方法线(暗线),紧紧抓住椭圆的方程与椭圆的几何性质之间的关系进行推理论证,渗透运用代数方法研究几何问题这一解析几何的核心思想,借此培养学生理性思维的能力,提升学生的数学核心素养.

本节课的教学难点之一是离心率的讲解,为突破这一难点做了以下工作:①在画图时就将离心率的问题预设其中,充分做好铺垫工作;②通过观察图形发现a不变、c变化时椭圆形状的变化,学生加强直观感知;③通过GeoGebra软件的动画演示,学生深刻体会离心率的变化对椭圆形状的影响.借助这样几个环节,帮助学生克服认知障碍,形成对离心率的感性认识,深化对离心率几何意义的理解.

本节课以探究式教学为主,在适当处理教材使教学内容的逻辑顺序与学生的认知规律尽可能统一起来的前提下,于学生的“最近发展区”不断引导他们探索发现、理性思考和合作交流.教法上,首先回忆椭圆的定义和标准方程,以问题的形式研究椭圆的几何性质,指导学生发现问题,然后进行讨论、探究、归纳总结、应用,最后通过练习加以巩固提高.学法上,尽量留给学生充足的时间思考,突出探究的过程,着力于学生的数学理解,努力使学生对新知识的建构水到渠成,在掌握知识的同时学会学习.

二、教学过程设计

1.创设情境,引入课题

问题1　上节课学习了圆锥曲线,大家还记得椭圆是怎么形成的吗？椭圆的定义是什么？给你两个大头钉和一根细绳,你能画出一个椭圆吗？如何画？

师生活动　学生利用事先准备好的工具,小组合作画出椭圆,教师鼓励先画好的小组,在教室中展出所画的作品.

问题2　观察所画的椭圆,你能发现这些椭圆有哪些几何特征？

师生活动　教师启发引导,学生观察发现、合作交流,得出椭圆具有对称性、是一封闭图形、不同的椭圆其“扁”“圆”程度存在差异等几何特征,由此提出本节课的学习内容——椭圆的几何性质,教师板书课题.

【设计意图】　让学生在动手画椭圆和观察椭圆的过程中,回顾椭圆的定义、标准方程,直观感知椭圆的几何特征,在学生形成较为全面、直观的感性认识的基础上,提出“研究椭圆的几何性质”的话题.这样引入课题,过渡自然,使学生在活动过程中形成问题探究的意识,初步感受运用数形结合方法研究几何问题的思想,为新课的展开创设良好的课堂环境.

2.探索新知,建构数学

问题3　怎样建立直角坐标系,得出椭圆的标准方程？我们求出的标准方程有什么作用？

师生活动　学生动手操作、回顾推导椭圆标准方程的过程和两种形式的标准方程,思考、讨论、交流建立椭圆标准方程的用途,教师适当点拨引导.

【设计意图】　让学生进一步认识解析几何的两个主要任务,一是根据动点运动的条件求出动点运动轨迹的方程,二是根据曲线的方程研究其几何性质,为提出用代数方法研究几何问题搭建台阶、做好铺垫.

(1)对称性.

问题4　我们已经知道了椭圆是对称图形,那么椭圆的方程具有怎样的特点呢？利用椭圆的标准方程,如何研究椭圆的对称性呢？一般地,我们怎么利用曲线的方程研究曲线的对称性呢？

师生活动　以椭圆$\frac{x^2}{a^2}+\frac{y^2}{b^2}=1(a>b>0)$为例,教师用动画演示,引导学生观察思考:在椭圆上任取一点$P(x,y)$,点P关于x轴的对称点坐标是什么？这个对称点还在椭圆上吗？

教师启发引导，学生讨论交流，在合作探究中发现只要用 $-y$ 代替方程 $\frac{x^2}{a^2}+\frac{y^2}{b^2}=1$ 中的 y，方程不变，就能说明椭圆是关于 x 轴对称的，这样就利用椭圆的方程研究了椭圆的几何性质．进一步得到：把 x 换成 $-x$，方程不变，说明椭圆关于 y 轴对称；同时把 x,y 分别换成 $-x,-y$，方程不变，说明椭圆关于原点对称．

所以坐标轴是椭圆的对称轴，坐标原点是椭圆的对称中心．椭圆的对称中心叫作椭圆的中心．

【设计意图】 学生易于从直观上认识椭圆的对称性．这里着重引导学生结合方程理性分析，在广泛联系中将直观认识与理性思考相结合，让学生既能从中体会根据曲线的方程研究曲线的对称性的一般方法，又能培养学生由特殊到一般的归纳推理能力，有效地提升数学核心素养．

（2）顶点．

问题 5 请大家继续观察椭圆与坐标轴还有怎样的关系？ 椭圆 $\frac{x^2}{a^2}+\frac{y^2}{b^2}=1(a>b>0)$ 与其对称轴相交吗？ 利用椭圆的标准方程，你能求出椭圆与对称轴的交点坐标吗？

师生活动 学生动手操作，分别令方程 $\frac{x^2}{a^2}+\frac{y^2}{b^2}=1(a>b>0)$ 中的 $x=0$，$y=0$，求出椭圆 $\frac{x^2}{a^2}+\frac{y^2}{b^2}=1(a>b>0)$ 与其对称轴的四个交点坐标为 $A_1(-a,0)$，$A_2(a,0)$，$B_1(0,-b)$，$B_2(0,b)$．教师给出定义：对称轴与椭圆的交点叫作椭圆的顶点，从而得到椭圆 $\frac{x^2}{a^2}+\frac{y^2}{b^2}=1(a>b>0)$ 的四个顶点坐标为 $A_1(-a,0)$，$A_2(a,0)$，$B_1(0,-b)$，$B_2(0,b)$．

指出线段 A_1A_2，B_1B_2 分别叫作椭圆的长轴和短轴，它们的长分别为 $2a$ 和 $2b$，a 和 b 分别叫作椭圆的长半轴长和短半轴长，这是椭圆方程中参数 a 和 b 的几何意义．

【设计意图】 在培养学生观察、发现和运用代数方法研究几何问题的能力的同时，帮助学生建构曲线顶点的概念，掌握曲线顶点坐标的求法，了解椭圆标准方程中参数 a 和 b 的几何意义，加深学生对椭圆方程与椭圆几何性质之间内在联系的认识和理解.

(3)范围.

问题6　我们知道椭圆是一个封闭的几何图形，这说明椭圆中的变量x,y的取值是有范围的，你能利用椭圆的标准方程求出椭圆变量的取值范围吗？

师生活动　引导学生观察图形，理性思考，并结合自己的作图经验开展交流，先从图形上观察出椭圆的范围，再由椭圆的方程$\frac{x^2}{a^2}+\frac{y^2}{b^2}=1(a>b>0)$进行推理论证，得出：$\frac{x^2}{a^2}=1-\frac{y^2}{b^2}\leqslant 1\Rightarrow -a\leqslant x\leqslant a$，$\frac{y^2}{b^2}=1-\frac{x^2}{a^2}\leqslant 1\Rightarrow -b\leqslant y\leqslant b$.

【设计意图】　引导学生作图操作、归纳方法，反复转换数与形的表现形式，交流各自的发现，进一步体会由曲线方程研究曲线性质的方法，在相互联系中深化对椭圆性质的认识和理解.

问题7　刚才同学们提到画出的椭圆有些比较“扁”，有些比较“圆”，椭圆的“扁”“圆”程度与椭圆的方程又具有怎样的关系呢？

师生活动　引导学生观察所画椭圆用的绳长是一样的，为什么画出的椭圆有些比较“扁”，有些比较“圆”，得到结论：a不变，c越大，椭圆越扁；a不变，c越小，椭圆越接近于圆.所以，利用a和c这两个量，可以刻画椭圆的“扁”“圆”程度.如果a和c这两个量都在变，我们把椭圆的焦距和长轴的比值$\frac{c}{a}$称为椭圆的离心率，用e表示，即$e=\frac{c}{a}$.接下来，有两个问题：离心率的范围是什么？如何用e来刻画椭圆的“扁”“圆”程度？

因为$a>c>0$，所以$0<e<1$.又因为$e=\frac{c}{a}=\frac{\sqrt{a^2-b^2}}{a}=\sqrt{1-\frac{b^2}{a^2}}$，所以$e$越接近于1时，$\frac{b}{a}$越接近于0，椭圆越扁；$e$越接近于0时，$\frac{b}{a}$越接近于1，椭圆越接近于圆.

在此基础上，介绍神舟飞船在空中的飞行过程：入轨后先是在椭圆轨道上飞行，然后通过不断变轨，最终变为圆形轨道后安全返航，这个过程就是通过离心率控制的，计算要相当精确.另外，椭圆的离心率就是天文学中的偏心率，它是制约各类(不同高度)空间飞行器寿命的关键因素之一.

【设计意图】　椭圆的离心率是本节课的一个难点，这里遵循从具体到抽象、从形式到实质、由浅入深、由表及里的思维过程,在学生的“最近发展区”选取信息组织交流,借助动画演示和生动的问题情境,在学生清晰地认识到椭圆形状可以由外部框架或内部支架确定后,再分析给出离心率的合理定义,比生硬地给出离心率的定义学生更易于接受和理解,从而有效地突破教学难点.

问题8　根据上面对椭圆$\frac{x^2}{a^2}+\frac{y^2}{b^2}=1(a>b>0)$的几何性质的研究,你能得出椭圆$\frac{y^2}{a^2}+\frac{x^2}{b^2}=1(a>b>0)$的几何性质吗?

师生活动　在学生思考探究、小组交流的基础上,教师运用课件投影出表格,让学生填表完成对椭圆$\frac{y^2}{a^2}+\frac{x^2}{b^2}=1(a>b>0)$的几何性质的研究,并与椭圆$\frac{x^2}{a^2}+\frac{y^2}{b^2}=1(a>b>0)$的几何性质进行比较.

【设计意图】　师生共同归纳两种椭圆的四个性质,即范围、对称性、顶点坐标、离心率,一方面可以加深学生对运用方程研究椭圆性质的思想方法的理解,另一方面通过对所学知识的系统总结,完善学生对椭圆的几何性质的认知,同时也为下面应用椭圆的几何性质解决具体问题做好铺垫,奠定基础.

3.实例分析,深化理解

例1　求椭圆$\frac{x^2}{25}+\frac{y^2}{9}=1$的长轴长、短轴长、离心率、焦点坐标和顶点坐标,并用描点法画出这个椭圆.

变式1　说出椭圆$\frac{x^2}{25}+\frac{y^2}{9}=1$的几何性质.

变式2　方程$4x^2+y^2=16$表示的图形是什么?你能说出它的几何性质吗?

【设计意图】　运用课本例题,和学生一起探究,一方面让学生进一步熟悉椭圆的几何性质,掌握根据椭圆方程研究椭圆几何性质的方法,另一方面通过教师的板书示范,使学生掌握解题的格式,养成良好的做题习惯.最后设计了两个变式,意在拓宽学生的视野,加深学生的理解,拓展学生的思维.

例2　我国发射的第一颗人造地球卫星的运行轨道是以地球的中心(简称“地心”)F_2为一个焦点的椭圆,已知它的近地点A(离地面最近的点)距地面439 km,远地点B(离地面最远的点)距地面2 384 km,AB是椭圆的长轴,地球半径约为6 371 km，求卫星运行的轨道方程．

【设计意图】　这是一道实际应用问题，通过本题的研究，一方面让学生体会由椭圆的几何性质求椭圆方程的方法，另一方面培养学生阅读理解和数学应用的意识，提高分析问题和解决问题的能力．

4. 回顾反思，总结提升

引导学生从知识、思想方法等方面进行总结反思．

（1）这节课我们研究了哪些问题？

（2）我们的研究运用了怎样的方法？得到了哪些结论？

（3）通过这节课的学习，你有哪些想法和体会？有什么问题没有弄懂？

（4）我们还将继续研究什么问题？

【设计意图】　引领学生回顾课堂学习历程、收获与体会，促使学生深入思考与深度交流，对本节课所学知识、思想和方法有一个完整的认识，从而进一步完善学生对椭圆的几何性质以及运用代数方法研究几何问题的解析几何的本质的认知，为学习双曲线和抛物线打下坚实的基础．同时，帮助学生养成总结反思的习惯，提高归纳总结和数学表述的能力，使学生在掌握知识的同时，学会学习，实现长效发展．

5. 布置作业，延伸探究

（1）完成课本36页练习1，2，3，4，5，6.

（2）根据本节课的学习，结合你的体会，写一篇题为"魅力无限的椭圆"的文章，格式不限．

【设计意图】　通过课后作业巩固本节课所学的知识和方法，检查学生对新知的掌握情况，为学生留一个开放性的探究问题，让学习和探究延伸到课外，培养学生的创新意识，提高学生探究学习的能力．

三、教学活动反思

本节课的教学，遵循建构主义的理论，运用"问题驱动"的策略，通过精心设计的"问题串"，组织学生动手操作、积极思考，去探究和发现椭圆的几何特征，探索图形的变化与方程之间的内在联系，建构起对椭圆几何性质和运用曲线方程研究曲线性质的思想的认识和理解，完善对椭圆几何性质的研究方法和解析几何的本质的认知．教师始终站在学生的立场上，紧随学生的思维节奏，以贴近学生的方式开展导学活动，使课堂充盈了文化、思想和智慧，充满了激情、欣赏和魅力，较好地激活了课堂的氛围，发挥了学生学习的积极性和主动性，促进了学生理性思考的能力和数学核心素养的提升，培养了学生的探究意识和创新精神，有助于学生的长效发展和终身发展，实现了真正意义上的有效教学和高效教学，是一节教学设计精致、学生活动精彩、目标达成精准的好课，值得我们借鉴和研究.

1.以构建联系为目标，完善学生的认知结构

数学学习是个体认知结构从建立到扩展、再到精致的过程.数学教学的实质是学生在教师的引导下主动地建构数学认知结构，并得以全面发展的过程."椭圆的几何性质"是学生在学习了椭圆的标准方程之后接着学习的内容.本节课实际上是学生第一次真正意义上感受、学习从曲线方程出发来研究曲线的几何性质，在认知上存在一定的困难.笔者深刻地认识到这一点，紧紧围绕建构、重组、扩展、完善学生的认知这条主线展开教学，以教材内容为线索，以学生的已有认知为基础，以构建知识间的内在联系为目标，精心组织设计，构建了教学线路图(如图1).

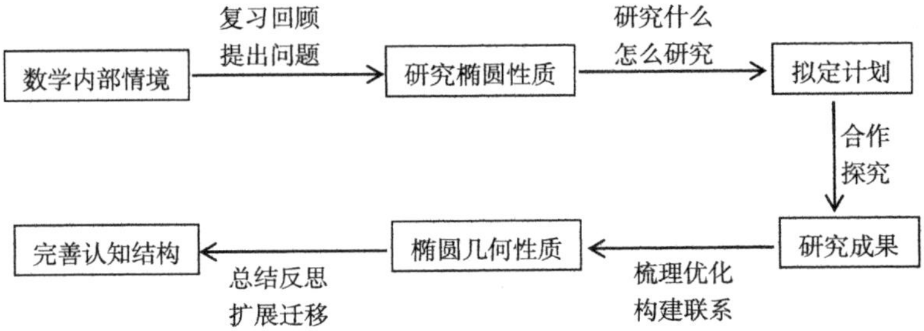

图1

整节课的教学思路清晰，教学意图明确，给学生展示了一个系统的研究过程，构建了一个完整的认知结构，不但得出了椭圆的几何性质，深化了对椭圆的认识，而且完善了对"从曲线的方程出发研究曲线的几何性质"这一思想方法的认知，为后续进一步学习双曲线和抛物线奠定了坚实的基础.

2.以问题驱动为策略，揭示解析几何的本质

学科的基本思想是数学知识的核心和精髓，是理解数学知识本质及处理学科问题的策略和方法.突出学科的基本思想，就是让学生学习数学的精髓，学习处理问题的策略和方法.解析几何是用代数方法处理几何问题的一门学科，用代数方法处理几何问题是本学科的基本思想.教学本节内容时，如果给出椭圆的图形和方程，再让学生去讨论椭圆的性质，则学生会先从图形上看出性质，然

后用方程进行验证或推证，与直接从方程出发来探讨椭圆的性质相比，不仅更能突出学科的基本思想，学生也更容易学到相关的技能和方法．教师自始至终都能突出“从方程来研究椭圆的几何性质”的做法，运用“问题驱动”的策略，设计了一系列问题，引领学生思考、讨论、探索和发现，得出椭圆的几何性质，然后予以总结提炼，使之系统化、规律化．这一过程有效地训练了学生从方程研究曲线性质的一般途径和技巧．从数形两方面考查，数与形相互印证，使学生对椭圆几何性质的理解得到深化，而且自然合理地揭示出解析几何的本质，增强了学生勇于探索的精神，培养了学生的理性思维，锻炼和发展了学生的想、说、做、试的能力，促进了学生数学认知结构的发展，提高了学生学习数学的效率．

3. 以潜能激发为抓手，提升学生的核心素养

当前，数学核心素养是数学教育的热门话题，怎样才能使培养学生的数学核心素养落地生根呢？王尚志教授指出：“数学核心素养离不开数学的学习、应用、创新……它们综合体现在‘发现与提出问题、分析与解决问题’的过程中．”本节课的教学没有把知识和方法直接灌输给学生，而是充分运用探究发现的教学方式，以激发学生的潜能为抓手，让学生发现问题和提出问题，给学生留下足够的探索、思考、操作、发现、交流、总结和反思的时间与空间，指导和引领学生分析问题和解决问题，从而获得知识、体验思想、掌握方法、提升素养．以“离心率”这一性质为例，首先设计问题：“刚才同学们提到画出的椭圆有些比较‘扁’，有些比较‘圆’，椭圆的‘扁’‘圆’程度与椭圆的方程具有怎样的关系呢？”让学生探究，然后追问：①离心率的范围是什么？②如何用e来刻画椭圆的“扁”“圆”程度？让学生由直觉思维发现结论，再由逻辑思维进行判断，在这一过程中，学生的潜能得以充分激发，也充分享受到了数学发现的乐趣．在课堂教学中，不断为学生提供这样的机会，激发学生的潜能，使学生的数学学习过程成为发现和创造的过程，经常性的发现和创造会极大地提升学生学习数学的信心和兴趣，同时也使得学生的创造性思维得到长足的发展，数学核心素养在潜移默化中得到提升．

当然，本节课的教学设计也存在着许多值得商榷和改进的地方．例如，如何更好地体现学生的主体地位，给学生更多一些发现问题、提出问题的机会？如何更好地落实面向全体学生，调动每一个学生学习的积极性，激发出每一个学生的学习潜能？如何发挥好教学评价的功能，体现教学活动的“情意原则”，让学生感受成功的快乐．这些问题，愿与大家一起探讨，在今后的教学中加以完善．

专题四　数学习题课的教学设计

数学习题课是在学习了一定的数学内容之后，教师根据内容的特点和学生的学习情况，运用习题教学的方式，有目的、有计划地指导学生运用已学过的知识解决一系列问题的教学活动.数学习题课所体现的学习活动是“问题解决”的学习过程，也就是将学生已经掌握的基本概念、公式、法则、性质和定理等迁移到不同情境下加以应用，在这个应用的过程中，通过归纳、总结、比较、反思等活动，帮助学生巩固数学基础知识、体会数学思想方法、积累数学活动经验、形成数学解题技能、训练数学思维品质、提升数学核心素养.数学习题课的教学，可以使学生加深对基本概念的理解，使概念完整化、具体化、结构化和系统化，从而能够牢固地掌握所学的数学知识、数学思想和数学方法，逐步形成完善合理的认知结构.在数学教学中，习题课教学是必不可少的，它贯穿于整个数学课堂教学的始终，是教学效果反馈的重要渠道，是提高学习成绩的基本保证[①].一堂高效的数学习题课，可以有效地激发学生的学习兴趣，培养学生的思维品质，提高学生分析问题和解决问题的能力，因此，数学习题课的教学设计是一个值得我们认真研究的课题.

一、教学习题课的功能分析

根据教学任务的不同，数学习题课一般有概念强化习题课、方法归纳习题课和专题突破习题课等几种类型.概念强化习题课是在新概念、新规律建立时，为帮助学生准确认识和理解新知识的内涵、外延、本质属性、适用条件以及基本运用方法而设计的习题课，这种习题课可以与讲授新课结合在一起，也可以单独讲授.方法归纳习题课和专题突破习题课，是在学完数学知识系统中占有重要地位和作用的核心知识，或是对数学思维的形成及对今后的学习有着重大影

① 王永锋.数学习题课教学需把握三“新”二“异”[J].中学数学教学参考，2017(23)：61-63.

响而难度又较大的知识后,为帮助学生提高认识及降低学习难度、纠正认知错误、训练数学思维、强化数学方法和提高运用水平而设置的习题课.不同类型的习题课有不同的教学目的和教学功能,但总体而言,数学习题课的教学功能主要体现在以下几个方面:

1.巩固基础知识,完善认知结构

数学习题是数学知识的载体,是数学思想方法的生长点,蕴涵着巨大的教育潜能.教师通过组织习题课教学,进行数学解题的训练,在指导学生尝试运用所学知识分析问题和解决问题的过程中,及时地分析和了解学生对所学知识的掌握情况,诊断学生在学习过程中存在的困惑、困难和缺陷等,帮助学生梳理已有的知识结构,挖掘其内涵与外延,揭示其本质特征,建立起已学知识之间的有机联系,纠正学生在认知上的错误与偏差,并通过对所学的知识进行深加工,使学生在原有知识的基础上"再创造",达到补偿和强化的目的,从而深化和活化基础知识,实现对所学知识的深度认识和理解.

2.研究解题规律,提高解题能力

美国的著名数学家G.波利亚曾经说过:"学习数学意味着什么?那就是解题."数学习题课教学的一个重要目标就是使学生学会解题.戴再平先生也认为,"数学教育活动中,'解题'是最基本的活动形式.无论是学生的数学概念的形成、数学命题的掌握、数学方法和技巧的获得,还是学生智力的培养和发展,都必须通过'解题'.同时,'解题'也是评价学生的知识和发展水平的主要手段."①通过数学习题课的教学,学生分析、思考、探索、归纳和总结运用所学知识分析问题和解决问题的基本规律和一般方法,建构数学解题的基本模式,在问题的变式训练中形成解题技能,达成举一反三,实现触类旁通.

3.提炼思想方法,训练思维品质

数学思想方法是数学的灵魂,是思维的策略,数学思想方法的运用是解题思维活动进入高层次的标志②.数学习题课的教学是渗透和提炼学生数学思想方法、训练学生思维品质的最佳时机.思想方法丰富的习题课有利于学生优化认知结构,活化所学知识,深化思维层次,从而提高数学解题能力.在开展数学习题课教学的活动中,教师通过对典型的例题和习题的审视、剖析、探究、变形、拓展,引领学生进行数学探究和理性思考,对解题的一般规律和典型方法进行

① 张硕,王潇.关于高中数学习题课教学的调查与研究[J].数学教育学报,2013(6):33-38.

② 丁玲.例谈数学解题教学的三个基本功能[J].中学数学研究,2015(7):6-8.

总结、提炼，并将其上升到数学思想方法的层面，可以极大地提高学生的数学思维能力，有效地培养学生的数学核心素养，使学生学会数学学习.

4. 培养应用意识，提升运用水平

学习数学知识的最终目的是运用数学知识来解决问题，解题是学好数学的必由之路，但是不同的解题指导思想会有不同的解题效果[①].数学问题除了包括传统意义上的“习题”外，又有新的广度和深度，那就是日常生活中的实际问题.数学习题课的教学，是通过对精心选择的与教材内容紧密联系的问题——传统意义上的习题和日常生活中的实际问题，展开分析和讨论，将所学的数学知识运用于解题实践，去探究解决这些问题的方法和途径，总结解决同类问题的思路和规律，在实现巩固与深化对基础知识的认识与理解、提高分析问题和解决问题的能力、形成数学技能的同时，培养学生的应用意识，提升学生的运用水平.

二、数学习题课的设计原则

在开展高中数学学科知识内容的教学活动中，问题教学作为知识传授和能力培养的重要方式和主要途径，在学生良好的学习习惯培养和数学素养发展的形成过程中，发挥着重要的促进和推动作用.数学习题课作为问题教学的主要表现形式，在知识内容、运用水平、能力培养、数学思想等方面具有鲜明而具体的体现，很多数学知识、思维方法和数学思想都可以通过数学习题课教学得到有效落实.为了充分发挥数学习题课的教学功能，提高教学效果，数学习题课的教学设计必须遵循以下原则：

1. 主体性原则

数学习题课的教学设计要充分体现学生为主体、教师为主导的思想，关注学生的自主探索和理性思考，强调学生亲历解题思路的探索活动，体验并参与研究过程，让学生自己发现和感悟解题方法，给学生留下足够的思考时间和空间，鼓励学生说出解题的思路、写出解题的过程、暴露解题时思维受阻的原因、总结出解题的要领，努力做到“凡是学生能够探索出的，教师绝不代替；凡是学生能够独立发现的，教师绝不暗示；凡是学生能够说出的，教师绝不代言”，使学生在获得对所学知识理解、形成解题技能的同时，在思维能力、情感态度与价值

① 谭良军.浅谈数学应用意识及其培养[J].数学通报，2004(1)：14-15.

观等方面得到发展.

2.层次性原则

习题课教学主要是围绕“解题活动”展开的,选择好例题和练习题是数学习题课教学设计的最基本要求.学生的数学基础不同,理解能力存在差异,对数学解题有着决定性的影响,教师要注意从学生的数学基础入手,尊重学生的认知规律,充分关注学生个体的差异性,即选题关注学生的个体差异,突出层次性,注意因材施教,选出那些真正有意义、数量合适、高质量、难度适宜的题目.对一些综合性较强、难度较大的题目要事先设计好阶梯,做好铺垫,开展层次化、梯度性教学,这样才能在有效激发学生学习主动性和积极性的基础上,提升他们运用所学知识解决新问题的能力和水平,使每一个学生都能得到实实在在的收获.

3.针对性原则

学生在解决数学问题的活动中深化对所学知识的认识和理解,掌握数学知识和思想方法,训练理性思维,学会解题,是数学习题课教学的主要目标.数学习题课的教学设计要突出针对性,针对当前所学的教学内容,针对学生的学习状况,针对当堂课的教学目标,选择有针对性、代表性的典型例题和习题,引领学生围绕这些例题与习题展开教学活动,通过知识的复习、问题的分析、思路的探索、思想的提炼、方法的总结,帮助学生掌握基础知识,纠正理解偏差,完善知识结构,积累解题经验,形成解题技能,学会理性思考,将所学的知识和方法固化为能力和素养,充分发挥好数学习题课的教学功能.

4.拓展性原则

在数学习题课的教学中,充分利用选出的数学习题,引导学生将数学思考引向深处,有效训练学生的思维,提升学生的解题能力,合理有效地拓展是十分必要的.在进行教学设计时,要本着精讲精练的原则,切忌贪图大容量,防止由于就题论题导致每道题都是浅尝辄止,讲解不透彻,给学生留下的都是“半成品”题,甚至是“废品”题.要将精力集中在几道典型的例题和习题,在讲深讲透的基础上,进行拓展延伸,运用一题多解、一题多变、一题多探和同题一解等方式和方法,鼓励学生从多个不同的角度探索解题的思路,提出合理的方案,拓展学生的思维,挖掘出数学习题的潜在功能和价值.

三、数学习题课的设计策略

数学是一门以训练思维和解决问题为目的的学科，学生对所学的知识是否掌握牢固、思维能力是否提高，都会在解题活动中体现出来.数学学科的这一特点决定了习题课在数学学习过程中是一种十分重要的、必不可少的课堂教学形式.怎样通过优化数学习题课的设计，把习题课“上活”，使学生通过习题课的教学，达到领会、巩固和加深理解所学的基础知识，体验和掌握基本的数学思想方法，积累数学解题的基本活动经验，形成数学解题基本技能，训练数学思维，提高分析问题和解决问题的能力，提升数学核心素养的目的，是我们每一位数学教师都必须认真研究和积极探索的问题.

1.创设好问题情境，营造学习氛围

作为以解题活动为中心的数学习题课，不少教师为了让学生多接触题型、多掌握方法，常常采用“教师讲、学生练”“学生练、教师讲”的方法，而忽视问题情境的创设，使学生感到单调无趣.为了将枯燥无趣的习题课变成学生乐于接受的课堂教学，教师可以针对教学的内容，精心设计有引导性、趣味性并结合生活实际的问题，将习题融于问题情境当中，构建生动的问题情境，以此调动学生的积极性，激发学生的学习欲望，引导学生回忆基础知识、探究解题思路、展开合作交流活动，让学生在解决问题的过程中深化对基础知识的理解和体验数学解题的乐趣，从而营造有利于学生学习的良好氛围.

案例1　“函数的概念与性质”习题课的情境创设

问题1　一位牧民计划为他的马群围一个面积为2 000 m^{2}的矩形牧场.他感兴趣的是如何用最少的篱笆围成牧场.你能给出一个符合他要求的设计吗?

预案　教师引导学生阅读问题，分析题意，探索解决这一问题的思路：设矩形牧场一边长为x m，周长为L m，不难得到$L=2x+\dfrac{4\,000}{x}$，问题可转化为研究x为何值时，函数$L=f(x)$取最小值的问题.在此基础上，提出问题2.

问题2　函数在现实生活中有着十分广泛的应用，前面对函数的有关问题做出了一些研究，我们是怎样研究的?研究了哪些内容?你有什么收获和体会？

预案 在教师的引领下，学生回忆前面学习的函数的概念与性质的有关知识及其研究方法，在此基础上，建构起所学知识的网络结构图，深化对所学知识的认识和理解，完善知识结构.

问题3 有以下判断：①$f(x)=y=x-1$和$y=\dfrac{x^2-1}{x+1}$表示同一函数；②函数$y=f(x)$的图象与直线$x=1$的交点最多有1个；③已知$f(x)+3f(-x)=2x+1$，则$f(x)=-x+\dfrac{1}{4}$；④设$f(x)=\begin{cases}1-\sqrt{x}, x\geqslant 0,\\ x^{-2}, x<0,\end{cases}$则$f(f(-2))=\dfrac{1}{2}$.其中正确判断的序号是________.

预案 学生独立思考后，教师组织交流并予以点评，以进一步加深学生对函数的概念及其表示方法的认识与理解.

数学源于生活，学习数学的目的之一就是更好地认识自然，解决生活实际中的问题，让学生学会用数学的眼光观察现实世界，用数学的思维分析现实世界，用数学的语言表述现实世界.上述案例从学生身边的生活实际和学生感兴趣的问题出发，将习题置于源于生活实际的问题情境之中，设计了一系列问题组成“问题串”，通过问题的引领，让学生展开分析、思考、回忆、归纳、思辨等思维活动，思维层层深入，不仅梳理巩固了基础知识，还增强了应用意识，消除了习题呈现的单调感，激发了学生旺盛的求知欲，充分发挥了学生学习的主动性，让学生积极地投入学习活动中，让教学过程充满了生机与活力.

2.选编好典型习题，丰富研究素材

作为习题课，习题自然是主元素，一节习题课的质量高低很大程度上取决于教师对习题的选择.如何选编出具有针对性、典型性的数学习题，为课堂的解题活动提供丰富的研究素材，自然成了习题课成败的关键.在选编习题时，应注意结合学生的数学现实和认知规律，紧紧围绕主题知识点展开，精选一些与教材内容紧密联系的、典型的、质量高的、学生容易出错的习题，让学生通过对这些习题展开分析和讨论、探索和研究，尝试运用所学知识去解决，使学生在运用所学知识分析和解决这些问题的过程中实现对基础知识的深化和理解、对数学思想方法的体验和感悟，从而训练数学思维，提升数学素养.

案例2 “一元二次函数、方程和不等式”的例题与习题设计

在复习梳理了关于“一元二次函数、方程和不等式”的主要知识及研究方法后，给出以下三道例题及其变式供学生探究.

例1 已知$a,b,c,d\in\mathbf{R}^+$，求证：$(ab+cd)(ac+bd)\geqslant 4abcd$.

变式 已知x,y都是正数，求证：$(x+y)(x^2+y^2)(x^3+y^3)\geqslant 8x^3y^3$.

例2 设不等式$x^2-2ax+a+2\leqslant 0$的解集为M，如果$M\subseteq[1,4]$，求实数a的取值范围.

变式 已知关于x的不等式$\dfrac{ax-5}{x^2-a}>0$的解集为M，若$1\in M$，且$2\notin M$，则实数a的取值范围是(　　)

A.$\varnothing$　　　　B.$(-\infty,1]\cup\left[\dfrac{5}{2},4\right]\cup(5,+\infty)$

C.$\left(1,\dfrac{5}{2}\right)\cup(4,5)$　　　　D.$\left(1,\dfrac{5}{2}\right)\cup[4,5)$

例3 设x,y为正数，a,b为正常数，$a\neq b$，又$\dfrac{a}{x}+\dfrac{b}{y}=1$，$a+b=18$，若$x+y$的最小值为$18+8\sqrt{2}$，试求$a$和$b$的值.

变式 (1)已知$x,y\in(0,+\infty)$，且$2x+3y=1$，求证：$\dfrac{1}{x}+\dfrac{1}{y}\geqslant 5+2\sqrt{6}$；

(2)试从第(1)小题的求解中获得启发，从而求出当$x,y\in(0,+\infty)$且$ax+by=1$(a,b为正常数)时，$\dfrac{1}{x}+\dfrac{1}{y}$的最小值.

学生认真思考，教师适时点拨，师生共同完成上述三道例题及其变式的解题后，教师又提供了以下习题供学生反馈训练.

习题1 已知$x>0,y>0,x+2y+2xy=8$，则$x+2y$的最小值是(　　)

A.3　　B.4　　C.$\dfrac{9}{2}$　　D.$\dfrac{11}{2}$

2.若对一切实数x，不等式$x^4+(a-1)x^2+1\geqslant 0$恒成立，则实数$a$的取值范围是______.

3.已知a,b,c为正实数，且$a+b+c=1$.求证：$\dfrac{1-a}{a}+\dfrac{1-b}{b}+\dfrac{1-c}{c}\geqslant 6$.

4.某工厂有旧房屋一幢，留有一面旧墙长14米，现准备利用这面旧墙的一段为一面墙，建造平面图形为矩形，面积为126 m^2的厂房，工程的条件：①修1 m旧墙的费用是造1 m新墙费用的25%；②拆去1 m旧墙所得的材料建1 m新墙的费用是造1 m新墙费用的50%. 问：如何利用旧墙才能使建墙费用最低.（注：建门窗的费用与建新墙的费用相同，可不考虑.）

上述几道题，紧扣“一元二次函数、方程和不等式”这一主题，例1及其变式主要揭示运用不等式的性质和基本不等式解决比较大小、证明不等式的思维方法，例2及其变式则是展示怎样利用三个二次关系构造不等式组并通过解不等式组解决取值范围的问题，例3及其变式探讨了运用基本不等式求二元变量条件最值的方法和技巧. 三个例题及其变式既有针对性和典型性，又有代表性和示范性，起点低，落点高，将学生的思维逐步引向深入，调动学生愿探其详的研究欲望. 四个习题的前三题是针对三道例题设置的反馈训练，第4题是一道实际问题，需要通过构造函数模型后再运用基本不等式求出最值. 有了这组题，教学中只要运用得当，就可以有效地帮助学生活化基础知识，巩固基本方法，体验数学思想，训练理性思维，提高解题能力，从而较好地发挥数学习题课的教学功能.

3. 组织好课堂活动，训练学生思维

精心地选编好例题和习题，只是数学习题课成功的一半. 如何利用这些精选的例题和习题，挖掘出其潜在功能，组织好解题活动，更是教师需要用心思考的问题. 教学中必须防止出现习题课走入就题论题、教师讲题、学生听题的误区. 数学解题的能力不是靠“听”出来的，而是靠“做”出来的，只有动手操作和积极思考才能出真知. 教师要借助精选的例题和习题，充分运用一题多解、一题多变等不同的教学方式，引领学生展开探究活动，让学生多动口、多动手、多动脑，激发学生全方位参与问题解决的过程，让学生自主进行必要的观察、比较、引申、拓展等训练，使学生解一题而明一路，收到举一反三、触类旁通的效果.

案例3　函数$y = A\sin(\omega x + \varphi)$的习题课的教学片段

教师引领学生复习了函数$y = A\sin(\omega x + \varphi)$的图象和性质以后，出示了如下例题.

例题　已知函数$f(x) = \sin x + \sqrt{3}\cos x$.

(1)求出函数$f(x)$的最小正周期;

(2)求出函数$f(x)$的最大值及取得最大值时x值的集合;

(3)求出函数$f(x)$的单调递增区间.

这道题只要逆用两角和与差的正弦公式将$f(x)=\sin x+\sqrt{3}\cos x$的表达式"合一"变形为$f(x)=2\sin\left(x+\dfrac{\pi}{3}\right)$的形式,再利用函数$y=A\sin(\omega x+\varphi)$的图象和性质即可解决.因此,教师可以让学生自主探索其解法,先让一个学生上黑板板演,展示解题的过程,然后教师加以点评,最后总结其解题的规律.

教师追问:解完这道题以后,大家有哪些想法? 从函数$f(x)=\sin x+\sqrt{3}\cos x$出发,可以提出一些新的问题吗?

这时,学生的思维活跃起来了,提出了许多问题,例如:怎样求出函数$f(x)$的最小值及取得最小值时x值的集合? 如何求出函数$f(x)$的值域? 能画出函数$f(x)$的图象吗? 等等.

教师在对上述问题做出了充分肯定的基础上,进一步追问:还能提出一些更有价值的问题吗? 将学生的思考引向深入.

不一会儿,有学生提出:若关于x的方程$\sin x+\sqrt{3}\cos x=a$有解,求实数a的取值范围.

教师:由函数变到方程,注意到函数与方程的联系,这个问题提得好! 怎么解决呢?

学生:这个不难解决,实质上就是求函数$f(x)$的值域.

教师:如果将上面的问题变为"若关于x的方程$\sin x+\sqrt{3}\cos x=a$在区间$[0,\pi]$上有解,求实数a的取值范围",你能解决吗?

学生:将问题转化为"若关于x的方程$2\sin\left(x+\dfrac{\pi}{3}\right)=a,x\in[0,\pi]$有解,求实数$a$的取值范围",可用图象法求解.

教师:很好! 下面我来给出一些变式,请同学们探索其解法.

变式1　设关于x的方程$\sin x+\sqrt{3}\cos x=a$在区间$(0,2\pi)$上有两个相异的实根x_1,x_2,求实数a的取值范围及x_1+x_2的值.

变式2　设函数$f(x)=\cos^2 x+\sqrt{2}\sin x\cos x$, $x\in(0,\pi)$, 若方程

$|f(x)| = a$在区间$(0,\pi)$上有两个相异的实根x_1,x_2，求实数a的取值范围．

学生思考，尝试求解方法，教师适时点拨，最后投影展示学生的优秀解题过程．

上述案例从一道关于三角函数图象和性质的例题出发，运用教师启发、提问，学生思考、交流，学生变题、教师追问，教师变题、学生求解等丰富多彩的教学方式开展解题活动，将三角函数的恒等变形、三角函数的图象和性质的研究交汇、串联在一起，并将其拓展延伸到求含参数的三角方程的解的问题上，使学生在动脑想、动口说、动手做的过程中深化了对两角和的正弦公式、三角函数的图象和性质等基础知识和基本方法的认识和理解，体验了函数与方程之间的有机联系，感受了三角函数的图象在解决有关三角函数问题中的应用．这样的习题课教学有效地训练了学生的思维，调动了学生学习的主动性，使整个学习过程成为自主探究和体验过程的有机整体，既实现了例题价值的最大化，又减轻了学生的学习“疲劳”，真正做到了以趣激学、以学代讲、以练代记、以少胜多．

4.运用好错误资源，深化数学理解

英国心理学家贝恩布里说过：“差错人皆有之，而作为教师，对学生的错误不加以利用则是不能原谅的．”学生的年龄特征与认知水平，决定了他们在进行数学解题活动过程中，难免存在一定的偏颇、缺陷和错误．数学习题课的教学设计，教师要从学生学习的引领者的视角，充分关注学生的解题错误，努力运用好学生的错误资源，尽可能地挖掘出学生错解中的合理成分，因势利导，组织学生在争辩、交流和反思的过程中产生思维碰撞，从而寻找出错误的原因，并予以修正，从而不断地弄清知识内容，深化对数学知识、数学思想和数学方法的理解，完善知识结构，拓展知识内涵，促进学生的成长和发展①．

案例4　“等差数列”习题课的教学片段

教师投影展示如下习题：“已知数列$\{a_n\}$和$\{b_n\}$都是等差数列，S_n和T_n分别是它们的前n项之和，且$\frac{S_n}{T_n}=\frac{4n+3}{2n+5}$，求$\frac{a_8}{b_8}$．”组织学生分析思考，尝试求解．

① 钱军先．充分利用生成资源，精心构建高效课堂[J]．江苏教育(中学数学)，2013(3)：45-48．

几分钟后，发现生1和生2很快得出了结果，他们所用的解法不同，且都是错误的，但具有一定的典型性和代表性.

生1：因为 $\frac{S_n}{T_n}=\frac{4n+3}{2n+5}$，因此，可设 $S_n=4n+3, T_n=2n+5$，于是 $a_8=S_8-S_7=4\times 8+3-(4\times 7+3)=4$，

$b_8=T_8-T_7=2\times 8+5-(2\times 7+5)=2$，故得 $\frac{a_8}{b_8}=\frac{2}{1}$.

生2：因为 $\frac{S_n}{T_n}=\frac{4n+3}{2n+5}$，因此，可设 $S_n=k(4n+3), T_n=k(2n+5)$，于是 $a_8=S_8-S_7=k(4\times 8+3)-k(4\times 7+3)=4k$，

$b_8=S_8-S_7=k(2\times 8+5)-k(2\times 7+5)=2k$，故得 $\frac{a_8}{b_8}=\frac{4k}{2k}=\frac{2}{1}$.

师：生1和生2运用了两种不同的解法，所得的结果都是 $\frac{2}{1}$，那么他们的解法对吗？

生3：生1的结论对，但解法不对，因为由 $\frac{S_n}{T_n}=\frac{4n+3}{2n+5}$，不能得到 $S_n=4n+3, T_n=2n+5$，生2的解法是对的.

师：生3指出了生1解法的错误所在，肯定了生2的解法，大家有不同意见吗？

生4：生2的解法也不对，设 $S_n=k(4n+3), T_n=k(2n+5)$，表明了数列 $\{a_n\}$ 和 $\{b_n\}$ 的前 n 项和都是 n 的一次式.而等差数列如果不是常数列，它的前 n 项和 S_n 是一个形如 an^2+bn 的二次式，因此，应该设 $S_n=kn(4n+3), T_n=kn(2n+5)$，从而得到 $a_8=S_8-S_7=k\cdot 8(4\times 8+3)-k\cdot 7(4\times 7+3)=63k$，　$b_8=T_8-T_7=k\cdot 8(2\times 8+5)-k\cdot 7\cdot(2\times 7+5)=35k$，故得 $\frac{a_8}{b_8}=\frac{9}{5}$.

师：生4指出了生1和生2解法的错误所在，并给出了正确的解法与答案，非常好.由 $S_n=na_1\frac{n(n-1)}{2}d$ 知，只有当等差数列是常数列时，才能将其前 n 项和设为 $S_n=an+b$ 的形式，而本题并没有这样的条件，生1和生2都犯了偷换题设的错误，其原因在于对等差数列的前 n 项和公式的特征认

识不到位.请大家思考,这个问题能不能用其他方法来解呢?

经过一番探究和讨论,不少同学有了新的发现.

生5:可以设等差数列$\{a_n\}$和$\{b_n\}$的公差分别为d和d',由已知恒等式,

令$n=1$,得$\frac{a_1}{b_1}=\frac{4\times1+3}{2\times1+5}=1$ ①,

令$n=2$,得$\frac{a_1+a_2}{b_1+b_2}=\frac{2a_1+d}{2b_1+d'}=\frac{5\times2+3}{2\times2+5}=\frac{11}{9}$ ②,

令$n=3$,得$\frac{a_1+a_2+a_3}{b_1+b_2+b_3}=\frac{3a_1+d}{3b_1+3d'}=\frac{4\times3+3}{2\times3+5}=\frac{15}{13}$ ③.

由①②③解得$a_1=b_1, d=2d', b_1=\frac{7}{4}d'$,

$\therefore a_8=a_1+7d=b_1+14d'=\frac{7}{4}d'+14d'=\frac{63}{4}d'$,

$b_8=b_1+7d'=\frac{7}{4}d'+7d'=\frac{35}{4}d'$.

故可得$\frac{a_8}{b_8}=\frac{9}{5}$.

师:很好.生5抓住等差数列的基本量,运用从特殊入手的思想方法,找出两个等差数列的首项和公差的关系,通过减少未知量的个数,求出$\frac{a_8}{b_8}$之比,很有创意.

生6:(迫不及待)我有更简便的解法.由$\frac{a_8}{b_8}=\frac{2a_8}{2b_8}=\frac{a_8+a_8}{b_8+b_8}=$

$$\frac{a_1+a_{15}}{b_1+b_{15}}=\frac{15\cdot\frac{a_1+a_{15}}{2}}{15\cdot\frac{b_1+b_{15}}{2}}=\frac{S_{15}}{T_{15}}=\frac{4\times15+3}{2\times15+5}=\frac{63}{35}=\frac{9}{5}.$$

师:啊,很棒!利用等差数列的性质,将等差数列的通项a_n与前n项和S_n联系起来,在已知与未知之间架起了桥梁.生6给我们解决这一类问题提供了一个很好的思路和解法.一般地,如果已知两个等差数列$\{a_n\}$与$\{b_n\}$的前n项和的比值$\frac{S_n}{T_n}=\frac{pn+b}{qn+c}$,求$\frac{a_k}{b_k}$,都可以按照生6的方法来解.

生7:从生6的方法中,我发现,可以把$\frac{a_k}{b_k}$用S_n和T_n的比表示出来:$\frac{a_k}{b_k}=$

$$\frac{2a_k}{2b_k}=\frac{a_k+a_k}{b_k+b_k}=\frac{a_1+a_{2k-1}}{b_1+b_{2k-1}}=\frac{(2k-1)\cdot\frac{a_1+a_{2k-1}}{2}}{(2k-1)\cdot\frac{b_1+b_{2k-1}}{2}}=\frac{S_{2k-1}}{T_{2k-1}}.$$

师:生7证明了更漂亮的结论:在等差数列$\{a_n\}$和$\{b_n\}$中,通项a_n和b_n之比与前n项和S_n和T_n之间具有如下关系:$\frac{a_n}{b_n}=\frac{S_{2n-1}}{T_{2n-1}}$.更一般地,等差数列$\{a_n\}$的前$n$项和与$\{b_n\}$的前$n$项和之比与它们通项的比之间又有什么关系呢?

“设置错误”是数学习题课教学设计的一个重要手段,其目的是通过“设置错误—纠正错误”的过程来进一步帮助学生理解和掌握知识的难点和重点,不断激发学生的求知欲望,从而达到理想的教学效果.学生的错误,作为珍贵的教学资源,是可遇而不可求的,教师不仅要善待学生的错误,还要敏锐地发现学生错误背后的原因,引导学生挖掘“错误”的价值,围绕学生的常见错误展开教学活动,在师生不断的“知错”和“纠错”过程中,澄清错误认识,找出错误根源,落实防错措施,让“错误”服务于教学,让“错误”生成美丽,使数学习题课的教学走向“深入探索精妙处,自有创新奇葩开”的佳境.

5.落实好解题反思,提高教学效果

美国著名数学教育家G.波利亚在“怎样解题”表中给出解题过程的四个步骤:弄清问题—拟订计划—实施计划—回顾,其中的“回顾”即是数学问题解决过程中的反思①.

解题后的反思不仅能及时厘清学生的解题思路,规范解题的过程,帮助学生养成良好的解题习惯,还可以促进学生深化对问题中所蕴含的数学知识、数学思想方法的理解,揭示出问题中隐含的数学本质,有助于学生总结解题活动的经验,探索数学解题的一般规律和通性通法,形成解题技能技巧,训练数学思维的品质,提高分析问题和解决问题的能力.因此,落实好解题反思,是数学习题课教学设计的一项重要工作,要引起高度的关注.

① 叶东辉.解题反思四部曲,提升数学思维能力[J].中学数学研究,2019(3):48-49.

案例5　"基本不等式"习题课的教学片段

教师给出如下例题：求函数$y=\frac{x^2+5}{\sqrt{x^2+4}}$的值域．

学生思考后动手探索解法，完成解题过程，教师巡视后让生1上黑板板书解题过程：

生1：$y=\frac{x^2+5}{\sqrt{x^2+4}}=\frac{x^2+4+1}{\sqrt{x^2+4}}=\sqrt{x^2+4}+\frac{1}{\sqrt{x^2+4}}$.

因为$\sqrt{x^2+4}>0$，$\frac{1}{\sqrt{x^2+4}}>0$，

由基本不等式，得

$$y=\sqrt{x^2+4}+\frac{1}{\sqrt{x^2+4}}\geqslant 2\sqrt{\sqrt{x^2+4}\cdot\frac{1}{\sqrt{x^2+4}}}=2.$$

所以$y_{\min}=2$，从而得函数的值域为$[2,+\infty)$.

教师组织学生围绕生1的思路，运用问题驱动的方法进行解题反思．

问题1　上面的解法正确吗？

这时学生进行讨论，议论纷纷，有学生认为正确，也有学生存有疑问．

生2：生1的解法只求出了最小值2，没有研究最大值的情况．

师：很好，要求函数的值域，不仅要求出函数的最小值，还要求出函数的最大值．

问题2　最小值求得正确吗？在运用基本不等式求最值时，要注意些什么？

生3：好像有点问题，没有检查两个数能否相等．事实上，由$\sqrt{x^2+4}=\frac{1}{\sqrt{x^2+4}}\Rightarrow x^2=-3$，这样的$x$不存在，等号取不到，最小值不是2.

师：棒极了！运用基本不等式求最值，一定要注意"一正、二定、三相等"，三者缺一不可．

问题3　怎样求出函数$y=\frac{x^2+5}{\sqrt{x^2+4}}$的最小值和最大值，从而求出函数的值域呢？

学生困惑，教师提示：在学习基本不等式之前，求函数的值域，我们常

用的方法有哪些？学生在教师的启发下恍然大悟，得到可通过研究函数的单调性结合图象求解.

生5：设 $\sqrt{x^2+4}=t$，易得 t 的取值范围是 $[2,+\infty)$，则函数式即为 $y=t+\frac{1}{t}, t\in[2,+\infty)$，问题转化为：求 $y=t+\frac{1}{t}, t\in[2,+\infty)$ 的值域.由于函数 $y=t+\frac{1}{t}$ 在区间 $[2,+\infty)$ 上是单调递增的，结合图象，可得当 $t=2$ 时，$y_{\min}=2+\frac{1}{2}=\frac{5}{2}$，不存在最大值. 所以，函数值域为 $\left[\frac{5}{2},+\infty\right)$.

习题课的教学设计，必须重视解题反思，即有效地组织学生进行解题后的反思.解题后的反思不能“就题论题”，而应当引导学生深化习题，挖掘习题的内涵，从多角度分析问题，培养学生的比较、分析、综合、归纳能力，进一步拓宽知识面，并做到融会贯通，方法可以是采用“一题多解”“变题讨论”“错例分析”等多种形式.本案例通过对解题过程和结果反思，发现解题过程中存在的问题，使学生加深了对基础知识、基本概念的理解，完善了解题的思维过程，更重要的是促进学生养成严格推理、严密论证的思维习惯，而不是忽视公式、定理、结论运用的前提条件，随意地套取公式、定理、结论，武断地得出结果.

总之，数学习题课教学是数学教学的重要组成部分，习题课教学在帮助学生发展数学知识结构，掌握某种数学技能，形成和增进思维能力，培养创造性精神等方面都起着其他形式教学无法取代的作用.由于习题课教学知识密度大、训练多，学生容易感到枯燥、乏味，丧失学习的积极性，因此，要理解做好数学习题课教学设计的意义，明确开展数学习题课教学设计的原则，掌握实施数学习题课教学设计的策略，重视数学习题课的教学设计，设计好数学习题课的各个教学环节，为组织好数学习题课的教学活动做好充分的准备，让数学习题课充满生机与活力，洋溢着精彩和灵动，呈现出教学本真.

课例七

在解题探究中学会思考，于拓展延伸中提升素养

——以“基本不等式应用的习题课”的教学设计为例

一、教学情况分析

1. 内容解读

“基本不等式”是苏教版数学教材必修5中专题三第4.2节的内容，是在系统学习了不等关系、不等式性质、一元一次不等式、一元二次不等式、二元一次不等式组所表示的平面区域以及简单的线性规划问题等知识的基础上展开的.

基本不等式这一内容是对前面所学知识的深化与发展，同时也为后面其他更为复杂的不等式证明、求函数的值域和最值、确定变量的取值范围等知识的学习奠定了基础.基本不等式在不等式知识体系中起着承上启下的作用，同时在生活及生产实际中有着广泛的应用，它是培养学生的数学应用意识和对学生进行情感态度与价值观教育的好素材.

利用基本不等式解决问题的过程涉及很多重要的数学思想方法，如函数与方程、化归与转化、分类讨论、数形结合的思想，比较法、综合法、分析法、消元法、整体处理法等，这些思想方法不仅可以简化数学证明、优化形式运算、简化解题过程，而且还可以培养学生的推理能力和创新能力，激发学生的探究热情，提升学生的数学核心素养.

因此，在学生初步掌握基本不等式及其简单应用的基础上，开设一节关于基本不等式应用的习题课，使学生学会运用基本不等式求解有关函数的值域、最值以及变量的取值范围等问题，是十分必要的，要引起我们的高度重视.

2. 学情剖析

从学生的已有知识和经验来看，他们已经系统学习了不等关系、不等式的基本性质、一些简单不等式的证明和求解方法、基本不等式及其简单应用.从学

生的已有方法和能力来看，他们经过多年的数学学习，已经学会了比较法、综合法、分析法、配方法、消元法、整体处理法等常用的数学方法，具备了一定的观察能力、推理能力、代数变形和思维转换的能力[1].这些为本节课的学习奠定了坚实的知识基础，提供了方法和能力上的有力保障.

但本节内容具有变换灵活、应用广泛、条件有限制、对形式运算的能力要求比较高等特点，在运用基本不等式解决有关函数的最值、值域和变量的取值范围问题时，许多同学往往容易忽视基本不等式使用的前提条件和等号成立的条件而导致解题出错.因此，在教学过程中，要注意从不等式的本质特征入手，引导学生进行分析和探究、操作和演练、比较和辨析，以加深学生的理解，提高学生正确、灵活地运用基本不等式来分析问题和解决问题的能力.

3.目标定位

(1)进一步理解基本不等式 $\sqrt{ab} \leqslant \frac{a+b}{2}$ $(a \geqslant 0,\ b \geqslant 0)$ 的特征和应用条件，能熟练地运用基本不等式解决有关函数的值域、最值和变量的取值范围问题.

(2)通过对问题的解法探究和变式拓展，学会从理性的角度思考问题，优化思维品质，培养严谨的科学态度，提高发现问题、分析问题和解决问题的能力.

(3)认识基本不等式的工具性，了解函数、方程与不等式等知识之间的联系，学会用数学的眼光观察问题，培养数学抽象、逻辑推理和变形运算的能力，提升数学素养.

4.教学重难点

教学重点：理解基本不等式成立的条件，正确运用基本不等式解决有关函数的值域、最值和变量的取值范围问题.

教学难点：运用拆项、凑项等方法创造条件，灵活地运用基本不等式解决有关问题，建构不等式模型解决实际问题.

5.教学策略

运用"问题探究，合作交流"的教学方法，按照"创设情境—问题探究—变式拓展—巩固训练—总结提炼"教学线路图实施教学，意在让学生通过对基本不等式应用的学习，自主探索、合作交流，深化对基本不等式的认识和理解，形成运用基本不等式解决问题的数学技能，学会用数学的眼光观察问题，用数学的思维分析问题，用数学的语言表述问题，从而发展学生的数学核心素养.因此，在教学过程中，要引导学生经历“思考—探究—解答—提炼”的完整数学思维过程，结合多媒体及具体的实例，达到让学生正确、灵活、熟练地掌握基本不等式的运用，提高学生发现问题、提出问题、分析问题和解决问题能力的目的.

二、教学过程设计

1.创设情境，引入话题

师：同学们好！请大家看一下投影中的问题.

例题　如图1，为处理含有某种杂质的污水，要制造一底宽为2 m的无盖长方体沉淀箱，污水从A孔流入，经沉淀后从B孔流出.设箱体的长度为a m，高度为b m.已知流出的水中该杂质的质量分数与a，b的乘积ab成反比.现有制箱材料60 m^2.问当a，b各为多少米时，经沉淀后流出的水中该杂质的质量分数最小（A，B孔的面积忽略不计）？（投影显示）

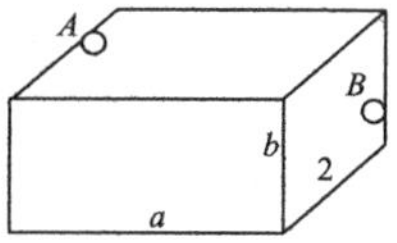

图1

问题1　你能解决这一问题吗？有什么想法？

预案　学生读题，分析题意，讨论交流，教师点拨.

设经沉淀后流出的水中该杂质的质量分数为y，比例系数为k.由题意，得$2ab+2a+4b=60$，$a>0$，$b>0$，且$y=\frac{k}{ab}(k>0)$，问题转化为：在$2ab+2a+4b=60$，$a>0$，$b>0$的条件下，求函数$f(a,b)=ab$的最值.由条件特征知，可以用上节课学习的基本不等式来解决.

师：上节课学习了基本不等式，大家已经了解到基本不等式是高中数学中的一个重要内容，它有着十分广泛的应用.今天，我们就围绕基本不等式的应用上一节习题课，来探讨运用基本不等式解题的思路、方法和一些常用的技巧.

【设计意图】　从一道学生熟悉的实际问题出发，引领学生阅读分析，建立一个运用基本不等式求最值的数学模型，自然而然地引出“基本不等式的应用”这一话题，从而开启本节课的学习之旅.创设问题情境可让学生体会到数学来源于生产、生活实际又运用于生产、生活实际，培养学生数学应用的意识和数学建模的素养，让学生学会用数学的眼光观察现实世界，激发学习兴趣，调动参与课堂活动的积极性，为本节课的学习营造良好的氛围.

问题2　什么是基本不等式？你学习了它的哪些应用？应用时要注意的问题是什么？

预案　学生回忆，教师补充完善．

基本不等式："设$a \geqslant 0$，$b \geqslant 0$，则$\sqrt{ab} \leqslant \frac{a+b}{2}$，当且仅当$a=b$时取等号．"

主要应用：(1)比较大小；(2)证明不等式；(3)求函数的值域与最值等．

运用基本不等式求最值时要注意：一是正数，二是定值，三是能取到等号，三者缺一不可．

问题3　能由基本不等式得出一些常用的变形形式吗？如何得到？

预案　引导学生思考和回忆，得出如下几个常用的变形形式：

(1)由推导基本不等式的方法，可得"$a^2+b^2 \geqslant 2ab$，a，$b \in \mathbf{R}$，当且仅当$a=b$时取等号"．

(2)由基本不等式两边平方，可得"$ab \leqslant \frac{(a+b)^2}{4}$，$a$，$b \in \mathbf{R}$，当且仅当$a=b$时取等号"．

(3)运用基本不等式，可得"$\frac{b}{a}+\frac{a}{b} \geqslant 2$，$a$，$b$同号且$a$，$b \in \mathbf{R}$，当且仅当$a=b$时取等号"．

【设计意图】　通过问题2和问题3，回顾和梳理学过的基本不等式的基础知识和简单应用，引领学生像数学家那样进行研究和思考，加强对基本不等式的记忆，深化对基本不等式的本质特征的认识和理解，帮助学生建立起较为完整的知识体系，优化学生的认知结构，激发学生数学探究的积极性，培养学生发散思维的能力，为下面探究基本不等式的应用提供知识、方法的储备和保障，打下坚实的基础．

2．探究解法，启迪思维

师：下面，我们回过来看例题实际问题的求解．

问题4　怎样运用学过的基本不等式来解决例题的最值问题呢？主要的思路有哪些？

预案　学生探索、讨论，教师点拨，组织交流，得出以下两种常用的思路和方法．

思路1　利用消元，转化为一元变量的函数来处理．

由 $2ab+2a+4b=60$，$a>0$，$b>0 \Rightarrow b=\frac{30-a}{2+a}$，其中 $0<a<30$．令

$f(a)=ab$，则$f(a)=ab=\dfrac{30a-a^2}{2+a}=-\left[(a+2)+\dfrac{64}{a+2}\right]+34\leqslant 34-16=18$. 当且仅当$a+2=\dfrac{64}{a+2}$，即$a=6,b=3$（满足$0<a<30$）时，$f(a)$取得最大值. 此时$y=\dfrac{k}{ab}\ (k>0)$取得最小值.

答：a=6米，b=3米时，水中该杂质的质量分数最小.

思路2　直接运用基本不等式，进行整体处理.

依题意，得$a>0,b>0$，因为$a+2b\geqslant 2\sqrt{2ab}$，由$ab+a+2b=30$，得$ab+2\sqrt{2ab}-30\leqslant 0$.

将其看作关于$\sqrt{ab}$的二次不等式，解得$ab\leqslant 18$，当且仅当a=2b时等号成立.

所以由$ab+a+2b=30$及$a=2b$，解得$b=3$或$b=-5$（舍去），故$b=3,a=6$. 以下同思路1.

【设计意图】　引领学生从不同的视角探究运用基本不等式解决二元变量的条件最值问题的解题思路，得出求解二元变量的条件最值的两种基本途径：一是通过消元转化为一元变量的最值问题，再利用基本不等式求解；二是直接运用基本不等式进行整体处理. 在这个过程中，学生学会用理性思维的方法思考问题，体会数学解题中的“差异分析”和“模式识别”的策略，提高分析问题和解决问题的能力.

3. 变式拓展，积累经验

师：通过上述问题的求解，有什么想法？

预案　学生回顾上述问题的解题过程，交流学习的心得和体会，教师点评和引导，启发学生对上述问题作变式拓展，提出一些新的、有价值的问题.

变式1　在上述问题中，若比例系数$k=36$，求质量分数y的取值范围.

预案　由上述探究过程，容易得出质量分数y的最小值为$\dfrac{36}{6\times 3}=2$，只要求出$y=\dfrac{36}{ab}$的最大值即可. 先求$f(a)=ab$的最小值.

由上述思路1，得$f(a)=-\left[(a+2)+\dfrac{64}{a+2}\right]+34$，其中$0<a<30$. 令$t=$

$a+2$，由 $0<a<30$，得 $2<t<32$，此时 $f(a)=g(t)=-\left(t+\frac{64}{t}\right)+34$，由 $g(t)$ 的图象知，$g(t)$ 在区间 $(2,8]$ 上递增，在区间 $[8,32)$ 上递减．又 $g(2)=-\left(2+\frac{64}{2}\right)+34=0$，$g(32)=-\left(32+\frac{64}{32}\right)+34=0$，所以 $g(t)_{\max}=g(8)=18$．由此，$g(t)$ 即 $f(a)$ 的取值范围是 $(0,18]$，所以质量分数 y 的取值范围是 $[2,+\infty)$．

【设计意图】 通过变式1的研讨，一方面，让学生了解最值问题与取值范围问题之间的联系和区别，认识到可以通过求最值的方法求出范围，也可以通过先求出取值范围再确定最值；另一方面，使学生体会到虽然基本不等式是求解最值和取值范围问题的有力工具，但也有其局限性，不具备基本不等式的使用条件时，就不能用基本不等式求解．这时可以考虑结合函数的图象和性质来探究解题的思路，使问题获解，不着痕迹地渗透函数思想、数形结合思想和等价转化思想等，培养学生的数学核心素养．

变式2 若直线 $2ax-by+2=0(a>0,b>0)$ 被圆 $C:x^2+y^2+2x-4y+1=0$ 截得的弦长为4．

(1)求 $\frac{1}{a}+\frac{1}{b}$ 的最小值；

(2)求 $\frac{4}{a}+\frac{9}{b}$ 的最小值．

预案 让学生观察分析，引导学生发现圆心 C 为 $(-1,2)$ 且在直线上，从而得 $a+b=1$，又 $a>0$，$b>0$，问题转化为求二元变量的条件最值．

圆 C 的方程配方，得 $(x+1)^2+(y-2)^2=4$，圆心 C 的坐标为 $(-1,2)$，半径 $r=2$，由题意知圆心 $C(-1,2)$ 在直线 $2ax-by+2=0$ 上，所以 $-2a-2b+2=0$，即 $a+b=1$．结合条件 $a>0$，$b>0$，要求 $\frac{1}{a}+\frac{1}{b}$ 和 $\frac{4}{a}+\frac{9}{b}$ 的最小值，由前面的解题经验，学生能够得出两种思路：一是消元，转化为一元变量的最值，再运用基本不等式求解；二是整体处理，运用“1的代换”，将问题转化为“倒数型”结构，再运用基本不等式求解．比较发现，第一种思路较为烦琐，而第二种思路简洁明快．

(1) $\frac{1}{a}+\frac{1}{b}=(a+b)\left(\frac{1}{a}+\frac{1}{b}\right)=2+\left(\frac{b}{a}+\frac{a}{b}\right)$，因为 $a>0$，$b>0$，所以 $\frac{b}{a}+\frac{a}{b}\geqslant$

2，从而得$\frac{1}{a}+\frac{1}{b}\geqslant 4$，当且仅当$\frac{b}{a}=\frac{a}{b}$，即$a=b$时取等号，又$a+b=1$，得当$a=b=\frac{1}{2}$时，$\frac{1}{a}+\frac{1}{b}$取得最小值4.

(2)$\frac{4}{a}+\frac{9}{b}=(a+b)\left(\frac{4}{a}+\frac{9}{b}\right)=13+\left(\frac{4b}{a}+\frac{9a}{b}\right)$，因为$a>0,b>0$，所以$\frac{4b}{a}+\frac{9a}{b}\geqslant 2\sqrt{36}=12$，当且仅当$\frac{4b}{a}=\frac{9a}{b}$，即$b=\frac{3a}{2}$时取等号，又$a+b=1$，得当$a=\frac{2}{5}$，$b=\frac{3}{5}$时，$\frac{4}{a}+\frac{9}{b}$取得最小值25.

【设计意图】 通过变式2的探索和研讨，学生熟练地掌握运用基本不等式求二元变量条件最值的基本思路和解题技能，并在分析比较的基础上，掌握了一些特殊的技能和技巧，如“1的代换”“整体处理”等，可以简化解题过程，避免复杂的计算，提高解题的速度.在这样的分析、探索、比较过程中，既渗透了转化与化归、整体处理等数学思想方法，使学生学会了数学思考，又帮助学生掌握了由基本不等式推广得到“倒数型”不等式在求解二元变量的最值问题时的求解技能，认识到其本质是构造“和定”“积定”，积累了解题经验，训练了理性思维，提升了数学解题能力.

变式3　设x,y,z为正实数.

(1)满足$x-2y+3z=0$，求$\frac{y^2}{xz}$的最小值.

(2)满足$x^2-3xy+4y^2-z=0$，则当$\frac{xy}{z}$取得最大值时，求$\frac{2}{x}+\frac{1}{y}-\frac{2}{z}$的最大值.

预案　跟前面研究的问题相比，这里有三个变元，怎么解决呢？一开始，学生的思维会存在障碍，可引导学生联想求解二元变量条件最值的一种有效方法——消元，转化为二元变量，出现“倒数型”结构，再利用基本不等式来处理，得到如下求解方法.

(1)由$x-2y+3z=0$，消去y，得$\frac{y^2}{xz}=\frac{(x+3z)^2}{4xz}=\frac{x^2+9z^2+6xz}{4xz}=\frac{1}{4}\left(\frac{x}{z}+\frac{9z}{x}\right)+\frac{6}{4}\geqslant\frac{1}{4}\times 2\sqrt{9}+\frac{6}{4}=3$，当且仅当$x=3z$时取等号，故得$\frac{y^2}{xz}$的最小值为3.

(2) 由 $x^2-3xy+4y^2-z=0$，得 $z=x^2-3xy+4y^2$，则 $\frac{xy}{z}=\frac{xy}{x^2-3xy+4y^2}=\frac{1}{\frac{x}{y}+\frac{4y}{x}-3}\leqslant 1$，当且仅当 $x=2y$ 时取等号．此时 $z=2y^2$，$\frac{2}{x}+\frac{1}{y}-\frac{2}{z}=\frac{2}{y}-\frac{1}{y^2}=-\left(\frac{1}{y}-1\right)^2+1\leqslant 1$，当 $y=1$ 时取等号．所以所求式子最大值为1．

【设计意图】 借助变式3，让学生思考和探究，尝试求解，体会运用“消元”方法求解多元变量的条件最值问题，有时虽然烦琐，但在许多情形下是一种有效甚至不可或缺的方法，也是转化与化归思想的重要体现，在数学解题中有着广泛的应用，可以将二元转化为一元，三元转化为二元，……在许多情况下都非常奏效．这样的思维活动的经历，让学生真正理解“消元法”的本质和价值，帮助学生进一步熟练地掌握求解多元变量条件最值的思维方法和基本途径，积累起解决多元变量条件最值问题的经验，达到培养数学思维能力、提升数学核心素养的教学目标．

4．尝试应用，形成技能

师：下面给出几道题，请同学们独立求解，体会一下基本不等式在解题中的应用．

(1)已知 $x>0,y>0$，且 $2x+8y-xy=0$，求：①xy 的最小值；②$x+y$ 的最小值．

(2)若直线 $2mx-ny-2=0(m>0,n>0)$ 过点 $(1,-2)$，求 $\frac{1}{m}+\frac{2}{m}$ 的最小值．

(3)已知两个正数 x,y 满足 $x+y=4$，求使不等式 $\frac{1}{x}+\frac{4}{y}\geqslant m$ 恒成立的实数 m 的取值范围．

(4)已知 $a>0,b>0,c>2,a+b=2$，求 $\frac{ac}{b}+\frac{c}{ab}-\frac{c}{2}+\frac{\sqrt{5}}{c-2}$ 的最小值．

预案 指定4名同学上黑板板演，其他同学在座位上独立完成，教师检查和巡视，发现问题时给予提示和点拨，最后进行总结和评讲．

(1)①由 $2x+8y-xy=0$，得 $\frac{8}{x}+\frac{2}{y}=1$．又 $x>0,y>0$，则 $1=\frac{8}{x}+\frac{2}{y}\geqslant 2\sqrt{\frac{8}{x}\cdot\frac{2}{y}}=$

$\frac{8}{\sqrt{xy}}$，得$xy \geqslant 64$，当且仅当$\frac{8}{x}=\frac{2}{y}$，即$x=16$且$y=4$时等号成立，所以xy的最小值为64.

② 由 $2x+8y-xy=0$，得 $\frac{8}{x}+\frac{2}{y}=1$，则 $x+y=\left(\frac{8}{x}+\frac{2}{y}\right)(x+y)=10+\frac{2x}{y}+\frac{8y}{x} \geqslant 10+2\sqrt{\frac{2x}{y}\cdot\frac{8y}{x}}=10+8=18$. 当且仅当$\frac{2x}{y}=\frac{8y}{x}$，即$x=12$且$y=6$时等号成立，所以$x+y$的最小值为18.

（2）因为直线$2mx-ny-2=0(m>0,n>0)$过点$(1,-2)$，所以$2m+2n-2=0$，即$m+n=1$，所以$\frac{1}{m}+\frac{2}{n}=\left(\frac{1}{m}+\frac{2}{n}\right)(m+n)=3+\frac{n}{m}+\frac{2m}{n} \geqslant 3+2\sqrt{2}$，当且仅当$\frac{n}{m}=\frac{2m}{n}$，即$n=\sqrt{2}\,m$时取等号，所以$\frac{1}{m}+\frac{2}{n}$的最小值为$3+2\sqrt{2}$.

（3）令$t=\frac{1}{x}+\frac{4}{y}$，则$\frac{1}{x}+\frac{4}{y} \geqslant m$恒成立等价于$m \leqslant t_{\min}$. 由两个正数$x,y$满足$x+y=4$，得$t=\frac{1}{x}+\frac{4}{y}=\frac{1}{4}(x+y)\left(\frac{1}{x}+\frac{4}{y}\right)=\frac{1}{4}\left(1+\frac{4x}{y}+\frac{y}{x}+4\right) \geqslant \frac{9}{4}$，当且仅当$\begin{cases}\frac{4x}{y}=\frac{y}{x},\\ x+y=4,\end{cases}$ 即 $\begin{cases}x=\frac{4}{3},\\ y=\frac{8}{3}\end{cases}$ 时取等号，所以$m \leqslant t_{\min}=\frac{9}{4}$，即实数$m$的取值范围是$\left(-\infty,\frac{9}{4}\right]$.

（4）$\frac{ac}{b}+\frac{c}{ab}-\frac{c}{2}+\frac{\sqrt{5}}{c-2}=c\left(\frac{a}{b}+\frac{1}{ab}-\frac{1}{2}\right)+\frac{\sqrt{5}}{c-2}=\frac{c\left(2a^2+2-ab\right)}{2ab}+\frac{\sqrt{5}}{c-2}$，因为$a>0,b>0,c>2,a+b=2$，所以$2=\frac{(a+b)^2}{2}$，从而得$\frac{ac}{b}+\frac{c}{ab}-\frac{c}{2}+\frac{\sqrt{5}}{c-2}=\frac{c\left(5a^2+b^2\right)}{4ab}+\frac{\sqrt{5}}{c-2} \geqslant \frac{\sqrt{5}}{2}c+\frac{\sqrt{5}}{c-2}=\frac{\sqrt{5}}{2}(c-2)+\frac{\sqrt{5}}{c-2}+\sqrt{5} \geqslant \sqrt{10}+\sqrt{5}$，当且仅当$\sqrt{5}\,a=b,c=2+\sqrt{2}$时取等号. 故得最小值为$\sqrt{10}+\sqrt{5}$.

【设计意图】 上述4个在重点、疑点、难点、易错点、综合交汇点设置的由浅入深、层层递进的习题，能让学生通过联想学过的知识和方法，挖掘数学知识和方法之间的联系,独立思考,探索解决问题的方法和途径,展示解题的思维过程,使学生在解决问题的过程中进一步把握核心知识和思想方法,实现知识结构的补充、完善、深化、调整,同时,帮助学生深化对已有解题经验的认识和理解,在完善并丰富这些解题经验的基础上,将其内化为自己的新的知识、经验和能力,形成解题技能,使学生受益终身.

5.总结提炼,发展素养

师:又快到下课的时间了,请大家回忆一下本节课的学习过程,谈谈收获和体会.

(1)本节课研究的主要内容是什么?

(2)通过本节课的学习,你掌握了哪些知识和方法?有什么收获和体会?

(3)还存在什么疑问吗?你认为在哪些方面还需要继续做一些研究?

预案　学生回顾、讨论和反思,教师适时点拨、补充和完善.

研究内容:运用基本不等式求解多元变量的条件最值问题.

主要收获:

(1)深化了对基本不等式的认识和理解,基本不等式是求解最值和取值范围问题的有力工具,应用十分广泛.

(2)运用基本不等式求最值要注意,“一正”“二定”“三相等”,要认真审视和检查,三者缺一不可.

(3)掌握了求解多元变量最值问题的两个基本思路,一是“消元转化”,二是“整体处理”,能根据问题的条件特点灵活地加以选择.

(4)体会到数学思想方法是数学的灵魂,运用基本不等式求多元变量最值的过程中,函数与方程思想、化归与转化思想、数形结合思想发挥了不可低估的作用.

存在问题:

(1)在此问题中,基本不等式能不能反复运用?怎样保证不出差错?

(2)运用基本不等式求解最值问题,有时候需要凑成“和定”或“积定”,有什么规律和技巧?怎样才能“凑出来”?

教师肯定学生的想法,指出同学们提出的这些问题和疑问下节课继续研究,给学生留下悬念.

【设计意图】　教师设计的问题,引领学生从知识层面、方法层面、拓展层面,运用师生对话的方式,对本节课的学习过程进行回顾总结,帮助学生将学过的知识和方法建立起有机联系，形成完整的认知结构，使学生能够透过知识和方法的表象看出其本质，找到知识和方法的精华所在，达到复习、整理、巩固所学知识和方法、深化理解的作用，促成学生养成良好的学习习惯，为今后进一步学习奠定基础．同时，通过师生的对话、交流、反思和板书，学生学会用数学的眼光观察分析问题，用数学的思维思考解决问题，用数学的语言叙述表达问题，有效地提升了数学素养．

三、教学活动反思

在数学教学活动中，习题课是一类重要的课型，其主要目的是通过研究解题的方法和思路，掌握解题的策略，深化对所学知识、方法的认识和理解，完善学生的知识体系和认知结构，帮助学生夯实基础、消除困惑、纠正存在问题、形成数学技能，培养学生数学应用的意识和能力，提升数学核心素养．研究习题课的教学策略，做好习题课的教学设计，提高习题课的教学效果，是值得我们积极探索和认真研究的课题．

1．设计好问题，找准知识和方法的生长点

美国著名的数学教育学家G．波利亚曾形象地指出："好问题同某种蘑菇有些相像，它们都成堆地生长，找到一个以后，你应当在周围找一找，很可能附近就有好几个．"数学问题好比蘑菇，成堆同根地出现，教师应当以原题为出发点开展"蘑菇式"的变式解题教学．一个问题解决以后，让学生从解决过的问题出发，运用类比、联想、特殊化和一般化等思维方法，派生出一些常规问题或开放性问题，引领学生展开探究活动，实现问题的"成片开发"和"整体处理"，既可以让原本较为枯燥乏味的解题课堂变得充满生机，也能真正达到"讲一题，通一类，得一法"的教学目标，有效地提高习题课教学的效果．

数学习题课教学需要设计出一个"好问题"，以此作为梳理知识和训练方法的生长点，展开生动活泼的解题探究活动，为一节课的学习定向导航．本节课的设计，从一道来源于生产和生活实际的污水处理问题出发，首先引领学生在阅读理解题意的基础上建立起数学模型，引出"基本不等式的应用"这一研究话题，接着指导学生复习回顾基本不等式及其变式，揭示其本质和联系，深化对已学知识的认识和理解，再启发学生从不同的视角探究由实际问题抽象出来的数学模型的解决策略，得出求解二元变量条件最值问题的两种基本的解题之道："消元转化"和"整体处理"．紧张热烈的氛围，不但激发了学生的学习兴趣，完善了学生的认知结构，让学生体验和感悟了数学解题的思想和方法，为接下来要开展的探究活动奠定基础，而且培养了学生阅读理解和理性思维的能力，提升了学生直观想象、数学建模和数学运算等核心素养，促进了学生的长效发展和可持续发展.

2.组织好活动，把握思维和经验的发力点

我们知道“数学是训练思维的体操”，数学解题的过程是思维活动的过程，在具体问题的分析处理中，对解题方法的探索是伴随思维进行的①.要提高学生的解题能力，就必须使学生学会理性思维，积累起解题的经验.活动是思维的起点，是经验的源泉.这里的“活动”，是指根据学习需要而设计的观察和分析、试验和猜测、抽象和概括、讨论与交流、探究与发现、反思与建构等.一个好的教学活动，既能充分揭示数学知识的本质，使思维得到释放、发展，碰撞出绚丽的火花，又能激发学生的兴趣，使学生积极参与、充分交流，为学生提供良好的学习环境和问题情境，为学生获得更多的活动经验提供广阔的探索空间.习题课的教学设计，要注意在教学活动的组织上着力，给学生“思”的方法、“说”的权利、“问”的机会，通过活动帮助学生体会数学思想，掌握解题方法，学会理性思维，不断积累和升华解题的经验，形成解题的技能.

本节课摒弃“题型+技巧”“老师讲+学生听”的教学方法，立足于让学生学会学习，将学会思维、积累经验、形成技能作为发力点，设计了丰富多彩的教学活动.“思维是从疑问和惊奇开始的.”本节课首先从生产和生活实际出发，设计了一个具有挑战性的问题情境，让学生从问题情境中建立数学模型，再从探究数学模型的解题策略出发展开思维活动，思考不同的解题方法，接着紧扣学生在运用基本不等式求解多元变量最值问题时的思维障碍和易错点，引领学生借助已有的数学活动经验研究问题的变式和拓展，探讨变式和拓展问题的解题之道，总结提炼解题的规律，体验函数思想、等价转化思想、数形结合思想、消元方法、整体处理方法等数学思想方法的应用，尝试运用获得的解题经验完成自我训练题的解题过程，实现了“解一题、通一类”的目的.课堂上，学生从自己的探索过程中获得了丰富的学习体验，通过师生对话、动手操作、自主探究与合作交流等学习方式，实现了“慢中求悟、悟中求道”，通过问题的解决感悟了“题在书外、理在书内”的深刻道理，实现了对知识本质理解的大彻大悟，同时培养了思

① 杨利刚.呈现问题潜在价值，助力学生素养提升[J].中学数学月刊，2018(7)：42-44.

维的发散性、灵活性、深刻性、创造性和广阔性，积累了解题的经验，形成了解题的技能，领悟了解题的真谛，实现了知识的正迁移.

3.引领好思考，抓住能力和素养的提升点

《普通高中数学课程标准(2017年版)》中指出："高中数学教学以发展学生数学学科核心素养为导向，创设合适的教学情境，启发学生思考，引导学生把握数学内容的本质.提倡独立思考、自主学习、合作交流等多种学习方式，激发学习数学的兴趣，养成良好的学习习惯，促进学生实践能力和创新意识的发展."学生学习数学的过程是一个在教师的引领下进行思考的过程，无论是知识的理解还是相关思想方法的掌握，都必须经过一个内化的过程，这个内化过程需要学习者不断积极主动地思考才能获得.数学教学旨在培养学生的思维能力，使学生通过数学思考分析和解决问题，提高运用所学知识解决实际问题的能力.解决数学问题需要一定的解题经验，解题经验从哪里来？它离不开学习者的认真思考和逐步积累.史宁中教授认为：学会思考比解决问题更重要.学会思考的目的是为了解决问题，是否会思考可以通过解决问题来体现.也就是说，学会思考是解决问题的前提，解决问题是学会思考的途径和载体.学会思考是学习数学的本质，而解决问题只是某一个方面的具体体现.习题课教学要把让学生学会思考放在第一位，要让学生在对一个一个问题进行深入思考的过程中深化对知识和方法的理解，一点一点地熟悉解题的方法，积累解题的经验，形成解题的技能，逐步提高他们分析问题和解决问题的能力，提升数学学科核心素养①.

在解题教学中，怎样教会学生思考呢？思维从问题起！本节课从情境问题出发，引领学生思考问题的条件和结论，探索怎样建立数学模型.面对建立的数学模型，先让学生联想已经学过的基本不等式，从不同的角度思考解决数学模型的方法，找到问题的切入点，再让学生思考情境问题如何推广延伸和拓展变形，引导学生探索推广延伸和拓展变形后问题的求解规律、一般性结论以及问题求解的相异性，将问题用足、用尽、用好.教师通过提出"问题间有何异同""有什么联系""有何区别""基于原问题的思维和求解方法是什么""有什么规律"等问题，使学生产生疑问，形成思维碰撞，让学生在自己的质疑和提问以及教师发出的"是什么""为什么"和"怎么做"等不断的追问中，经过分析比较、质疑反思、联想借鉴、推理判断，探究出解决多元变量最值问题的方法和途径，总结提炼出

① 武云霞，申明生.解题教学"三基点"：以解析几何为例[J].中国数学教育(高中版)，2014(10)：6-10.

注意事项，实现巩固基础知识、完善认知结构、培养解题能力、训练数学思维、提升核心素养的教学目标.

习题课是高中数学教学中的重要课型，在高中数学教学中起着十分重要的作用.如何设计好习题课的教学活动，使学生通过习题课的教学，深化对数学基础知识和基本思想方法的认识和理解，在积累数学解题经验的基础上形成解题技能，发展数学思维，提高分析问题、解决问题的能力，提升数学核心素养，这是一个值得每一位高中数学教师持续探究的课题.让我们加强学习和研究，积极实践和探索，努力为学生的发展做出不懈的努力.

课例八

立足"三个理解",演绎教学精彩

——以"椭圆的习题课"的教学设计为例

一、教学情况分析

1.内容解读

椭圆是一种特殊的圆锥曲线,是整个解析几何部分中重要的基础知识.本节内容在整个解析几何的学习中具有承上启下的作用,一方面学生已经运用坐标法研究了直线和圆,通过对椭圆的定义、标准方程与几何性质的研究,可以进一步加深学生对坐标法的认识和理解;另一方面,这种研究方法对后面学习双曲线和抛物线同样适用,是解决圆锥曲线问题的一种有效方法.学好"椭圆"的内容,掌握研究椭圆问题的思想和方法,可以为整个解析几何内容的学习奠定坚实的基础.

本节课是在学生学习了苏教版数学教材选修2-1中专题二第2.1节圆锥曲线和第2.2节椭圆等知识的基础上,开设的一节习题课.在学生刚刚学习了椭圆的定义、标准方程和几何性质等知识之后,需要安排一节示范指导型的习题课,通过探求与椭圆相关问题的解题思路和方法,深化学生对椭圆的定义、标准方程和几何性质的认识和理解,帮助学生掌握解决解析几何问题的通性和通法,感悟在解决解析几何问题中所蕴含的数形结合、等价转化、分类讨论等数学思想,体会椭圆与人类的科研、生产及生活都有非常密切的关系,培养学生的思维能力,提升学生的数学素养.

2.学情剖析

从学生的已有知识和经验来看,他们已经学习了直线和圆、圆锥曲线和椭圆的有关知识,对椭圆的定义、标准方程和几何性质有了初步的了解,对用坐标法研究解析几何问题有了一定的认识,为本节课的学习提供了知识储备和能力保障.但是,对运用椭圆的定义、标准方程、几何性质去解决与椭圆有关的问题还不够熟悉,不能做到融会贯通,特别是运用定义解题的意识和能力还很欠缺,解决与椭圆有关的综合问题会显得束手无策,运算变形的能力还有待加强.本节课通过对一些与椭圆有关的问题特别是综合问题的讨论和研究,总结和提炼解决与椭圆有关的问题的思维途径和基本方法,渗透和挖掘数形结合、分类讨论、化归与转化等数学思想,培养学生的逻辑推理、数学运算等数学核心素养,提高学生综合运用所学知识分析问题、解决问题的能力.

3.目标定位

(1)通过对典型问题的分析和探究,学生深化对椭圆的定义、标准方程以及几何性质的认识和理解,体会椭圆知识的应用价值,能够较为灵活地运用椭圆的有关知识去分析和解决与椭圆有关的问题.

(2)通过对与椭圆有关的综合问题的解法探究和变式拓展,学生加深对数形结合、分类讨论和等价转化等数学思想方法的认识和理解,学会从理性的角度思考问题,优化思维品质,提高分析问题、解决问题的能力.

(3)通过自主探索、合作交流,学生亲身体验解题思路的发现过程,培养勇于探索、善于发现的精神,激发热爱数学和努力学好数学的信心,培养逻辑推理和变形运算的能力,提升数学核心素养.

4.教学重难点

教学重点:椭圆的定义、标准方程和几何性质的应用.

教学难点:椭圆、解三角形和平面向量等知识的综合应用.

5.教学策略

《普通高中数学课程标准(实验)》指出:“学生的数学学习活动不应只限于接受、记忆、模仿和练习,高中数学课程还应倡导自主探索、动手实践、合作交流、阅读自学等学习数学的方式.这些方式有助于发挥学生学习的主动性,使学生的学习过程成为在教师引导下的‘再创造’过程.”①基于这样的理念,本节课采用探究发现式的教学方式,用问题作为导向,在教师的启发引导下,以“椭圆的代数和几何性质的内在联系及其灵活应用”为基本探究内容,努力为学生提供充分自由表达、质疑、探究、讨论问题的机会,在知识和方法的形成、发展过程中展开思维,丰富学生的学习方式,改进学生的学习方法,逐步培养学生发现问

① 中华人民共和国教育部.普通高中数学课程标准(实验)[S].北京:人民教育出版社,2003:7.

题、探索问题、解决问题的能力和创造性思维.

二、教学过程设计

1.创设情境,提出问题

师:前面,我们学习椭圆及其标准方程,研究了椭圆的几何性质,请大家看下面的问题.(投影显示)

问题　已知点P在以坐标轴为对称轴的椭圆上,点P到两焦点的距离分别为$\frac{4\sqrt{5}}{3}$和$\frac{2\sqrt{5}}{3}$,过P作长轴的垂线恰好过椭圆的一个焦点,求椭圆的方程.

预案　学生回顾椭圆的定义和标准方程,探索问题的解法.

设椭圆两焦点为$F_1,F_2,PF_1=\frac{4\sqrt{5}}{3},PF_2=\frac{2\sqrt{5}}{3}$. 由椭圆的定义知,$2a=\frac{4\sqrt{5}}{3}+\frac{2\sqrt{5}}{3}=2\sqrt{5}$,即$a=\sqrt{5}$. 由$PF_1>PF_2$知$PF_2$垂直于长轴,所以在$\text{Rt}\triangle PF_2F_1$中,有$4c^2=PF_1^2-PF_2^2=\frac{60}{9}$,即$c^2=\frac{5}{3}$,于是$b^2=a^2-c^2=\frac{10}{3}$.

由于所求的椭圆焦点既可以在x轴上,又可以在y轴上,故可得所求椭圆的标准方程为$\frac{x^2}{5}+\frac{3y^2}{10}=1$,或$\frac{3x^2}{10}+\frac{y^2}{5}=1$.

【设计意图】　通过一个具有一定挑战性的问题创设情境,让学生通过对问题的分析,回忆椭圆的定义、标准方程、几何性质以及椭圆中参数a,b,c之间的关系,在探究问题解决的过程中感受椭圆的定义、标准方程与几何性质在解题中的重要作用,帮助学生深化对椭圆有关知识的认识和理解,激活学生的思维,为课堂活动的展开营造出一个良好的氛围.

2.梳理知识,夯实基础

师:请大家回忆一下:什么是椭圆?椭圆的标准方程是什么?我们研究了椭圆的哪些几何性质?是如何研究的?

预案　学生回忆后,组织交流,填写下面的表格,教师在点评和讲解中加以完善,并用多媒体投影展示.

<table>
<tr><th>项目</th><th colspan="2">具体内容</th></tr>
<tr><td>定义</td><td colspan="2"></td></tr>
<tr><td>标准方程</td><td></td><td></td></tr>
</table>

续 表

项目		具体内容	
图形			
几何性质	范围		
	对称性		
	顶点		
	焦点		
	长轴长		
	短轴长		
	离心率		
参数 a,b,c 的关系			

【设计意图】 填表的方式，可以引领学生回顾和梳理学过的椭圆的有关内容及其研究的过程，加强对椭圆的有关知识的记忆，深化对椭圆的定义、标准方程、几何性质等本质特征的认识和理解，厘清它们之间的内在联系，帮助学生建立起较为完整的知识体系，优化认知结构，为下面研究椭圆知识的应用提供知识和方法的保障，奠定坚实的基础.

3.变式探究，训练思维

师：下面我们通过对有关问题的解法的研究，体会椭圆知识的应用和解决椭圆问题的思维方法.

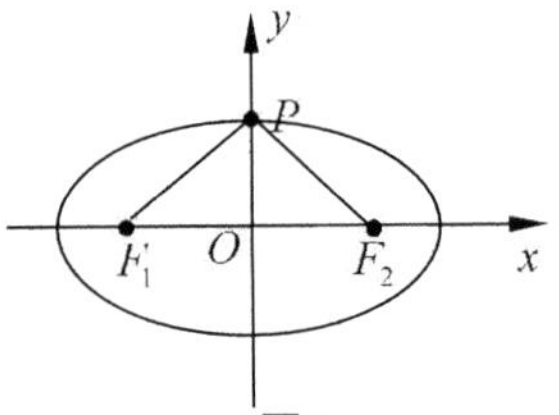

图1

例题 （苏教版数学教材选修 2-1 第 37 页第 10 题）如图 1，已知椭圆 $\frac{x^2}{a^2}+\frac{y^2}{b^2}=1(a>b>0)$ 的两个焦点分别为 F_1,F_2，短轴的一个端点为 P.

(1)若 $\angle F_1PF_2$ 为直角，求椭圆的离心率；

(2)若 $\angle F_1PF_2$ 为钝角，求椭圆离心率的取值范围.

预案 引导学生画出图形，在认真分析题意的基础上，根据离心率的定义，探求问题的求解方法.如图，由椭圆的对称性，知 $PF_1=PF_2=a$.

(1)若 $\angle F_1PF_2$ 为直角，则 $\angle OF_2P=45°$，$e=\frac{c}{a}=\frac{OF_2}{PF_2}=\cos45°=\frac{\sqrt{2}}{2}$.

(2)若 $\angle F_1PF_2$ 为钝角，有下列思路：

思路1　由 $\angle F_1PF_2$ 为钝角，得 $0° < \angle OF_2P < 45°$，得 $\frac{\sqrt{2}}{2} < \cos\angle OF_2P = \frac{c}{a} < 1$，即 $\frac{\sqrt{2}}{2} < e < 1$.

思路2　$P(0,b)$，$F_1(-c,0)$，$F_2(c,0)$，由 $\angle F_1PF_2$ 为钝角，得 $\overrightarrow{PF_1}\cdot\overrightarrow{PF_2} < 0$，所以 $(-c,\ -b)\cdot(c,\ -b) < 0 \Rightarrow -c^2 + b^2 < 0 \Rightarrow b^2 < c^2 \Rightarrow a^2 - c^2 < c^2 \Rightarrow a^2 < 2c^2 \Rightarrow e^2 < \frac{1}{2}$，又 $0 < e < 1$，所以 $\frac{\sqrt{2}}{2} < e < 1$.

【设计意图】　离心率是椭圆的一个几何性质，求离心率和离心率取值范围是椭圆中的常见题型. 通过本例，学生探索和交流解法，总结出求离心率和离心率取值范围的一般方法：求离心率的关键是找出基本量 a,b,c 之间的等量关系，而求离心率取值范围的关键是基本量 a,b,c 之间的不等关系. 研究本例使学生认识到把图形信息转化为数学关系式是一种重要的能力和素养，体会到解决数学问题要充分利用图形，运用好数形结合的思想.

变式1　已知椭圆 $\frac{x^2}{a^2} + \frac{y^2}{b^2} = 1(a > b > 0)$ 的两个焦点分别为 F_1，F_2，若椭圆上存在一点 P.

(1)使 $\angle F_1PF_2$ 为直角，求椭圆离心率的取值范围；

(2)使 $\angle F_1PF_2$ 为钝角，求椭圆离心率的取值范围.

预案　启发学生抓住“椭圆上存在一点 P”和“$\angle F_1PF_2$ 为直角(钝角)”进行分析，探索解决问题的思路.

怎么理解“椭圆上存在一点 P”呢？(如图2)首先“点 P 要在椭圆上”，有两种思考：一是设点 $P\left(x_0, y_0\right)$，则 $\frac{x_0^2}{a^2} + \frac{y_0^2}{b^2} = 1$，且 $|x_0| \leqslant a$；二是 $PF_1 + PF_2 = 2a$，且 $a - c \leqslant PF_1 \leqslant a + c$.

而“存在”，也就是“有”的意思，能找到点即可.

(1)怎么理解“$\angle F_1PF_2$ 为直角”呢？有以下几种视角：

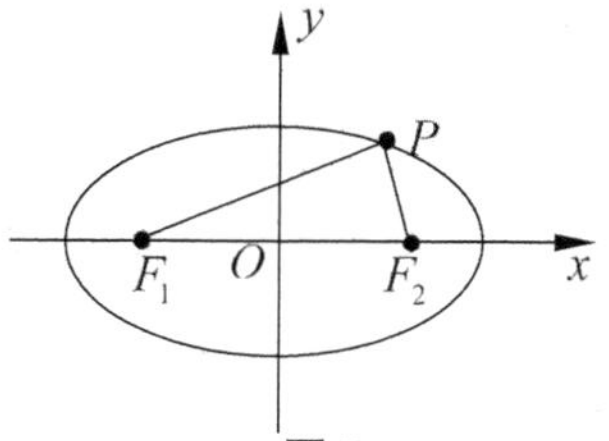

图2

①勾股定理，$PF_1^2 + PF_2^2 = F_1F_2^2$；

②直线斜率，$k_{PF_1} \cdot k_{PF_2} = -1$；

③向量运算，$\overrightarrow{PF_1}\cdot\overrightarrow{PF_2} = 0$；

④圆的直径，直径所对的圆周角为直角.

以视角①为例，结合椭圆的定义，可得解法如下：

在 Rt$\triangle F_1PF_2$ 中，由勾股定理，可得 $F_1F_2^2 = PF_1^2 + PF_2^2 = \left(PF_1 + PF_2\right)^2 - 2PF_1 \cdot PF_2 \geqslant \left(PF_1 + PF_2\right)^2 - 2\left(\dfrac{PF_1 + PF_2}{2}\right)^2$，当且仅当 $PF_1 = PF_2$ 时等号成立.

又 $PF_1 + PF_2 = 2a$，$F_1F_2 = 2c$，所以 $(2c)^2 \geqslant (2a)^2 - 2a^2$，即 $2c^2 \geqslant a^2$，所以 $e^2 \geqslant \dfrac{1}{2}$. 因为 $0 < e < 1$，所以 $\dfrac{\sqrt{2}}{2} \leqslant e < 1$.

(2) 对"$\angle F_1PF_2$ 为钝角"的理解，通常有两种视角：一是余弦定理，$\cos\angle F_1PF_2 < 0$；二是向量运算，$\overrightarrow{PF_1} \cdot \overrightarrow{PF_2} < 0$. 运用余弦定理和椭圆定义，可得解法如下：

在 Rt$\triangle F_1PF_2$ 中，由余弦定理，得 $\cos\angle F_1PF_2 = \dfrac{PF_1^2 + PF_2^2 - F_1F_2^2}{2PF_1 \cdot PF_2}$. 因为 $\angle F_1PF_2$ 为钝角，所以 $\cos\angle F_1PF_2 < 0$，即 $PF_1^2 + PF_2^2 - F_1F_2^2 < 0$，即 $\left(PF_1 + PF_2\right)^2 - 2PF_1 \cdot PF_2 < F_1F_2^2$，因为 $PF_1 + PF_2 = 2a$，$F_1F_2 = 2c$，所以 $4a^2 - 2PF_1 \cdot PF_2 < 4c^2$，即 $2a^2 - 2c^2 < PF_1 \cdot PF_2$.

因为 $PF_1 \cdot PF_2 \leqslant \left(\dfrac{PF_1 + PF_2}{2}\right)^2 = a^2$，当且仅当 $PF_1 = PF_2$ 时等号成立，所以 $2a^2 - 2c^2 < a^2$，即 $a^2 < 2c^2$，所以 $e^2 > \dfrac{1}{2}$. 因为 $0 < e < 1$，所以 $\dfrac{\sqrt{2}}{2} < e < 1$.

【设计意图】 通过例题的探究，学生已经有了求椭圆离心率的取值范围的初步体验，这里在将例题中的"短轴的一个端点为 P"变为"椭圆上存在一点 P"，其余不变的情形下，引领学生从不同的角度探索解决问题的方法和途径：一方面进一步帮助学生体验求椭圆离心率的取值范围的关键在于结合图形特征构造椭圆中参数 a, b, c 之间的不等关系，积累起解题的经验；另一方面，让学生在不同解法的探讨和交流中，建立起知识之间的联系，深化对椭圆的几何性质的理解.

变式2 已知椭圆 $\dfrac{x^2}{a^2} + \dfrac{y^2}{b^2} = 1(a > b > 0)$ 的两个焦点分别为 F_1, F_2，点 P 在椭圆上运动，$\angle F_1PF_2$ 能取到最大值吗？如果能，试确定点 P 的位置；如果不能，请说明理由.

预案 变式1的探究过程已经很好地解决了存在点 P 的问题，其实还可以进一步探究，当点P在椭圆上运动时，$\angle F_1PF_2$的变化情况．学生通过直接观察能够发现，当点P从左向右移动时，$\angle F_1PF_2$先变大，再变小，当点P位于椭圆的上（或下）顶点时，$\angle F_1PF_2$最大．教师可通过几何画板进行演示，验证学生的发现．在此基础上，引领学生思考和探究所发现结论的证明途径．

结论：$\angle F_1PF_2$能取到最大值，且取到最大值时，点P位于椭圆的上（或下）顶点处．证明如下：

由椭圆的定义知，$PF_1+PF_2=2a$，在$\triangle F_1PF_2$中，$\angle F_1PF_2\in(0,\pi)$，由余弦定理，得

$$\cos\angle F_1PF_2=\frac{PF_1^2+PF_2^2-F_1F_2^2}{2PF_1\cdot PF_2}=\frac{\left(PF_1+PF_2\right)^2-2PF_1\cdot PF_2-F_1F_2^2}{2PF_1\cdot PF_2}$$

$$=\frac{4\left(a^2-c^2\right)-2PF_1\cdot PF_2}{2PF_1\cdot PF_2}$$

$$=\frac{4b^2}{2PF_1\cdot PF_2}-1\geqslant\frac{4b^2}{2\left(\frac{PF_1+PF_2}{2}\right)^2}-1=\frac{2b^2}{a^2}-1,$$

当且仅当$PF_1=PF_2$时，等号成立．

此时，由椭圆的对称性知，点P位于椭圆的上（或下）顶点处．

因为余弦函数在区间$(0,\pi)$上是单调递减函数，所以，当$PF_1=PF_2$时，即点P位于椭圆的上（或下）顶点处时，$\angle F_1PF_2$取得最大值．

【设计意图】　在变式1的基础上，设计出这样一道具有开放性的变式问题，引领学生观察、思考、探究、发现，尝试求解，体会运用运动与变化的观点处理问题的方法，使学生深度理解解析几何的本质，进一步感受解决解析几何中的最值与范围问题的处理方法，学会借助直观分析发现问题，通过理性思考解决问题．在此基础上，让学生借助本题的结论，再回过来看变式1，通过控制角的变化，使$\angle F_1PF_2\geqslant 90°$和$\angle F_1PF_2>90°$来实现求解，初步体验"以静制动"的思维方法，达到培养数学思维能力、提升数学核心素养的目的．

变式3　如图3，已知椭圆$\frac{x^2}{9}+\frac{y^2}{4}=1$的两个焦点分别为$F_1,F_2$，点$P$在椭圆上运动．

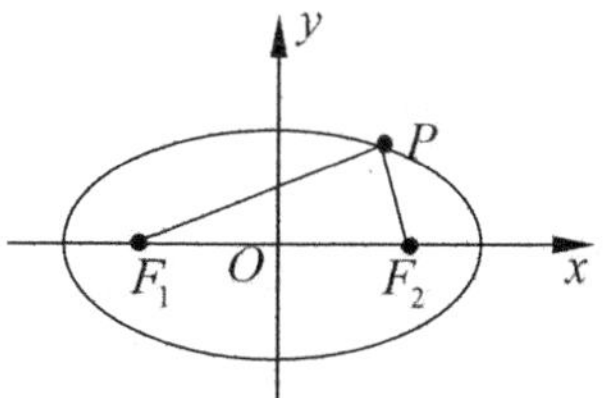

图3

（1）若$\angle F_1PF_2$为直角，求点P的横坐标；

(2)若$\angle F_1PF_2$为钝角，求点P的横坐标的取值范围.

预案 学生思考，教师点拨，启发学生从不同的角度探索其解法，并组织学生进行交流.

(1)思路1 设$PF_1=m$，$PF_2=n$，在$\mathrm{Rt}\triangle F_1PF_2$中，利用椭圆定义和勾股定理，可得$\begin{cases}m+n=6,\\ m^2+n^2=20,\end{cases}$求出$mn=8$，再利用等面积法求出点$P$的纵坐标，最后代入椭圆方程，即可求出点$P$的横坐标为$x_P=\pm\dfrac{3\sqrt{5}}{5}$.

思路2 由$\angle F_1PF_2$为直角，知点P必在以F_1F_2为直径的圆O: $x^2+y^2=5$上，又点P在椭圆$\dfrac{x^2}{9}+\dfrac{y^2}{4}=1$上，解方程组$\begin{cases}x^2+y^2=5,\\ \dfrac{x^2}{9}+\dfrac{y^2}{4}=1,\end{cases}$消去$y$可得点$P$的横坐标为$x_P=\pm\dfrac{3\sqrt{5}}{5}$.

思路3 构造向量，由$\angle F_1PF_2$为直角，知$\overrightarrow{PF_1}\cdot\overrightarrow{PF_2}=0\Rightarrow x_P^2+y_P^2=5$，又$\dfrac{x_P^2}{9}+\dfrac{y_P^2}{4}=1$，以下同思路2.

(2)思路是先找出$\angle F_1PF_2$为直角时点P的位置，再结合图形观察获得结果，如图4.

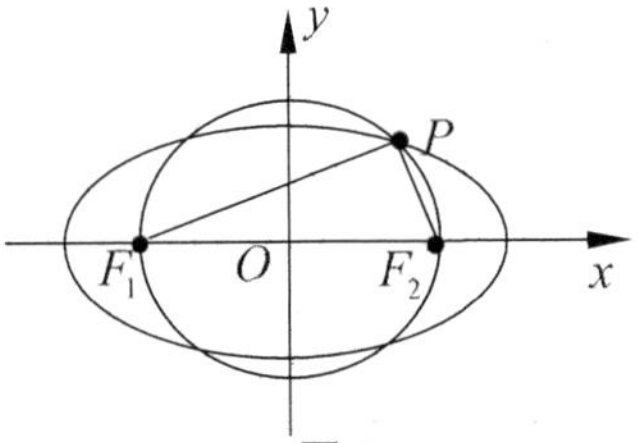

图4

同(1)求得$x_P=\pm\dfrac{3\sqrt{5}}{5}$，结合图形分析，得当$\angle F_1PF_2$为钝角，点$P$的横坐标的取值范围是$-\dfrac{3\sqrt{5}}{5}<x_P<\dfrac{3\sqrt{5}}{5}$.

同上述思路3，运用向量方法，$\angle F_1PF_2$是向量$\overrightarrow{PF_1}$，$\overrightarrow{PF_2}$的夹角，由$\angle F_1PF_2$为钝角，可得$\overrightarrow{PF_1}\cdot\overrightarrow{PF_2}<0$，于是，有$x_P^2+y_P^2<5$，①

又由$\dfrac{x_P^2}{9}+\dfrac{y_P^2}{4}=1$，得$y_P^2=4\left(1-\dfrac{x_P^2}{9}\right)$，代入①消去$y_P$，解得$-\dfrac{3\sqrt{5}}{5}<x_P<\dfrac{3\sqrt{5}}{5}$，即点$P$的横坐标的取值范围是$-\dfrac{3\sqrt{5}}{5}<x_P<\dfrac{3\sqrt{5}}{5}$.

追问 若$\angle F_1PF_2$为锐角，怎样求点P的横坐标的取值范围？

学生观察图形,很容易得出结果:$-3 < x_P < -\frac{3\sqrt{5}}{5}$,或$\frac{3\sqrt{5}}{5} < x_P < 3$.

【设计意图】　由"求离心率的值和取值范围"变成"求点P的横坐标和横坐标的取值范围",从"$\angle F_1PF_2$为直角"变成"$\angle F_1PF_2$为钝角",再变成"$\angle F_1PF_2$为锐角",通过这种循序渐进的变式探究,由浅入深,由易到难,把学生的学习活动逐步引向深入,推向高潮.教师在利用这些变式问题引领学生展开探究活动的过程中,为学生提供对"解法"的思考和"过程"的探索的机会,启迪学生的思维,使学生学会运用数形结合、等价转化等数学思想方法处理和解决问题,帮助学生弄清知识和方法间的联系,深化他们对知识和方法的认识与理解,提高灵活运用所学知识分析问题和解决问题的能力①.

4.总结提炼,发展素养

师:请同学们回忆一下本节课的学习过程,谈谈你的收获和体会.

(1)本节课研究的主要内容是什么?

(2)通过本节课的学习,你掌握了哪些方法?

(3)你有哪些收获和体会?

预案　引导学生从知识的理解、方法的掌握和思想的体会等方面进行总结和回顾、讨论和反思,对课堂教学活动进行归纳和梳理.

研究主题:椭圆的定义、标准方程和几何性质及其应用.

解题方法:

(1)求椭圆标准方程的基本方法:一定位,二定量.

(2)求椭圆离心率的基本方法:一是求出a和c,再代入公式$e=\frac{c}{a}$,直接计算;二是建立a和c的等量关系,通过解方程求出$e=\frac{c}{a}$.

(3)椭圆中有关最值与范围问题的求解方法:一是建立函数关系转化为求函数的最值和值域来处理,二是建立不等关系通过解不等式(组)来解决.

主要体会:

(1)概念是解题的重要依据,要深化对数学概念的认识和理解,学会用定义分析和解决问题.

(2)要重视对图形的分析和利用,灵活地运用方程思想、数形结合思想和等

① 张龙伍.通过变式探究,提高教学效能:一堂椭圆习题课的教与思[J].中小学数学(高中版),2015(7):33-36.

价转化思想等数学思想方法解决问题.

(3)要注意椭圆与解三角形、平面向量以及函数、方程、不等式之间有着广泛的联系,要学会这些知识的综合运用.

【设计意图】 学生在经历以上数学活动后,所获得的知识技能是孤立的、散乱的,教师通过设计的问题,运用对话的方式,引领学生从知识、方法和思想三个层面,对本节课的学习过程进行回顾和反思、归纳和梳理,帮助学生将学过的知识和方法建立起有机的联系,形成完整的认知结构,使学生对所获得的数学活动经验系统化、清晰化,增强学生对数学知识、技能、数学思想、活动经验的理解和再认识,内化为自己的经验,形成解题的技能,提高学生分析问题和解决问题的能力,提升学生的数学核心素养.

三、教学活动反思

著名数学教育家G.波利亚说过:"中学数学的首要任务就是加强解题训练."习题课是进行解题训练的重要课堂形式,其核心价值就是强化学生对数学知识的理解和掌握,帮助学生感悟数学思想方法,促进学生积累解题活动经验,发展学生的数学思维,提升学生的数学核心素养.理解数学、理解学生、理解教学是教师专业发展的三大基石,也是数学教学质量的根本保证.在习题课教学中,如何设计好教学内容,组织好教学活动,引领学生走上理解之路,让学生在理解的基础上学会解题,是一个值得我们每一位数学教师认真思考的问题.

1.理解数学——站在系统的高度整体设计教学内容

理解数学是进行课堂教学的前提.作为教师,只有清晰地知道课堂上要"教什么",理解所教的知识"是什么",才能准确地确定教学目标,科学地设计教学内容."我们要强调数学知识及其蕴含的思想方法教学的重要性,无知者无能,在对数学知识没有基本理解时就进行解题训练是盲目的,也是注定低效的.解题训练应针对概念的理解和应用,让学生养成从基本概念出发思考问题、解决问题的习惯.另外,解题的灵活性来源于概念的实质性联系,技巧是不可靠的,因此要加强概念的联系性,从概念的联系中寻找解决问题的新思路."[①]理解数学,就是要从整体上把握数学的知识结构,准确地把握知识产生的背景、在教材中的地位、与前后知识之间的联系以及在后续学习中的必要性和用途等,有效

① 章建跃.理解数学,理解学生,理解教学[J].中国数学教育(高中版),2010(12):3-7.

地挖掘数学知识所蕴含的数学思想方法、理性精神和价值观资源.这样才能制定切实可行的教学目标,创设"彰显数学内容本质,提高数学核心素养"的有效数学活动.

椭圆是一种重要的圆锥曲线,在解析几何的学习中具有承上启下的作用,其知识的生成、应用及解题方法对后续双曲线、抛物线的学习具有很好的示范引领作用.本节课不追求题型的丰富和多样,而是站在系统的高度进行整体设计,通过一个基本问题创设情境,引发学生在思考中回忆椭圆的定义及其应用和标准方程的求法,由此组织学生通过填表的方式复习梳理椭圆的有关知识,构建起知识网络;然后运用课本中以椭圆的焦点三角形为背景的一道习题,围绕椭圆的一个重要的几何性质——离心率及其范围的求解方法,引领学生从不同的角度进行变式探究,让学生体会解析几何中"运用代数方法解决几何问题"的核心思想,使学生在运用数学知识解决问题的过程中把握其本质、建立联系、深化理解,完善认知结构,提炼函数与方程、数形结合、等价转化等数学思想方法,形成对解决解析几何问题的整体认识,为进一步学习双曲线和抛物线的内容奠定基础.

2.理解学生——立足学生的思维生长探索解题思路

在课堂教学中,学生是学习的主体,这已经成为我们的共识.只有"理解学生",才能解决"怎么教"的问题.习题课教学,为了进行解题的训练,必须基于学生已有的知识、经验等基础,明确学生"已经知道了什么",在将要解决的问题中,可能遇到的"困难和障碍是什么",以及对于将要解决的问题是如何展开"思考"的等[①].理解学生,就是要研判学生已有的知识、经验,明确学生的"已有认知水平",要充分认识当前的数学知识与学生的生活经验和已有认知基础的联系,预设学习中学生可能遇到的思维障碍以及怎样做好铺垫等,教师只有弄清后才能在教学中做到有的放矢.习题课教学的设计,要站在学生的立场和视角,在学生思维的"最近发展区"引领思考,放手让学生自己探索解题的思路,只有学生自己切身感受和体验,才能产生深刻的印象,形成有效的解题技能,在数学思考、问题解决和情感态度等方面得到真正的发展.

本节课的教学,是在学生有了研究直线和圆的经验、学习了椭圆的有关知识的基础上展开的,学生有了运用代数方法解决几何问题的体验,对于方程思

① 孙朝仁,茅雅琳."平均数"教学实录及评析:基于"理解数学、理解学生、理解教学"的视角[J].中学数学杂志,2015(8):28-30.

想、数形结合思想在解析几何中的应用也有了较为清晰的认识，这些为本节课的展开奠定了基础.但是，如何灵活地运用椭圆的定义，准确地建立椭圆的标准方程以及综合运用解析几何、解三角形、平面向量等知识有一定的困难.教学中，笔者充分认识到这一点，围绕这些问题做了精心的预设.教学中没有采用直接告知和反复操练的方式，而是遵循学生的认知基础和思维特点，引领学生进行自主探究，在学生遇到困难、产生障碍时及时点拨、提示、质疑和追问.例如，对“直角”和“钝角”可以从哪些方面入手思考？改为“锐角”呢？对“椭圆上存在点P”如何理解？等等，以学定“问”，让学生融入课堂，真正做到思维上的参与，通过有效的师生互动，及时地对话交流，使学生在独立思考、主动探究的基础上，自然而然、水到渠成地获得解题的思路，形成解题的技能，学会数学思考，提升了核心素养.

3.理解教学——让课堂活动在变式探究中绽放精彩

教学活动是师生积极参与、交往互动、共同发展的过程.数学教学应当是以核心知识为载体，以学生发展为最终目标，在原有知识经验基础上让学生主动构建的过程；更是课堂上充分展示学生的再创造，让学生真正参与课堂，形成主动学习的内驱力，使数学核心素养彻底落实的过程.数学教学应该通过师生互动，根据学生的思维水平，创造合适的问题任务和学生活动，给学生自己体验、思考、主动再创造数学知识的机会，避免“告知式”的教学行为.理解教学，就是要灵活选择教学活动的组织方式，使课堂教学变得流畅、自然、灵动，学生学习的兴趣和求知的欲望得到保护和激发，在学生获得积极的情感体验之中，达成教学目标.教之道在于“调”，学之道在于“悟”，教师要能够运用适时点拨、恰当引导、机智提问、生动的表情等手段调动学生积极思考，引导学生从不同角度去看待问题、分析问题和思考问题，让学生自己将知识、方法和思想悟出来.

在本节课的教学中，笔者根据对学生已有认知的分析，紧紧围绕学生对知识和方法理解的困惑设计教学活动，针对学生不习惯运用椭圆的定义解题、求椭圆的标准方程时忽略定位分析，以及求离心率与点坐标范围时不会构造不等关系等问题，设计教学活动.教学活动以“变式探究”的方式为主，通过“提出问题—解决问题—生成新问题—解决问题—生成新问题”的过程，运用层层递进式的设计将一个烦琐的问题通过对几何特征的挖掘，逐步转化为学生熟悉的问题模型，使学生在运用所学知识从多个角度思考问题、解决问题的过程中，掌握解析几何问题的研究方式：代数研究几何、几何辅助代数.学生对“观察图形，启发思考，引领方向”有了更为深刻的认识，获得真正意义上的理解，在积累解题经验、提高解题能力、实现思维自然生长的同时，增强了数学学习的信心，培养了数学学习的兴趣，使课堂在变式探究的过程中充满活力，绽放精彩.

总之，在习题课的教学中，教师要落实新课标的理念，关注教学内容、教学理论和教学实践的有机结合，立足于“三个理解”，结合教材精心设计教学内容，以典型例题为载体展开教学活动，为学生营造良好的数学教育环境，引领学生梳理知识结构，构建知识网络，复习基本技能，体会知识的发生、发展过程.教师要在结构上逐步深入、层层递进，使学生学会从知识的本质特性和内在联系上认识数学，从思想的渗透和方法的选择上优化解题策略，在深入思考和自主探究的过程中发展理性思维，帮助学生积累解题活动的经验，形成数学解题的技能，提高数学解题的能力，跳出题海、学会学习，使课堂精彩灵动、本真高效.

专题五　单元复习课的教学设计

数学单元复习课，是指在一个单元的新课教学结束后，教师专门引导学生对这一个单元所学的数学知识、数学思想、数学方法进行梳理、归类、对比、总结、理解、巩固和应用，借以沟通本单元知识间的纵横联系，进而形成知识系统，以便帮助学生巩固所学内容，提高综合运用数学知识、数学思想和数学方法分析问题、解决问题的能力．单元复习课在高中数学教学中占据着独特地位，它是知识学习的高级阶段，在数学知识的整合与理解、解题策略的构建与内化、思维能力的形成与提升等方面都起着重要作用①.

一、单元复习课的功能分析

与新授课相比，单元复习课所面临的教学条件和教学目标存在着明显的差异，它所涉及的是学生已经学过的知识，应重点解决新授课知识学习分散带来的不足，以查漏补缺、温故知新、优化知识结构和提升思维能力为主要目的．作为一种独立课型，其主要的教学任务包括：梳理知识、深化理解和综合应用三个方面．其一，单元复习课要在知识回顾的基础上，加深知识之间的联系，通过对所学内容的深层次加工进一步促进知识的结构化、网络化和系统化，逐步实现数学学习从"由薄到厚"向"由厚到薄"的过渡．其二，单元复习课要在重新审视已有认知的基础之上，进一步深化和完善对知识内涵的认识和理解，升华数学思想和数学方法．其三，单元复习课更需要通过对知识进行综合应用，进一步培养学生分析问题和解决问题的能力．

其教学功能主要有以下几个方面：

1.达成知识的生长

复习回顾数学的基础知识和基本技能，达成数学知识和技能的生长是数学

① 李柏青．复习课单元整体教学设计的实践与思考[J]．数学通报，2013(3)：31-36.

单元复习课的首要功能.数学单元复习课要在教师的引领下,对本单元的知识内容进行再学习活动,以唤起学生的已有经验.帮助学生完整地、系统地梳理、归纳和概括本单元的基础知识和基本技能的学习活动,可以使学生弄清本单元知识在整个高中数学学习中的地位和作用,明确本单元知识的重点、难点和关键点,找出自己知识掌握的薄弱环节,把握基础知识、基本技能之间的异同和内在联系,理解核心知识的内涵、外延及其本质属性.将整个单元所学的内容串联起来就要站在整个高中数学知识体系的高度阐明本单元的内容与其他已学过的章节知识的联系,使学生头脑中的知识能够"连成线、结成网",脉络清晰、结构分明,便于在解决问题时提取,完善学生的认知结构,达成知识的合理迁移和有效生长.

2.促进思维的发展

美国著名教育家杜威曾经说过,"学习就是要学会思维","教育在理智方面的任务是形成清醒的、透彻的、细心的思维习惯".由此可见,教育教学的一个重要任务是培养学生的思维能力,而数学是思维的科学,理应在发展学生的思维方面承担更大的责任.数学教育的核心任务就是在学习和应用数学的过程中,以发展学生的思维为中心,培养学生对事物进行理性思维的习惯和品质,使其逐步形成运用科学的思维方式认识和解决问题的能力.数学单元复习课对于提高学生思维品质、让学生学会理性思考、促进学生的思维发展起着不可低估的作用.数学单元复习课的教学过程就是通过知识的梳理、例题的探究和课堂的训练以及总结反思的教学活动,充分还原数学家的思维过程,展现教师的思维过程,暴露学生的思维过程,让学生学会概括、归纳、类比、推理的思维方法,促进思维的有效发展.

3.实现能力的提升

单元复习课是高中数学教学中的一种重要课型,实施数学单元复习课的教学,其目的不仅仅是帮助学生梳理知识、训练思维,更重要的是在知识的梳理和运用过程中,提升学生综合运用和灵活运用所学知识分析问题和解决问题的能力."能力的提升"是数学单元复习课的落脚点和归宿.实施数学单元复习课的教学,教师不仅要对已经学过的知识进行全面的梳理,帮助学生构建起系统的知识网络,而且还要通过精心创设的情境和问题进一步启发学生思路,让学生掌握学习方法、总结解题规律,从而更加系统地理解数学知识.在这个过程中,学生联想数学的基础知识,运用数学的思想方法,从"问题解决"的角度去审视研究对象，探索问题解决的思路、方法和途径，归纳和总结问题解决的规律，达到举一反三和触类旁通的目的，从而在潜移默化中完成知识和方法的迁移，实现数学能力的提升．

二、单元复习课的设计原则

如前所述，数学单元复习课是使学生进一步理解、掌握、巩固和运用本单元所学知识的系统化过程，其目的是巩固、梳理本单元中已学的知识、思想和方法，引导学生把各知识点分类整理，形成知识的网络，构建完整的知识体系，熟练掌握基础知识和基本技能，起到“查漏补缺”的效果，进一步发展学生的思维能力．为了充分发挥数学单元复习课的教学功能，在设计数学单元复习课时，要坚守以下几个原则：

1.遵循“规律”的原则

数学的学科特征决定了数学教与学都要按照自身的规律与特点开展，因为数学单元复习课是复习课的一种，所以教师预设的教学目标不能过低，让学生不加思考就可以实现目标，这是一种效果低下的复习行为，无法充分激发学生对于知识的求知欲望；可是也不能过分提升教学目标，使得教学设计最终脱离了学生思维实际与知识水平，这样会极大挫伤学生学习的积极性．所以，在进行教学设计时，必须遵循学生的认知规律和数学的教学规律．教师要全面了解学生，掌握学生的实际情况，不仅要知道学生对于知识的了解情况，同时也要关注学生之间的学习差异及心理特征，预测学生复习过程中将会遇到的各种思想障碍及知识屏障，这样，教学工作开展的时候教师才可以适宜而又适时地找到复习的核心与要点问题，使得学生能够在系统复习本单元已学知识的基础上学会温故知新，促进知识的生长．

2.强化“基础”的原则

单元复习课的第一要务就是强化对基础知识和基本技能的复习．俗话说：“温故而知新”，熟练掌握知识需要不断复习．复习，常常潜藏着更深的知识价值，经过一段时间的学习积累，学生对知识的重新认识就可能高于新授时的认识．“温故”是复习课的第一任务，但不能将已学过的知识重复讲一遍，而应重在查缺补漏，重点放在学生的易错点和知识盲区；“知新”是将旧知识进行整理、概括,纳入新的知识框架,构建新的知识网络[①].要结合单元复习的目标,针对学生在学习过程中存在的问题和薄弱环节,引导学生全面、系统地回忆所学的内容和方法,使学生明确概念的内涵和外延,熟练掌握各种概念之间的联系,形成良好的数学知识结构,做到不但知其然,更知其所以然,达到堵漏补缺、澄清疑难,强化基础知识的理解、基本方法的掌握和基本技能形成的功效.

3.贯彻“主体”的原则

美国著名心理学家奥苏伯尔认为,学习者必须积极主动地使新旧知识不断分化重新组织,才能转化为自己的认知结构,学生的有意义学习是一个主动的过程.无论是新授课还是复习课,学生的数学学习活动都应当是一个生动活泼的、主动的和富有个性的过程.单元复习课的教学设计,要注意把复习课的自主权还给学生,真正改变学生的被动地位,充分发挥学生的自主性,让学生积极、主动地参与复习的全过程.特别是要让学生参与数学知识与方法的归纳整理和解题方法与思路的探究和解决的过程,要充分暴露学生的思维过程,不要用教师的归纳代替学生的整理,用教师的思考代替学生的思考,要做到知识让学生梳理、规律让学生寻找、错误让学生判断,让学生在自主探索和合作交流的过程中真正理解和掌握基本的数学知识、思想和方法,获得广泛的数学活动经验,形成有效的数学解题技能.

4.促进“理解”的原则

理解是学习者在学习过程中不可回避并自发追求的一种自然旨趣,数学理解以数学知识的结构化、网络化和丰富联系为本质,以生成性和发展性为特征,以重新组织为形成机制,以自主活动为形成条件.教学具有理解性,理解是数学教学的内在品质.在数学的课堂教学中,教师要采取各种方法或手段帮助学生积极地、正确地理解.我们不能让数学单元复习课变成知识的简单回顾、方法的机械总结、题型的重复训练,不仅要使学生更好地掌握基础知识,而且要在知识梳理和问题解决的过程中,不断引导学生加深对数学基础知识、数学思想方法和数学基本技能的理解.我们要为促进学生的理解而复习,让学生透彻理解数学的概念、定理、公式等知识间的关联,让学生深刻把握思想方法运用的所以然[②],使学生在真正理解数学知识、思想和方法的基础上,实现知识的内化、思维

---

① 林继斌.基于知识再生长的数学复习课导学案设计与思考:以“三角函数复习课”为例[J].初中数学教与学,2019(2):24-26.

② 崔志荣.为促进学生的理解而复习[J].数学通报,2016(3):22-26.

的发展和能力的提升.

5.突出“联系”的原则

数学单元复习课是在一个单元教学之后进行的,在这个单元中包含了众多的知识点,而这些知识点间又相互有一定的联系性.数学知识是一个相互有联系的结构体,学生从每节课中获取的数学知识是零散的、局部的,不便于记忆和运用.将这些零散的数学知识建立起有机联系,使之“结成网,连成片”,形成完整的知识结构,是数学单元复习课的重要任务.在进行数学单元复习课教学设计时,教师要以教材为出发点,根据知识之间的纵横联系,系统规划复习和训练内容,引导学生通过梳理教材而重新构建起完整的知识系统,揭示出数学知识内在的联系与发展.在教师的引导下,通过复习将数学思想及内涵传递给学生,再次把零散的知识点系统地归纳为一个整体,使学生所学的分散知识系统化、网络化,这样不仅有助于学生系统地把握知识,而且对提高学生应用知识解决问题的能力也有积极意义.

6.渗透“思想”的原则

数学思想是对数学知识和方法的提炼和概括,在认识活动中被反复证实其正确性,带有一般意义和相对稳定的特征.它揭示了数学发展中普遍的规律,对数学的发展起着指引方向的作用,直接支配着数学实践活动.数学思想一旦形成,便舍弃了具体的数学内容,广泛迁移到其他知识或其他领域.因此,从实践到理论,从问题到命题,从知识到方法再到思想,这正是数学学习的一般过程.数学单元复习课一定会涉及解题方法的教学,方法是思维的外在表现,思维是方法的内在升华.因此,不仅要教解题策略,更应该突出思想方法的教学.在进行数学单元复习课教学设计时,教师应该有意识地渗透和提炼数学思想,引导学生在知识复习和问题求解的过程中,观察、思考背景材料中蕴含的朴实道理与思想本质,体验数学思想的价值,学会运用数学思想方法去分析问题的意义,探索问题的通解和通法,让思维在更宽广的空间里延伸,从而得到人生哲理的感悟和数学素养的培养.

三、单元复习课的教学环节

数学单元复习课是一种特殊的教学形式,是高中数学活动中一个十分重要的环节,其基本任务是:在教师的引导下,帮助学生系统地梳理学过的基础知识,整合要点,构建网络,总结规律,熟悉技能,掌握方法,体会思想,使认知结构得到完善，思维能力得到发展[①].

如何在单元复习课教学中，以知识为载体，以有效的教学方式，更好地促进学生思维发展，是一个值得思考与探讨的问题.根据数学学科的特点和学生学习水平，结合当前的教学实际，数学单元复习课的教学按照教学过程，一般可以分成"复习核心概念—梳理知识体系—尝试数学应用—总结方法规律"四个环节.立足于学生的学习水平，本单元知识的内涵、地位与价值，以及数学单元复习课教学的特点，紧紧围绕本单元内容的重点和难点，设计好这四个教学环节，是提高数学单元复习课教学效果的核心和关键.

1.复习核心概念

数学概念是客观事物中数与形的本质属性的反映，是构建数学理论大厦的基石，是导出数学定理和数学法则的逻辑基础，是提高解题能力的前提，是数学学科的灵魂和精髓.只有掌握好概念，才能充分认识事物的本质，做出正确的判断与推理[②].我们时常可以见到学生的错误与"概念不清"相关的现象，如何把概念讲清、讲透、讲活，使每一个学生都能理解、表达、应用，达到即使忘其"形"，也难忘其"神"的境界，不仅在新授课教学中要予以高度重视，而且在数学单元复习课教学中也必须引起应有的关注.对数学核心概念、定理、公式和法则的复习是一个再认识、再学习的过程，从定义的理解到关键点的把握，再到知识的运用，都是一环扣一环的.在复习时，各种方式要相互结合，循序渐进，促进学生对数学核心概念的理解，帮助学生养成正确运用数学核心概念分析问题和解决问题的习惯.

在数学单元复习课的教学设计中，在核心概念的复习上要舍得下功夫、花时间，切忌采用"一个定义、几点注意"，教师直接告知、学生机械记忆的简单方式."问题驱动"是一个有效的方法，值得提倡.

以"圆锥曲线"的单元复习课为例，可设计如下"问题串"，对核心概念"圆锥曲线的定义"进行复习.

问题1　判断满足下列关系的动点$P(x,y)$的轨迹并求出其方程：

① 钱军先.着力教学设计　构建高效课堂：例谈构建高三数学复习课高效课堂的几个着力点[J].考试(高中理科)，2014(11)：26-30.

② 侯晓娟，周国华.高三数学复习课概念教学的设计与备考策略[J].延边教育学院学报，2006(3)：83-87.

(1)$\sqrt{(x-4)^2+y^2}+\sqrt{(x+4)^2+y^2}=10$;

(2)$\sqrt{(x-5)^2+y^2}-\sqrt{(x+5)^2+y^2}=8$.

很多同学由于对椭圆和双曲线的概念认识不深刻，会想到通过对方程化简后，再判断其轨迹，但运算烦琐，又容易因运算不过关而受到挫折，此时，教师适时地引导学生回忆椭圆和双曲线的定义，启发学生运用定义来分析，很容易写出其方程，并说出其轨迹.

(1)轨迹为椭圆，方程为$\frac{x^2}{25}+\frac{y^2}{9}=1$;

(2)轨迹为双曲线的左支，方程为$\frac{x^2}{16}+\frac{y^2}{4}=1(x\leqslant -4)$.

问题2　如图1，圆O的半径为定长r，A是圆O内一个定点，P是圆上任意一点，线段AP的垂直平分线l和半径OP相交于点Q，当点P在圆上运动时，点Q的轨迹是(　　)

A.椭圆　　　B.双曲线　　　C.抛物线　　　D.圆

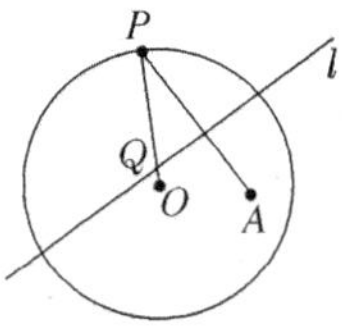

图1

教师引导学生分析：为了求出动点Q的轨迹，必须找出动点Q在运动时所满足的几何条件.先观察图形，连接QA(图略).

由已知得$|QA|=|QP|$.所以$|QO|+|QA|=|QO|+|QP|=|OP|=r$.

又因为点A在圆内，所以$|OA|<|OP|$，根据椭圆的定义，得点Q的轨迹是以O，A为焦点，r为长轴长的椭圆.故选A.

问题3　如图2，已知圆C_1:$(x+3)^2+y^2=1$和圆C_2:$(x-3)^2+y^2=9$，动圆M同时与圆C_1及圆C_2相外切，则动圆圆心M的轨迹方程为____________.

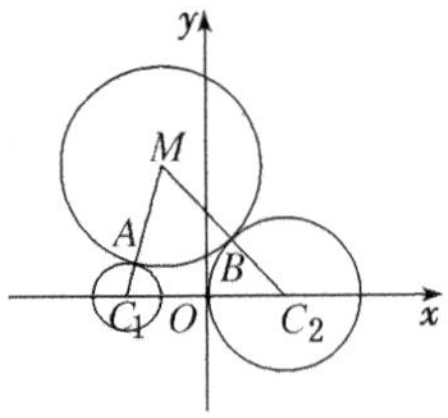

图2

有了前面的经验，学生很容易获得解题的思路：如图所示，设动圆M与圆C_1及圆C_2分别外切于点A和点B，根据两圆外切的充要条件，得

$|MC_1|-|AC_1|=|MA|$,

$|MC_2|-|BC_2|=|MB|$,

因为$|MA|=|MB|$,

所以$|MC_2|-|MC_1|=|BC_2|-|AC_1|=3-1=2<6$.

这表明动点M到两定点C_2, C_1的距离的差是常数2且小于$|C_1C_2|$.

根据双曲线的定义知，动点M的轨迹为双曲线的左支（点M到C_2的距离大，到C_1的距离小），且$a=1, c=3$，则$b^2=8$.

设点M的坐标为(x,y)，则其轨迹方程为$x^2-\frac{y^2}{8}=1(x\leqslant -1)$.

问题4　已知F_1, F_2是双曲线$\frac{x^2}{4}-y^2=1$的两个焦点，点P在双曲线上，且满足$\angle F_1PF_2=90^\circ$，求$\triangle F_1PF_2$的面积.

因为$\triangle F_1PF_2$中，$\angle F_1PF_2=90^\circ$，所以，要求$\triangle F_1PF_2$的面积，只要求出PF_1和PF_2的长即可. 不妨设$|PF_1|=m, |PF_2|=n$，则由双曲线的定义可知$||PF_1|-|PF_2||=|m-n|=4$.

又因为$\angle F_1PF_2=90^\circ$，所以$|PF_1|^2+|PF_2|^2=(2c)^2=20$，即$m^2+n^2=20$.

又$||PF_1|-|PF_2||^2=|m-n|^2=16$，所以$mn=2$.

所以$\triangle F_1PF_2$的面积为$S=\frac{1}{2}mn=1$.

问题5　设P是抛物线$y^2=4x$上的一个动点，F是抛物线的焦点. 求点P到点$A(-1,1)$的距离与点P到直线$x=-1$的距离之和的最小值.

如图3，易知抛物线的焦点为$F(1,0)$，准线是$x=-1$，由抛物线的定义知点P到直线$x=-1$的距离等于点P到点F的距离.

于是，问题转化为在抛物线上求一点P，使点P到点$A(-1,1)$的距离与点P到点$F(1,0)$的距离之和最小. 显然，连接AF与抛物线相交的点即为满足题意的点，此时最小值为$\sqrt{[1-(-1)]^2+(0-1)^2}=\sqrt{5}$.

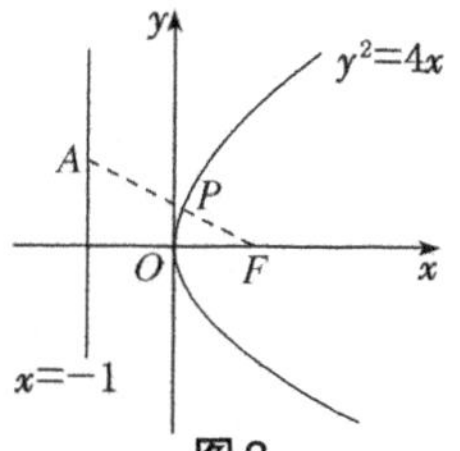

图3

数学概念高度凝结着数学家的思维，是数学家认识事物的思想精华，是数学家智慧的结晶，蕴涵了最丰富的创新教育素材. 数学是研究概念的，是用概念思考的，所以在概念学习中养成的思维方式、方法以及迁移能力也最强. 在概念的应用中进一步体会其本质，达到深刻认识概念内涵和外延的目的，能促使教学的有效开展. 单元复习课不同于新授课，但也不单纯是解题教学，核心概念的复习是一个重要的环节. 数学的基本技能是在基本概念的基础上生成的，没有对数学概念的深层次理解，是难以真正形成正确的解题思路和数学思想方法的. 在问题情境中，应用概念去分析和解决问题，可以形成、固化和延伸概念. 上述“圆锥曲线的复习课”的设计，通过“问题串”的探究，不仅让学生明确了圆锥曲线定义的本质属性，理解了圆锥曲线之间的联系与区别，而且学会了圆锥曲线定义的应用，实现了思维从识记、模仿等低层次活动向分析、思辨等高层次活动的质的飞跃.

2. 梳理知识体系

数学知识是一个相互联系的结构体. 学生从每节课中获取的数学知识是零散的、局部的，不便于记忆. 这些知识在整个知识体系中的地位如何？局部知识与其他知识的区别与联系如何？这些只有在整体结构中才能看清楚. 因此，当一个单元的新授课结束后，教师就要及时引领学生把平时所学的零散的知识按照某种方法串联起来，使之形成一个逻辑连贯的有机整体，使知识系统化，并从中总结规律. 这其实就是我们在教学中开设单元复习课的目的之一[①]. 知识的复习不是简单的再现与重复，而应立足于重新认识，立足于知识系统化，立足于知识之间的联系，设计从某个角度“串线—组面—成体”，呈现清晰的知识结构系统. 知识梳理设计主要有两种设计方式：一是问题式设计，即通过系列问题组，引领学生自主梳理知识；二是网络式设计，即通过知识网络图，呈现知识结构与知识关系. 需要注意的是，梳理知识的设计必须考虑梳理数学思想方法和易错知识点.

以“集合与常用逻辑用语”的单元复习课为例，其知识体系的梳理环节可设计如下：

首先由教师提出如下问题让学生思考.

问题　集合与简单逻辑用语在数学学习中有着十分广泛的应用. 前面，就这部分知识的有关问题做出了一些研究，我们是怎样研究的？研究了哪些内容？你有什么收获和体会？你能将本单元的主要知识用一个网络结构图表示出来吗？

教师结合教材内容，组织学生充分回忆、思考、讨论和交流后，引领学生进行知识的梳理，建构起如下知识网络结构图（如图4）.

---

① 刘文清. 高三数学复习中概念教学的思考：以“圆锥曲线定义”为例[J]. 福建中学数学，2017(1)：18-20.

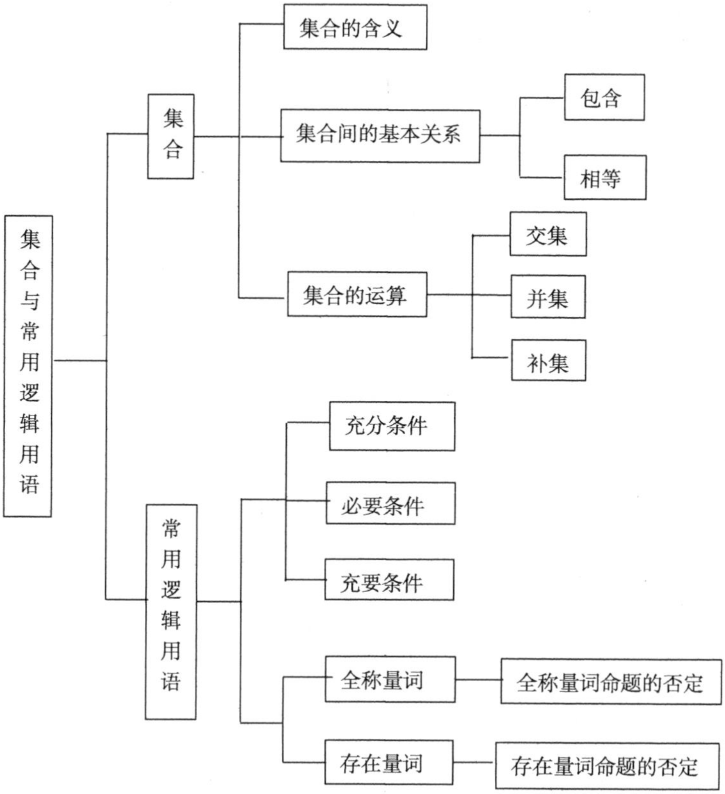

图4

单元复习课的教学设计，要站在学生的角度和整体高度，去重新审视和把握本单元教学的重难点以及各个知识点之间的联系，引领学生开展再学习的活动.其中，知识的梳理是一个不可忽视的教学环节.经过一个单元的学习，学生的大脑中储存了足够多的知识，这些知识就像一颗颗散乱的珍珠需要一根线串联一样，需要通过知识梳理将它们系统化、网络化.上面关于“集合与常用逻辑用语”单元复习课的教学设计，在教师的引领下，学生厘清了整个单元的知识脉络，理顺了整个单元中各个知识点之间的内在逻辑关系，形成了一个主线突出、脉络清晰、体系完整的知识网络，使得每一个知识点不再是孤立的、零散的，而是相互联系的有机整体，建构起良好的知识体系.学生在明确了具体内容、研究方法及其蕴含的数学思想方法的基础上，掌握了各个知识点的来龙去脉，深化了对本单元主要概念及其本质的认识和理解，完善了认知结构，在头脑中留下了一幅清晰的图象.以后只要想想这幅图象，就能完全把握整个单元的主要知识和内容，既强化了记忆，又方便在解决问题时灵活应用，为学好整个单元的内容奠定了坚实的基础.

3.尝试数学应用

数学单元复习课，不仅要使学生更好地掌握基础知识，而且要在运用这些知识去分析和解决具体问题的过程中，不断引导学生加深对数学基础知识、数学思想方法的理解，学会数学的理性思维，积累数学解题的经验，形成数学解题的技能.因此，数学单元复习课的教学设计，要在充分了解学生“数学现实”、以“问题驱动”构建起知识网之后，设计好数学应用这一关键环节.通过对教材的例题和习题进行挖掘、拓展等再处理，编制出一些具有典型性、针对性和代表性的问题，以这些问题为载体进行知识复习、思想渗透和方法提炼，融知识的学习、思想的形成和方法的掌握于教学活动之中.学生在运用数学知识分析、研究数学问题的过程中，内化、掌握解决数学问题的通解、通法，学会问题解决的模式，实现理解所学知识、掌握解题方法、培养思维品质、感悟数学思想、提升解题能力的目的.

在“一元二次函数、方程和不等式”的单元复习课中，可以设计如下例题.

例1　设$60 \leqslant a \leqslant 84, 28 \leqslant b \leqslant 33$，求$a+b, a-b$及$\frac{a}{b}$的范围.

【设计意图】　这是一道基本题，借助这道题目复习不等式的基本性质，帮助学生学会正确地运用不等式的知识解决范围问题，培养学生良好的思维习惯.

例2　设不等式$x^2-2ax+a+2 \leqslant 0$的解集为M，如果$M \subseteq [1,4]$，求实数a的取值范围.

【设计意图】　这是一道关于不等式的解集与集合的关系的综合题，可帮助学生复习一元二次不等式、一元二次方程与一元二次函数这三个“二次”之间的关系，让学生体会和感悟数形结合、等价转化和分类讨论等数学思想方法，提高学生综合运用所学知识分析问题和解决问题的能力.

例3　已知a,b为正实数，求证：$(a+b)\left(\frac{1}{a}+\frac{1}{b}\right) \geqslant 4$.

【设计意图】　这是一道关于不等式的证明问题，可引导学生从不同的角度思考，帮助学生复习基本不等式的知识，提炼证明不等式的基本方法，掌握运用基本不等式的基本技能，学会理性思维，培养思维的严谨性和灵活性.

例4　如图5所示，一页书的面积是600 cm^2，要求书页的上方空出2 cm的边，下边、左边和右边各空出1 cm的边.为使中间文字部分的面积最大，这页书的宽和长分别为多少？指出文字部分的面积的最大值.

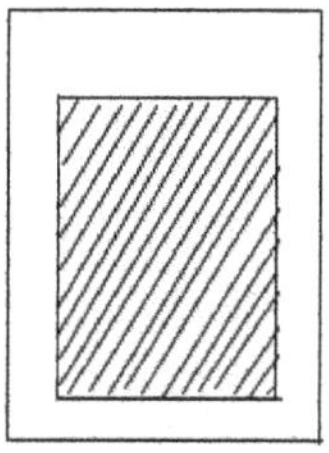
图5

【设计意图】　这是一道实际应用问题，可帮助学生感悟数学知识在生产、生活实际中的广泛应用、培养数学应用意识、学会用数学的眼光观察世界，激发学生数学学习的兴趣，培养学生的数学建模能力和灵活运用基本不等式分析问题、解决问题的能力.

以四道例题为载体，复习本章的核心知识，例1涉及不等式的基本性质，例2涉及一元二次不等式的解法及三个“二次”之间的关系，例3涉及基本不等式的证明，例4涉及基本不等式的实际应用.教学中，要有目的、有意识地引导学生对这些典型例题进行深入的研究，在完成一个题目解答时，要有针对性地对该题做进一步的延伸和变式，对题目进行“一题多解”和“一题多变”，引导学生从不同的视角探究问题的解题思路，对更一般性的问题形成自己的主动思考，让学生从“变”中总结解题技巧，从“变”中发现解题规律，从“变”中发现“不变”，达到“知一题、得一串、通一片”的目的.这不仅有利于学生理解和掌握基本的数学知识与基本技能，而且对于学生培养应变能力、开阔思路、提高眼界等都是非常有益的.以例2为例，可给出如下变式：

变式1　已知一元二次不等式$(m-2)x^2+2(m-2)x+4>0$的解集为$\mathbf{R}$，求m的取值范围.

变式2　若不等式$(m-2)x^2+2(m-2)x+4\leqslant 0$的解集为$\varnothing$，求$m$的取值范围.

变式3　若不等式$mx^2-2x+1-m<0$对满足$-2\leqslant m\leqslant 2$的所有m都成立，求x的取值范围.

变式4　若关于x的不等式$\dfrac{x^2-x+k}{x^2-x+3}>k$对一切实数$x$恒不成立，求$k$的取值范围.

在数学单元复习课的教学设计中，选好例题和习题十分重要．题不必多，但一定要典型，即所选例题、练习题、变式题、拓展题等的求解过程要体现数学的核心知识、核心方法、核心思想与核心能力．也就是说，教师应当通过典型的数学问题把相对成逻辑体系的知识整合在一起，通过对这些数学问题进行探究，复习和巩固基础知识和基本技能，总结和提炼数学思想和数学方法，培养学生的数学眼光和数学思维，让学生在运用数学知识、技能、思想和方法分析问题、解决问题的过程中，产生积极的情感体验，让数学单元复习课的课堂充满生机与活力，充分彰显数学知识、技能、思想和方法的无穷魅力，从而更好地发挥数学单元复习课的教学功效和育人价值．

4.总结方法规律

数学知识的结构、模式和模块及问题解决的思路、方法和规律需要用不同形式归纳、总结、提炼，使学生在头脑中形成整体的结构体系和对某类数学问题解决方法的结构．为了落实复习的效果，达成由知识向能力的迁移，在数学单元复习课的教学设计中，除了重视对数学概念的剖析、对数学本质问题的挖掘和解题思路的探索以外，还应该要重视对数学问题的解决方法和对数学规律的小结，着力引导学生将习题归纳成类，集中力量解决同类题中的典型问题，从中归纳、总结、提炼出解这一类问题的思路、方法和规律，并以此为契机构建思维单元，使学生平时所学的零散知识系统化，形成良好的知识结构和方法体系，帮助学生稳固知识点和数学方法思想，使学生在这种不断遇见问题、发现问题、解决问题并归纳总结的过程中，思维得到有效训练，能力得到不断提升．

在“导数”的单元复习课中，利用导数研究函数问题（单调性、极值、最值等）是一类十分典型的问题，在从不同角度、运用不同方法研究了相关习题的求解后，可引导学生归纳总结出利用导数研究函数问题的一般步骤和策略（如图6）.

（1）确定函数$f(x)$的定义域；

（2）求出函数$f(x)$的导函数$f'(x)$；

（3）解方程$f'(x)=0$得出导函数的零点；

（4）列表分析导函数$f'(x)$的符号和函数$f(x)$的变化情况，获得问题的解.

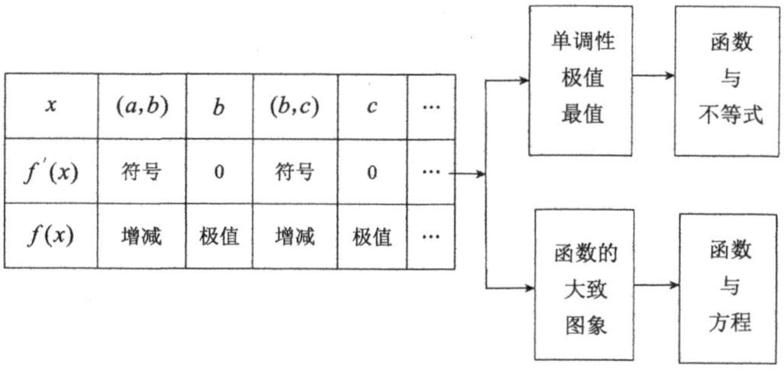

图6

通过上述教师引导下学生所做的归纳总结,学生加深了对导数与函数关系的认识与理解,把握了运用导数研究函数问题的本质和规律,形成了运用导数解决函数问题的基本模式和一般策略.模式识别与模型思想的建立是学生体会和理解数学问题的基本途径,教学活动不仅是教师“教”的过程,更是学生“学”的过程.数学单元复习课的教学不仅要强调对知识进行梳理与整合,突出应用基础知识和基本方法解决具体问题的思路探索,更应强调整个复习内容中核心思想方法的提炼,揭示出解决典型问题的一般方法与思维规律.结合教材实际将本单元中的重要知识和主要方法整合成模块,探索出利用模型解决问题的一般规律和方法,通过强化题组归类、深化方法总结、突出变式拓展、优化认知结构的方法,达到强化模式识别与模型化思想的目的,凸显模式识别和模型化思想在解题策略中体现在思维定式上的正迁移作用,使学生更好地把握问题的通解和通法,提高解题能力.

四、单元复习课的例题设计

数学单元复习课担负着打好学生数学基础,发展学生的理性思维和提高学生数学能力的重任.上述任务通常都需要以例题为载体、通过具体问题的解决来实现.正如美国著名数学教育家玻利亚所说:“一个专心的认真备课的教师能够拿出一个有意义的但又不复杂的题目,去帮助学生挖掘问题的各个方面,使得通过这道题,就好像通过一道门户,把学生引入一个完整的理论领域.”由此可见,例题的设计是否恰当对数学单元复习课的成败是至关紧要的,精心设计好例题是进行数学单元复习课设计时必须高度重视和着力解决的问题.

1.立足基础,站在知识系统的高度设计例题

单元复习课要帮助学生对所学基础知识、基本技能进行梳理和沟通,建立起良好的认知结构,从而加深理解、增强记忆、培养思维、提升能力.在高三复习课中,要紧扣这一目标,立足基础,站在知识系统的高度,精心设计贴近复习内容的典型例题,实现基础知识的再现、巩固、串联和深化,促进学生在应用中从更高的层次理解数学概念,形成数学技能.

"解三角形"单元复习课的例题设计

在复习正弦定理、余弦定理在解斜三角形中的应用时,笔者设计了以下四道例题:

例1 在$\triangle ABC$中,a,b,c分别是角A,B,C的对边.

(1)已知$a=3,b=6,A=30°$,求B和c;

(2)已知$a=2\sqrt{3},b=6,A=30°$,求B和c;

(3)已知$b=6,A=30°$,当a在什么范围内变化时,该三角形有两解?

例2 在$\triangle ABC$中,a,b,c分别是角A,B,C的对边.已知$C=2A,a+c=10,\cos A=\frac{3}{4}$.

(1)求三边a,b,c的值;

(2)求$\sin(2A+B)$的值.

例3 如图7,隔河看两目标A,B,但不能到达,在岸边选取相距$\sqrt{3}$ km的C,D两点,并测得$\angle ACB=75°$,$\angle BCD=45°$,$\angle ADC=30°$,$\angle ADB=45°$(A,B,C,D在同一平面内),求两目标A,B之间的距离.

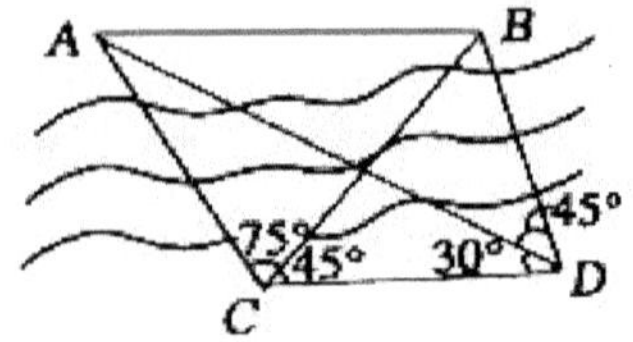

图7

例4 在海岛A上有一座海拔1 km的山,山顶设有一个观察站P,上午11时,测得一轮船在岛北30°东、俯角为30°的B处,到11时10分又测得该船在岛北60°西、俯角为60°的C处.

(1)求船的航行速度;

(2)又经过一段时间后，船到达海岛正西方向的D处，问此时船距岛A有多远？

这四道例题的设计，按照“单独应用正、余弦定理→综合应用正、余弦定理→解决实际应用问题”的思路，涵盖了正、余弦定理在解三角形中两个主要方面的应用：角与边的相互转化和实际应用问题，不仅紧紧围绕本课复习内容的重点和难点，还围绕知识发生、发展的过程和学生思维的积极参与而展开，在结构上层层递进、步步深入，由基础知识、基本技能的复习到数学应用意识、数学建模能力的培养，由浅入深、从平面到空间，绝不是同一思维层次上的简单重复，起到了梳理知识结构、揭示知识本质、建立知识网络、总结思想方法、提高数学思维水平的作用，收到了良好的复习效果.

2. 紧扣教材，发挥课本例题、习题的教学功能

教材中的例题和习题是众多数学教育专家集体智慧的结晶，是知识体系的浓缩，反映的是知识间的经典关系，具有深刻的思想性、严谨性、科学性和权威性，是高考试题的参照系和源泉.新课程高考注重对基础知识和基本技能的考查，十分强调通性通法的重要性，所以，高考复习必须以教材为本，紧扣教材，遵循“源于教材，高于教材”的原则，积极地“溯源寻根”，透视教材的基础性，展现高考的导向性，充分发挥课本中典型例题和习题的教学功能.

“直线与圆的位置关系及其判定方法”单元复习课的例题设计

在复习直线与圆的位置关系及其判定方法时，笔者将教材中的四道例题和习题组成题组，利用一题多解和变式拓展等手段进行复习，收到了“平中见奇，小中见大”的教学效果：

例1　判断下列直线与圆的位置关系：

(1)直线$l:2x-y+3=0$与圆$C:(x-3)^2+(y+1)^2=24$；

(2)直线$l:x\sin\theta+y\cos\theta=2+\sin\theta$与圆$C:(x-1)^2+y^2=4$.

例2　已知圆$O:x^2+y^2=25$，求过点$P(4,3)$的圆的切线方程.

例3　已知直线$l:y=k(x-2)+1$被圆$C:(x-1)^2+(y+2)^2=16$截得的弦长为$2\sqrt{15}$，求实数k的值.

变式　直线$l:y=k(x-2)+1$被圆$C:(x-1)^2+(y+2)^2=16$截得的

弦长为整数,这样的弦共有多少条?

例4　若直线$l:y=x+b$与曲线$C:y=3-\sqrt{4x-x^2}$有公共点,求实数b的取值范围.

变式1　实数b在什么范围内取值时,直线$l:y=x+b$与曲线$C:y=3-\sqrt{4x-x^2}$:

(1)有一个公共点;

(2)有两个公共点;

(3)没有公共点.

变式2　求函数$y=\dfrac{\sin\theta-1}{\cos\theta-2}$的值域.

教材中的例题和习题具有一定的代表性,深入研究每一道例题和习题,充分挖掘其价值,既可摆脱题海的困扰,又能起到事半功倍的效果.在高考数学复习过程中,教师首先要引导学生研究透教材中的典型例题和习题,善于用联系的观点探究教材中题目的变式,探索高考试题与教材例题和习题的结合点,再将这些问题作恰当的分解或整合、延伸或拓展,做到:将例题和习题"变化",寻找内在联系;将例题和习题"类化",展现通性通法;将例题和习题"深化",培养思维品质.这样教材中的例题和习题更加丰富鲜活,学生通过复习不仅能学会做题,更能冲破题海,激活思维,学会学习,成为学习的主人.

3.注意关联,在类比和探究中训练思维品质

在知识网络的交汇处设计试题,是各级各类考试中数学命题的一个显著特点.知识之间存在着有机联系,适当综合就在于融会贯通,这是从简单学习到系统学习的重要特征,也是提升能力的必由之路.数学问题中知识的表现形式可以不同,但知识的本质是相同的.因此,在单元复习课的教学中,教师对例题的设计应体现数学知识之间的相互关联,体现其不同表现形式之下的本质属性,使学生能自觉地联系知识,举一反三.

"任意角的三角函数"单元复习课的例题设计

在复习任意角的三角函数时,笔者设计了以下五道例题:

例1　已知角α的终边落在直线$x-\sqrt{3}y=0$上,则$2\sin\alpha+\cos\alpha$的值为__________.

例 2　在 $\triangle ABC$ 中，$\angle C = 90°$，$CD \perp AB$，CE 是 $\angle BCA$ 的平分线，$DE = 3$，$CD = 4$，则斜边 $AB =$__________.

例3　设 $a,\ b \in \mathbf{R}$，$a^2 + 2b^2 = 6$，则 $a + b$ 的最小值为__________.

例4　已知坐标平面上直线 $l: y = 3x$，l 上异于原点 O 的点 A 在第一象限，A 点关于 x 轴的对称点是 B，B 点关于直线 l 的对称点是 C.

(1)设直线 AB 与 x 轴的交点是 D，$\angle DOA = \theta$，求 $\tan\theta$ 及 $\cos\theta$ 的值；

(2)记 $\angle CAB = \alpha$，求 $\cos\alpha$ 的值；

(3)记 $\triangle OAB$ 的面积为 S_1，$\triangle OBC$ 的面积为 S_2，探求 S_1 和 S_2 满足的关系式.

例5　已知函数 $f(\alpha) = \sin^x\alpha + \cos^x\alpha$，$x \in \{x|x = 2k, k \in \mathbf{N}^*\}$.

(1)当 α =2,4,6 时，分别求 $f(\alpha)$ 的取值范围；

(2)当 $x \in \{x|x = 2k, k \in \mathbf{N}^*\}$ 时，对 $f(\alpha)$ 的取值范围作出一个猜想；

(3)证明：$f(\alpha) \leqslant 1$.

将这些看似离散的问题并列，将有逻辑关系的“问题串”联，形成一个整体，让学生在同一时间进行比较练习，通过提炼归纳、过程回顾，为学生由原来新授时的简单学习过渡到高三复习时的系统学习提供了可能，这也是复习课区别于新授课的重要特征.数学知识具有类比和统一的特征，利用数学知识的这种内在联系特征，我们可以站在更高的角度处理问题，打破教材和复习资料章节的界限，将涉及相似知识、有机联系的题目串联在一起，引导学生进行类比、对比探究，这样有利于调动学生学习的积极性，训练学生的思维品质，激发学生自主探索、获得“再发现”.

4.理解学生，让纠正错误成为一种教学习惯

数学单元复习课的一个重要任务就是让重点能够得到进一步强化，难点能够得到有效突破，易错点能够得到有效纠正，复习课的例题设计要紧扣这“三点”进行.这“三点”的确定不仅要看教材本身，而且要考虑具体的学情.学生由于存在认知缺陷、思维局限和不良习惯等，在学习过程中不可避免地会出现这样那样的错误，教师要做有心人，注意将它们收集起来，在适当的时候选作例题，和学生一起分析错因、解答纠错，让学生在易错处顿悟，深化对数学知识的认识和理解.

“平面向量的运算”单元复习课的例题设计

下面是笔者在复习平面向量的运算时设计的四道例题：

例1　已知非零向量$\boldsymbol{a},\boldsymbol{b}$满足$|\boldsymbol{a}+\boldsymbol{b}|=|\boldsymbol{a}-\boldsymbol{b}|$，则$\boldsymbol{a},\boldsymbol{b}$满足________.

①方向相同　　②方向相反　　③模相等　　④互相垂直

例2　已知$\boldsymbol{a},\boldsymbol{b},\boldsymbol{c}$是三个向量，试判断下列各命题的真假：

①若$\boldsymbol{a}\cdot\boldsymbol{b}=\boldsymbol{a}\cdot\boldsymbol{c}$且$\boldsymbol{a}\neq\boldsymbol{0}$，则$\boldsymbol{b}=\boldsymbol{c}$；

②若$\boldsymbol{a}\cdot\boldsymbol{b}=0$，则$\boldsymbol{a}=\boldsymbol{0}$或$\boldsymbol{b}=\boldsymbol{0}$；

③若$\boldsymbol{a}\perp\boldsymbol{b}$，则$\boldsymbol{a}\cdot\boldsymbol{b}=0$；

④若向量$\boldsymbol{a},\boldsymbol{b}$不共线，且满足$|\boldsymbol{a}|=|\boldsymbol{b}|$，则$(\boldsymbol{a}+\boldsymbol{b})\cdot(\boldsymbol{a}-\boldsymbol{b})=0$.

例3　已知平面向量$\boldsymbol{a}=(-2,1)$，$\boldsymbol{b}=(\lambda,-1)(\lambda\in\mathbf{R})$，若$\boldsymbol{a}$与$\boldsymbol{b}$的夹角为钝角，则$\lambda$的取值范围是________.

例4　已知平面上三点A,B,C满足$|\overrightarrow{AB}|=3$，$|\overrightarrow{BC}|=4$，$|\overrightarrow{CA}|=5$，则$\overrightarrow{AB}\cdot\overrightarrow{BC}+\overrightarrow{BC}\cdot\overrightarrow{CA}+\overrightarrow{CA}\cdot\overrightarrow{AB}$的值等于________.

著名哲学家黑格尔说过：“错误本身乃是达到真理的一个必然环节.”学生的数学学习和错误是一个相伴的过程，“纠正错误”应该是数学课堂永恒的话题.在单元复习课的教学中，教师更应通过长期研究错因、坚持纠错，引导学生养成良好的纠错和复习习惯.上述四道例题都是学生求解时容易出错的问题，笔者从这些易错点入手，把学生的解题错误作为一种教学资源，针对学生的错误进行分析，引导学生透过现象看本质，从而加深学生对向量概念和运算法则的本质理解，有效地避免学生在解题中“重蹈覆辙”.

总之，高中数学单元复习课的教学设计必须紧紧围绕本单元学习内容的重点与难点展开，要充分体现以人为本的教学观，应处处从学生出发，以学生的认知情况为基础，通过设置情境激发学生的学习兴趣，精选例题引领学生开展探究活动，借助变式拓展训练学生思维，利用总结反思提升学生能力，努力为学生主动构建数学整体知识结构提供平台.宽松、自主、合作、共赢的课堂学习环境和教师恰当的启发引导相结合，能激发和满足学生的复习欲望和内在的心理需求，培养和强化学生在复习中的自主发展意识，让学生在完善知识结构的基础上达成对基础知识和基本技能的深度理解，在解题方法和规律的探索活动中发展数学思维，在变式拓展的训练和总结反思的过程中提升能力，在解决问题的成功体验中感受快乐.

课例九

在问题引领下复习知识，于探究活动中深化理解

——以“函数与方程的单元复习”的教学设计为例

一、教学情况分析

1. 内容解读

本节课是苏教版数学教材必修1第三章第四节的内容，主要为复习函数的零点的概念、函数的零点与方程的根的关系、函数零点存在性定理及其应用.

函数是中学数学中最重要的数学概念和方法，利用函数可以解决许多实际问题.本节课安排在“函数的应用”中“函数与方程”的第一课时，主要是为第二课时“用二分法求方程的近似解”做好铺垫.从我国古代数学家系统解决部分方程求解的问题，到国外数学家对方程求解问题的研究，再到现代随着计算机技术的发展对方程求解问题的推动，都可以看出方程求解问题在中外数学发展历史上占有重要的位置，而“用二分法求解方程的近似解”能够较好地体现函数与方程的关系，蕴涵着丰富的数学思想方法.

函数的零点是使函数$y=f(x)$的值为0的实数x，从函数图象角度看就是$f(x)$的图象与x轴交点的横坐标，从方程角度看就是方程$f(x)=0$的实数根.方程的根与函数的零点，分别从数和形、静和动两个不同的角度建立起两个重要问题的联系，因此函数的零点及函数零点存在性定理是联系方程与函数的重要纽带，是后续“函数的应用”学习的基础，是本课重点复习的知识.

零点存在性定理的描述为：一般地，若函数$y=f(x)$在区间$[a,b]$上的图象是一条不间断的曲线，且$f(a)\cdot f(b)<0$，则函数$y=f(x)$在区间(a,b)上有零点.定理是判断函数在某区间上有零点的充分不必要条件，逆定理是不成立的，这是教师在教学中重点关注的问题，但是在中学阶段不可证明.因此，在这里要充

分发挥“数形结合”的思想方法，始终围绕“数”和“形”两个角度来复习定理，从函数图象角度直观地认识定理、解释定理．在此过程中，充分体现函数与方程的联系，是本课复习的重点．

2.学情剖析

学生刚刚学习完函数的概念、图象、性质及几个基本初等函数模型(二次函数、指数函数、对数函数、幂函数)，对函数的图象还是比较熟悉的，因此有利于从函数图象角度发现关系、认识定理、解决问题．但是作为一节高一的复习课，学生对函数的思想掌握得还不够深刻，用函数的观点看方程这个要求也比较高，上升到了观念层面，学生熟练地从不同角度建立不同对象的联系的难度还是比较大的．

3.目标定位

(1)理解函数零点的概念，了解函数零点与方程的根的联系，熟练地掌握零点存在性定理．

(2)能结合二次函数的图象，正确地运用零点存在性定理，判断一元二次方程根的存在性及根的个数．

(3)体会函数与方程、化归与转化以及数形结合等数学思想方法的应用，培养用函数观点处理问题的意识，提高分析问题、解决问题的能力．

4.教学重难点

教学重点：将方程求解问题转化为函数零点问题，运用零点存在性定理进行零点存在性的判断．

教学难点：运用函数观点处理问题．

5.教学策略

课程标准对教学目的的定位是从具体的方程，比如一元二次方程入手，借助简单的方程认识相关概念、定理和关系．因为作为一节高一复习课，本节课的教学依然要紧紧围绕二次函数的应用开展，抓主干削细节，凸显核心知识和数学思想方法．要加强知识间的联系，结合函数的图象，判断方程根的存在性及根的个数，从而了解函数的零点与方程的根的关系．要加强函数观点和数形结合思想的渗透，加强用联系的观点看问题，指导学生对所学内容的研究过程的回顾与梳理，帮助学生构建完整的认知过程．基于上述认识，我们设计如下复习流程：研究主题$\Rightarrow$研究问题$\Rightarrow$研究方法$\Rightarrow$研究结果$\Rightarrow$研究应用$\Rightarrow$复习小结．

二、教学过程设计

1.研究主题

方程与函数是数学中两个重要的主题.方程是初中数学的一条主线,而函数毋容置疑是我们高中数学的一条主线.

2.研究问题

主题	方程	函数
问题	根(求精确解)	概念、图象、性质等

问题1　对于方程,我们主要研究什么?

方程的根,有没有根,有几个根,根是多少等问题是方程求解的常见问题.我们大多时候是为了求方程的根和精确解.这样的问题持续了上千年,我国古代数学家在方程求解上很早就取得了了不起的成就.国外数学家在这方面也做了不少研究.我们知道一元二次方程有求根公式,16世纪意大利的卡尔达诺发表了三次方程的求根公式,1824年挪威数学家阿贝尔证明了五次及五次以上一般方程没有根式解,随后法国天才数学家伽罗瓦从理论上证明了五次及以上多项式方程没有求根公式.

【设计意图】　复习课通过总揽性的问题让学生了解本节课的研究路径和复习框架,从宏观上把握知识,同时让学生在获取数学知识的同时感受数学文化的熏陶,通过阅读内容的介绍让学生了解古今中外数学家在方程求解中所取得的成就.

问题2　对于函数,我们主要研究什么?

问题3　方程与函数之间有没有联系呢?

师生活动　回忆函数零点的概念.

定义:我们把使函数$y=f(x)$的值为0的实数x称为函数$y=f(x)$的零点.

联系:方程$f(x)=0$有实数根$\Leftrightarrow$函数$y=f(x)$有零点.

思想:函数与方程的思想,也是转化的思想.

3.研究方法

主题	方程	函数
问题	根(求精确解)	概念、图象、性质等
方法	数形结合	

问题4　与方程相比，函数有什么优势？

函数有直观的图象和具体的解析式，所以要借助函数图象研究方程的根，这也奠定了我们研究的主要方法是数形结合．

方程$f(x)=0$有实数根$\Leftrightarrow$函数$y=f(x)$有零点$\Leftrightarrow$函数$y=f(x)$的图象与x轴有交点．

【设计意图】　复习回顾零点的概念，帮助学生梳理零点、方程的根及图象与坐标轴交点的横坐标之间的关系；将方程问题转化为函数问题是学生学习中的一个难点，需要用联系的观点看待问题；引导学生回忆数形结合的思想，为复习零点存在性定理做好铺垫．

主题	方程	函数
问题	根（求精确解）	概念、图象、性质等
方法	数形结合	
成果	零点存在性定理	

4．研究结果

问题5　图1是计算机画出的一个函数的图象，图象穿轴而过．我们有哪些方法说明这个函数在区间$[-3,-1]$上有零点？

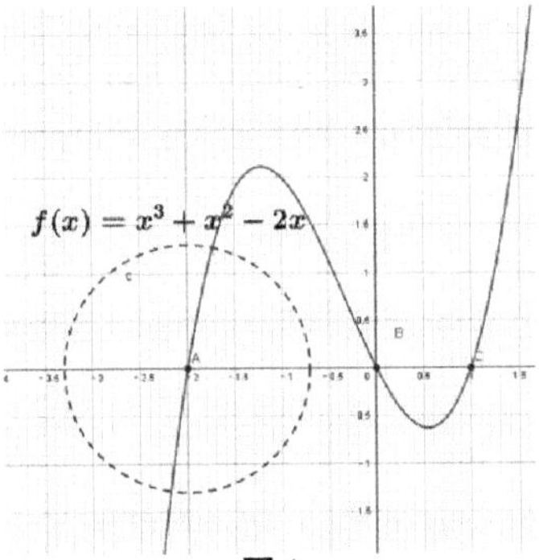

图1

师生活动　教师引导学生回顾思考判断函数零点的方法．

方法1　把-2代入函数计算函数值为0．

方法2　解方程，求出函数的零点．

方法3　计算$f(-3)\cdot f(-1)<0$，根据零点存在性定理来说明．

【设计意图】　借助具体实例，引导学生梳理零点存在性的判断方法，架构函数与方程的知识体系．

师生活动　一起回忆本节研究的一个重要结论：零点存在性定理．

环节一　回忆定理——什么是零点存在性定理？

请学生口述零点存在性定理：

如果函数$y=f(x)$在区间$[a,b]$上的图象是连续不断的一条曲线，并且有$f(a)\cdot f(b)<0$，那么函数$y=f(x)$在区间(a,b)内有零点，即存在$c\in(a,b)$，使得

$f(c)=0$,这个c也就是$f(x)=0$的根.

环节二　认识定理——为什么学零点存在性定理?它能解决什么问题?

环节三　欣赏定理.

(1)一个定理除了应用,我们还要学会欣赏它的数学美.那么这个数学定理美在哪里呢?请从定理的内涵和数学思想方法角度,谈一谈学习体会.

①用代数符号语言刻画几何图形特征.

图象穿轴而过,有零点是图象的几何特征.在零点-2的两侧,函数值是异号的,这是代数特征.定理是用“数”来刻画“形”,用代数符号语言$f(a)\cdot f(b)<0$刻画几何图形特征,体现了数形结合思想(如图2).

A	B
-3	-12
-2.5	-4.38
-2	0
-1.5	1.88
-1	2
-0.5	1.13
0	0
0.5	-0.63
1	0
1.5	2.63
2	8
2.5	16.88

⇔

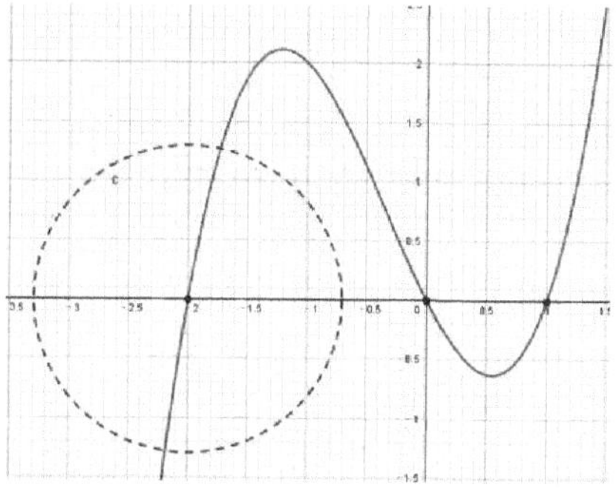

图2

$f(a)\cdot f(b)<0\Leftrightarrow$有零点

②用不等关系刻画等量关系.

有零点$f(c)=0$是一个等量关系,而说明这个等式成立的条件是$f(a)\cdot f(b)<0$.

(2)说一说定理的局限性.

①不能确定有几个零点;②不能具体得出零点是多少,只说明了存在性.

师生活动　共同探讨几个问题:①“有”的意思是“至少有一个”,加上什么条件就确定只有一个零点呢?②定理条件是“充分不必要条件”,定理的逆向成立问题可以通过举反例来说明吗?③不能得出具体的零点,后续有办法解决这个问题吗?指引后续将通过二分法不断缩小区间,得到方程根的近似解.

【设计意图】　通过回忆定理、认识定理、欣赏定理三个环节,学生回顾定理内容,剖析定理内涵,感受数学定理的魅力.通过数据运算、图形分析、比较、推理、反例分析等手段辨析定理,学生加深对定理的理解.通过不同数学知识的交汇,学生感受知识的内在联系.

5.研究应用

例题　求证:方程 $7x^2-5x-1=0$ 的根一个在区间 $(-1,0)$ 上,另一个在区间 $(0,1)$ 上.

思考　除了用零点存在性定理,还可以怎样解决?

变式1　已知定义在 $\mathbf{R}$ 上的函数 $y=f(x)$ 的图象是一条不间断的曲线,$f(a)\neq f(b)$,其中 $a<b$,设 $F(x)=f(x)-\dfrac{f(a)+f(b)}{2}$.求证:函数 $F(x)$ 在区间 (a,b) 上有零点.

思考　若函数 $F(x)$ 在区间 (a,b) 上满足 $F(a)\cdot F(b)>0$,则能否说明 $F(x)$ 在区间 (a,b) 上无零点?

变式2　已知关于 x 的方程 $x^2+\left(\dfrac{1}{2}-2m\right)x+m^2-1=0$.

(1)若一个根在区间 $(0,1)$ 上,另一个根在区间 $(1,2)$ 上,求实数 m 的取值范围;

(2)若两个不等实数根都在区间 $(0,2)$ 上,求实数 m 的取值范围.

解题回顾　方程—函数—定性—定量.

解题小结　如图3所示.

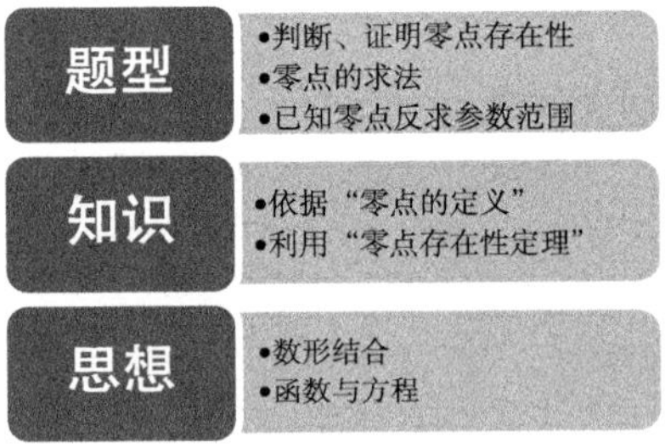

图3

变式3　若函数 $f(x)=a-\dfrac{1}{x}$ 的定义域与值域均为区间 $[m,n]$ $(0<m<n)$,求实数 a 的取值范围.

【设计意图】　围绕二次函数模型,开展例题教学,实现定理应用.变式1将零点存在性定理的应用推广到一般的函数 $y=f(x)$，培养了学生推理证明的能力．变式2逆向思维，帮助学生掌握常见类型问题，体会数学思想方法．变式3着重巩固函数的单调性，将问题转化为二次函数问题进行研究，通过数形结合的方式处理问题，多角度考查学生分析问题的能力．

6.复习小结

(1)研究了什么？——收获知识．

①一个定义：函数的零点．

②一个关系：函数零点与方程根的关系．

③一个定理：零点存在性定理．

(2)怎么研究的？——总结方法．

①数形结合的方法．

②联系转化的观点．

(3)解决了什么？——形成技能．

①求函数零点、确定零点个数．

②判断证明零点存在性．

③已知零点反求参数．

(4)为什么研究？——提升思维(如图4)．

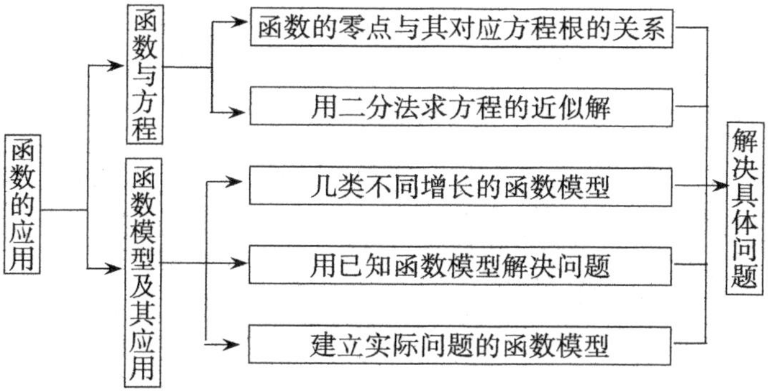

图4

三、教学活动反思

单元复习课在高中数学教学中占据着独特地位，是学生学习数学学习过程中的一个重要环节，是数学课堂教学的重要组成部分．单元复习课的教学任务应该有两个方面：一是学习内容的再次研究，对先前学过的知识进行更高层次的概括，更大范围的系统化、条理化，让学生高屋建瓴地掌握本单元所学的数学知识，使认识达到更高一层的飞跃；二是进一步巩固、深化基础知识，提高学生的学习能力和解决实际问题的能力，促进学生全面、可持续性发展.它具有温故知新、查漏补缺、完善认知结构、提升学科能力的功能，在数学知识的整合与理解、解题策略的构建与内化、思维能力的形成与提升等方面都起着重要作用①.

1.让认知在梳理整合中升华

经过一个单元的学习，学生的头脑中储存了一定的知识和一些问题解决的方法，这些知识和方法就像一颗颗散乱的珍珠需要一根线串联一样，需要我们通过“复习回顾，梳理整合”将其系统化、条理化和整体化，构建起知识和方法的网络系统，纳入自身的认知结构之中，以便在解决问题的过程中能够有序和灵活地调用.这是一个学习“从厚到薄”的必经过程，也是单元复习课的核心任务之一.本节课围绕“函数与方程”这一主题，紧扣教材内容，精心设计五个问题组成“问题串”，组织学生开展探究活动，引领学生以更高、更广的视野重新审视本单元的知识，从知识的综合性、联系性的角度提出新问题，对所学知识进行深化和拓展.这样既回顾了函数零点的概念和零点存在性定理，又重温了探究这些知识的方法，经历了这些知识和方法发生、形成的过程，挖掘出隐含在这些知识中的数学思想，弄清了函数与方程之间的内在联系，还渗透了数学历史和数学文化，激发了学生的学习兴趣.同时，还帮助学生在生动活泼的学习活动中厘清了知识和方法的脉络体系，优化了认知结构，使得各个知识点和各种数学思想方法之间能够有效地整合，形成一个主线突出、脉络清晰、体系完整的知识结构，让学生对函数与方程的核心知识和主要方法有了更加深刻的认识和理解，使学生的认知在梳理和整合中得到了升华.

2.让方法在尝试运用中感悟

在帮助学生梳理基础知识、构建知识网络的基础上，让学生掌握蕴含在知识之中的数学思想和解题方法，提高解决问题的技能，是单元复习课的一个重要环节和需要着力解决的问题.思想和方法的掌握，除了在复习本单元知识的过程中进行渗透之外，一个更为有效的途径是让学生在尝试运用的过程中加以体会和感悟.选择一些典型的问题，以问题为载体实现知识复习，融知识和方法的学习于尝试运用之中，学生可以更好地掌握通解通法，学会问题解决的差异

① 李柏青.复习课单元整体教学设计的实践与思考[J].数学通报，2013(3)：31-36.

分析，实现问题解决的模式识别．要上好一节单元复习课，选好例题很重要，题不必多，但一定要典型，借助所选的问题，在引领学生探索解决问题的方法中，落实本单元教学内容中所涉及的核心知识、核心方法、核心思想、核心技能与核心能力①．

本节课中，笔者立足于学生学习的实际，通过一道具有基础性、层次性、发展性的问题供学生思考探究，在引领学生从不同角度探索解决问题的方法的同时，进行变式拓展的训练，使学生在这个问题解决的过程中，学会紧扣函数零点的概念、函数与方程的关系、零点存在性定理等知识，体会和感悟函数与方程、化归与转化、数形结合等数学思想方法在解决问题过程中的应用，不但很好地掌握了解决有关函数零点问题的常用方法和解题技能，而且学会了怎样运用所学知识灵活地分析问题和解决问题，实现了“解一题通一遍、解一题通一类”，收得了良好的效果．

3．让经验在合作交流中分享

《普通高中数学课程标准(2017年版)》指出：“高中数学教学以发展学生数学核心素养为导向，创设合适的教学情境，启发学生思考，引导学生把握数学内容的本质．提倡独立思考、自主学习、合作交流等多种学习方式，激发学习数学的兴趣，养成良好的学习习惯，促进学生实践能力和创新意识的发展．”作为单元复习课，许多教师采用的方式是首先快速复习回顾本单元学习的有关知识，然后通过大量的例题讲解，让学生多接触题型，熟悉方法，最后再利用一些类似的问题来强化训练，加强记忆，熟能生巧．课堂上教师讲、学生听，教师看、学生做，形式单一，气氛沉闷，学生陷入题海之中，兴趣缺失，很难收到应有的复习效果．本节课抛开一讲到底或讲讲练练的复习模式，精心组织了丰富多彩的教学活动，有知识的回顾、方法的探索、文化的渗透，充分调动学生在复习学习中的主动性、积极性、参与性和创造性．变“讲堂”为“学堂”，把课堂还给学生，让学生独立解决问题、发现新问题、提出疑难问题，给学生提供充分的交流展示的机会，让学生展示自己分析问题的思维过程，交流在探究问题解决过程中的新发现，交流学习研究的收获和成果，分享在学习活动中取得的经验，在生动活泼、轻松愉悦的氛围中复习和巩固了所学知识，深化了对所学知识和数学思想方法的认识和理解．②

---

① 沈良．单元复习课教学设计三步曲[J]．中国数学教育，2015(9)：17-19.

② 林庆望．一堂概率复习课的教学与感悟[J]．中学数学教学参考，2014(7)：14-16.

4.让能力在理性思考中提升

现代教学论认为，数学是思维的科学，数学教学应理解为一种思维活动的教学，数学课是训练学生思维的体操，教学生学会思考是数学教育的根本目标．作为单元复习课，要提高其功效，应注意解决好思维过程的细化问题，必须给学生留下足够的思考空间，让学生在复习过程中学会思考，提升理性思维的能力．在单元复习课中，怎样让学生学会思考呢？章建跃博士认为：“要以数学地认识问题和解决问题为核心任务，以数学知识的发生、发展过程和理解数学知识的心理过程为线索，为学生构建前后一致逻辑连贯的学习过程，使他们在掌握数学知识的过程中学会思考．”①本节课中，笔者以二次函数与二次方程的关系为载体，围绕着函数零点的概念、零点存在性定理等核心知识，按照“研究主题—研究问题—研究方法—研究结果—研究应用”这一条主线，精心设计了一系列问题，运用一题多解、拓展引申、开放条件、变式探究、合作交流等方式，让学生进行思维活动，引导学生多方位、多角度、多层次地思考问题．在还原专家研究知识、解决问题的思维过程和暴露教师的思维过程的同时，通过师生、生生的交流暴露学生的思维过程．学生在课堂上，不仅巩固了知识，掌握了方法，体会了思想，更重要的是学会了理性思考，培养了数学思维的品质，提升了分析问题和解决问题的能力．

数学的精髓在于探索与创新，培养学生的探索和创新能力，也是单元复习课的一个不可忽视的任务．本节课运用探究学习的方式，通过教师的精心设计，以“问题串”引领学生在回顾梳理已学知识和方法的同时，调动学生积极参与探究、发现和解决问题的全过程，帮助学生不断发现新问题，获取新信息，得出新结论，深化学生对函数与方程之间的关系及其解决相关问题的方法的认识和理解．这样，学生不仅学到了基础知识和解题方法本身，更经历了知识和方法发生、形成的过程，积累了基本活动的经验，体验了数学思想方法，学会了理性思考，培养了创新能力，提升了数学素养，享受了成功带来的乐趣，收到了良好的复习效果．

---

① 渠东剑．再谈启发思维重于诱导结果[J]．中学数学教学参考，2014(8)：2-5．

课例十

核心素养导向下的高中数学单元复习课教学初探
——以“等差数列的单元复习”的教学设计为例

一、教学情况分析

1. 内容解读

“等差数列”是高中数学教材中的重要知识点之一，其主要内容包括：等差数列与等差中项的定义、等差数列的通项公式与前n项和公式以及等差数列的基本性质等. 等差数列作为一种特殊的函数，与函数思想密不可分，研究等差数列问题所需的恒等变形、解方程(组)、方程思想方法也是学生必须掌握的基本技能. 等差数列在日常生活中大量存在，有着广泛的应用，是培养学生数学应用意识与数学建模素养的有效载体. 等差数列与另一种重要的数列——等比数列有紧密的联系，其内容及研究方法与等比数列的内容及研究方法存在着许多类似与相同之处，掌握好等差数列的内容不仅有助于培养学生综合运用知识解决问题的能力，而且可以为进一步学习等比数列奠定坚实的基础，提供有力的支撑和保证.

2. 学情剖析

学生已经学习了等差数列的概念、通项公式、前n项和公式以及等差数列的性质等基本知识，并通过习题课初步了解了应用这些知识解决等差数列有关问题的思维方法和基本技能. 但由于是初次学习，学生对等差数列的认识还不够系统、深刻，应用等差数列的有关知识解题时还不够熟练和灵活，停留在简单模仿和机械套用公式的层次上，对概念、公式和性质的本质缺少理性思考，停留在表面上，存在着理解片面和不到位的现象. 另外，他们虽然已经具备了一定的分析问题、解决问题的能力，逻辑思维的能力也初步形成，但不够深刻、缺乏严谨性，存在运算障碍、“懂而不会”“会而不对”等现象，这些都需要在复习课教学中着力解决.

3.目标定位

(1)建构起有关等差数列的知识网络,深化对等差数列的定义、通项公式、前n项和公式以及等差数列的相关性质的认识和理解.

(2)能熟练地运用等差数列的有关知识解决等差数列的判定、证明和基本量计算等问题,提高综合和灵活运用所学知识分析问题、解决问题的能力.

(3)学会从函数的视角、用函数的观点分析并解决问题,体会函数与方程、化归与转化以及整体处理等数学思想方法的应用,提升观察、归纳、运算和推理等数学素养.

4.教学重难点

教学重点:等差数列的定义、通项公式、前n项和公式以及等差数列的相关性质的应用.

教学难点:运用函数的观点分析和处理关于等差数列的综合性问题.

5.教学策略

建构主义认为,人们对事物的认识活动本质上是主体的主动建构过程.数学教学"必须把学生看成主体",教师的责任则在于为学生的学习活动创造一个合适的"社会"环境,让学生通过与周围环境的相互作用,利用自身知识和经验建构起自己的理解.基于这样的认识,作为单元复习课,本节课主要采用"自主探究、合作交流"的教学方法,即教师创设合适的问题情境,先让学生去分析和探索,在独立思考和自主探究中形成认识、得出结论,然后在教师的引领下进行小组讨论、展开合作交流,通过师生、生生的相互启发和双边活动使问题获得解决,在这个过程中获得启示,再通过变式训练、拓展延伸将所得方法应用到解决同类问题中,发现一般性的原理,从而建构起自己对知识本质的认识和理解,实现单元复习课复习知识、提升能力、培养素养的目的.

二、教学过程设计

1.创设情境,激发兴趣

师:请大家阅读投影中的内容.

朱世杰是我国历史上最伟大的数学家之一,他所著的《四元玉鉴》中"如象招数"五问有如下问题:"今有官司差夫一千八百六十四人筑堤,只云初日差六十四人,次日转多七人,每人日支米三升,共支米四百三石九斗二升.问筑堤几

日？”（投影显示）

问题1　这个问题的大致意思是什么？

预案　官府陆续派遣1 864人前往修筑堤坝，第一天派出64人，从第2天开始每天派出的人数比前一天多7人，修筑堤坝的每人每天分发大米3升，一共发出大米40 392升.问这个堤坝共修筑了多少天？

问题2　在这个问题中，你能求出前5天共分发了多少大米吗？

预案　这是一个等差数列问题.设第n天派出的人数为a_n，则$\{a_n\}$是以64为首项、7为公差的等差数列，所以第n天修筑堤坝的人数为

$$S_n = a_1 + a_2 + \cdots + a_n = 64n + \frac{n(n-1)}{2} \times 7.$$

所以，前5天共分发的大米数量为$3(S_1 + S_2 + S_3 + S_4 + S_5) = 3[(1+2+3+4+5)\times 64 + (1+3+6+10)\times 7] = 3\,300$，即前5天共分发大米3 300升.

师：等差数列是一种十分重要的数列，有着广泛的应用.前面几节课已对等差数列的有关内容进行了研究，今天这节课，我们对其进行系统复习和总结，以深化同学们对等差数列中有关知识和方法的认识和理解，提高解决等差数列问题的能力.

【设计意图】　从古代数学名题入手，引领学生分析问题的意义，探索问题的解法，不但可自然而然地引出本节课的研究话题，聚焦学生的注意力，而且通过渗透数学文化和数学史，可以激发学生的学习兴趣，调动学生参与课堂活动的积极性，培养学生的数学应用意识，学会用数学的眼光观察世界，从而提升数学核心素养.

2. 梳理知识，构建网络

师：请同学们回忆一下，关于等差数列，我们研究了哪些内容？是怎样研究的？

预案　学生回忆交流，教师补充完善并板书.

定义：$a_n - a_{n-1} = d\ (n \geqslant 2, n \in \mathbf{N}^*)$，$d$为常数，$d > 0$时，$\{a_n\}$递增；$d < 0$时，$\{a_n\}$递减；$d = 0$时，$\{a_n\}$为常数列.

通项公式：$a_n = a_1 + (n-1)d = a_m + (n-m)d$.

前n项和公式：$S_n=\dfrac{n(a_1+a_n)}{2}=na_1+\dfrac{n(n-1)}{2}d$.

两个重要性质：

(1)$m+n=p+q \Leftrightarrow a_m+a_n=a_p+a_q$;

(2)$S_n,S_{2n}-S_n,S_{3n}-S_{2n},\cdots$成等差数列.

其研究过程是：从实例出发，抽象出定义，根据定义推导出通项公式与前n项和公式，结合定义和公式的应用，总结得出两个重要性质，可用知识网络结构图表示，如图1.

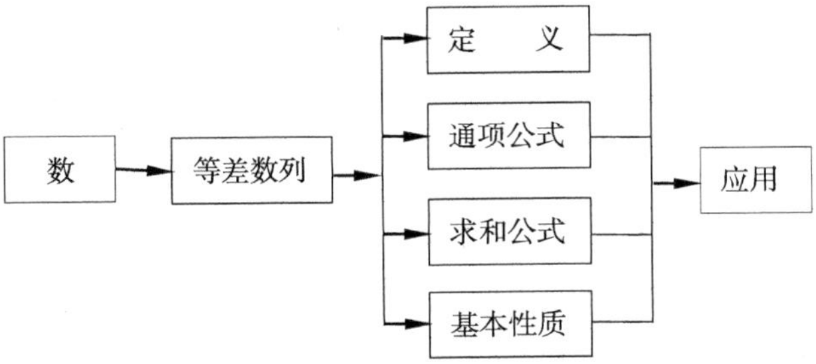

图1

【设计意图】　在教师的指导下，学生先进行自主回顾和梳理，然后分组讨论和合作交流，教师适时穿插点评，最后以结构图的形式加以展示，使平时学习的零散的、杂乱的知识系统化、条理化、网络化，挖掘出知识的内涵与外延，揭示出知识的本质，理顺知识之间的逻辑关系．这样的教学促进学生对单元基础知识以及研究方法的认识和理解，帮助学生建构良好的知识体系，为应用单元知识分析问题、解决问题奠定坚实的基础．

3.剖析例题，感知方法

题型1　等差数列的判定与证明问题

例1　已知数列$\{a_n\}$是公差为d的等差数列，若$b_n=a_{n+1}^2-a_n^2$.求证：数列$\{b_n\}$是等差数列.

设问　要证明一个数列是等差数列，我们一般从哪里入手呢？

预案　要证明数列$\{b_n\}$是等差数列，按定义，只要证明当$n\geqslant 2$且$n\in\mathbf{N}^*$时，b_n-b_{n-1}是一个与n无关的常数即可．由题设知，数列$\{a_n\}$的公差为d，则

$$b_{n+1}-b_n=(a_{n+2}^2-a_{n+1}^2)-(a_{n+1}^2-a_n^2)=(a_{n+2}-a_{n+1})(a_{n+2}+a_{n+1})-$$

$(a_{n+1}-a_n)(a_{n+1}+a_n)=d(a_{n+2}+a_{n+1}-a_{n+1}-a_n)=d(a_{n+2}-a_n)=2d^2$，又因为 $2d^2$ 为常数，所以数列 $\{b_n\}$ 是等差数列.

变式 1　已知数列 $\{a_n\}$ 满足 $a_1=\dfrac{3}{5}$，$a_n=2-\dfrac{1}{a_{n-1}}(n\geqslant 2, n\in \mathbf{N}^*)$. 若 $b_n=\dfrac{1}{a_n-1}$，求证：数列 $\{b_n\}$ 是等差数列.

预案　当 $n\geqslant 2$ 且 $n\in\mathbf{N}^*$ 时，$b_n-b_{n-1}=\dfrac{1}{a_n-1}-\dfrac{1}{a_{n-1}-1}=\dfrac{1}{\left(2-\dfrac{1}{a_{n-1}}\right)-1}-\dfrac{1}{a_{n-1}-1}=\dfrac{a_{n-1}}{a_{n-1}-1}-\dfrac{1}{a_{n-1}-1}=1$，是一个与 n 无关的常数.

所以数列 $\{b_n\}$ 是等差数列.

变式2　已知数列 $\{a_n\}$ 中，$a_1=5$ 且 $a_n=2a_{n-1}+2^n-1(n\geqslant 2$ 且 $n\in\mathbf{N}^*)$.

(1)求证：数列 $\left\{\dfrac{a_n-1}{2^n}\right\}$ 为等差数列；

(2)求数列 $\{a_n\}$ 的通项公式.

预案　(1)因为 $a_1=5$，当 $n\geqslant 2$，且 $n\in\mathbf{N}^*$ 时，$\dfrac{a_n-1}{2^n}-\dfrac{a_{n-1}-1}{2^{n-1}}=\dfrac{(2a_{n-1}+2^n-1)-1}{2^n}-\dfrac{2(a_{n-1}-1)}{2^{n-1}\cdot 2}=\dfrac{2^n}{2^n}=1$，所以 $\left\{\dfrac{a_n-1}{2^n}\right\}$ 是以 $\dfrac{a_1-1}{2}=2$ 为首项，1 为公差的等差数列.

(2)由(1)知 $\dfrac{a_n-1}{2^n}=2+(n-1)\times 1$，$\therefore a_n=(n+1)2^n+1, n\in\mathbf{N}^*$.

【设计意图】　让学生思考和探究例 1 及其变式，感悟判断或证明一个数列是等差数列的基本方法，明确解决这类问题的通法是运用定义，在深化对等差数列定义的认识和理解、把握等差数列定义的本质的同时，体会定义在解题中的作用，从而培养用定义解题的意识，提高用定义去分析问题和解决问题的能力.

题型2　等差数列中的计算问题

例2　已知等差数列 $\{a_n\}$ 的前 n 项和为 S_n.

(1)若$a_4=-3$,$a_{10}=-15$,求a_n和S_n;

(2)若公差$d=\frac{1}{2}$,$a_n=\frac{3}{2}$,$S_n=-\frac{15}{2}$,求首项a_1和项数n.

预案　先让学生思考解题的方法并独立解题,教师适当地加以点拨,然后组织学生进行交流,最后教师进行点评和完善.

(1)设等差数列$\{a_n\}$的首项为a_1,公差为d,则有下列两种思路:

思路1　由$a_4=-3$,$a_{10}=-15$,得$\begin{cases}a_1+3d=-3,\\a_1+9d=-15,\end{cases}$解之,得$\begin{cases}a_1=3,\\d=-2,\end{cases}$

从而有$a_n=a_1+(n-1)d=-2n+5$,

所以$S_n=\frac{n(a_1+a_n)}{2}=-n^2+4n$或$S_n=na_1+\frac{n(n-1)}{2}d=-n^2+4n$.

思路2　由等差数列的性质,有$d=\frac{a_{10}-a_4}{10-4}=-2$,所以$a_n=a_4+(n-4)d=-2n+5$,于是有$a_1=a_4-3d=3$,剩下求$S_n$同思路1.

(2)由公差$d=\frac{1}{2}$,$a_n=\frac{3}{2}$,$S_n=-\frac{15}{2}$,得$\begin{cases}\frac{3}{2}=a_1+(n-1)\times\frac{1}{2},\\-\frac{15}{2}=na_1+\frac{n(n-1)}{2}\times\frac{1}{2},\end{cases}$解之,得$\begin{cases}a_1=-3,\\n=5.\end{cases}$

变式　已知等差数列$\{a_n\}$的前n项和为S_n.

(1)若其前6项和为36,$S_n=324$,最后6项的和为180$(n>6)$,则a_7+a_{12}等于(　　)

A.36　　B.24　　C.18　　D.12

(2)若S_n的最大值为S_7,且$|a_7|<|a_8|$,使$S_n>0$的n的最大值为_____.

预案　如果运用基本量方法,运算量大且难以求得结果,由题目的条件和结论的特征,可联想等差数列的性质,进行整体处理.

(1)由题意可知

$a_1+a_2+\cdots+a_6=36$,　　①

$a_n+a_{n-1}+a_{n-2}+\cdots+a_{n-5}=180$,　　②

由①+②得

$(a_1+a_n)+(a_2+a_{n-1})+\cdots+(a_6+a_{n-5})=6(a_1+a_n)=216$,

于是

$a_1+a_n=36$,

又$S_n=\dfrac{n(a_1+a_n)}{2}=324$,所以$18n=324$,即$n=18$.

从而可得$a_1+a_{18}=36$,故$a_7+a_{12}=a_1+a_{18}=36$.故选A.

(2)由最大值为S_7得$a_7\geqslant 0$,$a_8<0$,又由$|a_7|<|a_8|$得$a_7<-a_8$,所以$a_7+a_8<0$.

要寻求$S_n>0$的n,因为$a_1+a_{14}=a_7+a_8<0$,$a_1+a_{13}=2a_7>0$,所以$S_{14}\leqslant 0$,$S_{13}\geqslant 0$.故n的最大值为13.故填13.

【设计意图】 借助例题及其变式,运用学生尝试、教师点拨、小组讨论与师生合作交流等方式,让学生感悟解决等差数列计算问题的常用方法:一是基本量方法,通过解方程组的方法求出基本量a_1和d,再运用公式进行计算;二是运用等差数列的基本性质,通过整体处理的方法求解.本环节渗透了函数思想、方程思想以及化归与转化等数学思想方法,可提高学生的理性思维和数学运算能力,培养学生的数学运算素养.

题型3　等差数列的综合性问题

设$\{a_n\}$是首项为a、公差为$d(d\neq 0)$的等差数列,S_n是其前n项和.记$b_n=\dfrac{nS_n}{n^2+c}$,$n\in\mathbf{N}^*$,其中c为实数.若$\{b_n\}$是等差数列,求c的值.

设问　这个问题的综合性较强,有一定的难度.想一想,解决这个问题的思路是什么?

预案1　(运用定义,从一般入手)由题意可得$S_n=na+\dfrac{n(n-1)}{2}d=\dfrac{d}{2}n^2+\left(a-\dfrac{d}{2}\right)n$,

因为$\{b_n\}$是等差数列,设其公差为d_1,根据等差数列的定义,得

$$b_n-b_{n-1}=\frac{nS_n}{n^2+c}-\frac{(n-1)S_{n-1}}{(n-1)^2+c}$$

$$=\frac{n\left[\frac{d}{2}n^2+\left(a-\frac{d}{2}\right)n\right]}{n^2+c}-$$

$$\frac{(n-1)\left[\frac{d}{2}(n-1)^2+\left(a-\frac{d}{2}\right)(n-1)\right]}{(n-1)^2+c}=d_1,$$

由上式对 $n \geqslant 2$ 且 $n \in \mathbf{N}^*$ 恒成立，求 c，较繁.

预案2 （运用定义，从特殊入手）设数列 $\{a_n\}$ 的公差为 d，由 $\{b_n\}$ 为等差数列，则 b_1, b_2, b_3 成等差数列，得

$$2b_2=b_1+b_3 \Rightarrow 2\times\frac{2S_2}{2^2+c}=\frac{S_1}{1+c}+\frac{3S_3}{3^2+c}$$
$$\Rightarrow \frac{2(2a+d)}{4+c}=\frac{a}{1+c}+\frac{3(3a+3d)}{9+c},$$

由此解出 c，再验证 $\{b_n\}$ 恰为等差数列，运算量较大.

预案3 （从数列 $\{b_n\}$ 的通项公式入手）由 $\{b_n\}$ 为等差数列，可设 $b_n=kn+b$（k, b 为常数），而 $b_n=\frac{nS_n}{n^2+c}=\frac{\frac{d}{2}n^3+\left(a-\frac{d}{2}\right)n^2}{n^2+c}$，于是，有 $\frac{\frac{d}{2}n^3+\left(a-\frac{d}{2}\right)n^2}{n^2+c}=kn+b$，化简后可得 $\frac{d}{2}n^3+\left(a-\frac{d}{2}\right)n^2=kn^3+bn^2+ckn+bn$，此式对 $n \geqslant 2$ 且 $n \in \mathbf{N}^*$ 恒成立，运用待定系数法，可得 $\begin{cases}\frac{d}{2}=k,\\ a-\frac{d}{2}=b,\\ ck=0,\\ cb=0.\end{cases}$ 因为 $d \neq 0$，所以 $k \neq 0$，所以 $c=0$.

【设计意图】 通过这道综合性问题，学生从不同的视角探索其解题的方法和思路，体会定义法、公式法、待定系数法、特殊化方法、函数与方程思想在解决数列问题中的应用；通过探索和发现、运算和思考、比较和分析，学会灵活地选择恰当的方法，优化解题的过程，培养勇于探索的精神、坚韧不拔的品质和理性思维的能力，提升逻辑推理和数学运算等数学核心素养，促进可持续发展.

4.巩固训练，形成技能

师：下面，请完成一道练习题，进一步体会解决等差数列有关问题的解题之道.

练习　设等差数列$\{a_n\}$的前n项和为S_n.

(1)若$a_1=-2\,020$,且$\frac{S_{12}}{12}-\frac{S_{10}}{10}=2$,求$S_{2\,020}$的值;

(2)若$a_3=5,S_3=9,S_n=100$,求n的值;

(3)若$a_1=20$,且$S_{10}=S_{15}$,求S_n的最大值.

预案　请三位同学上黑板板演,其余同学在座位上独立解题,五分钟后教师点评,提炼解题之道.

(1)根据等差数列的定义和性质知,$\left\{\frac{S_n}{n}\right\}$为等差数列,首项为$\frac{S_1}{1}=-2\,020$,又由$\frac{S_{12}}{12}-\frac{S_{10}}{10}=2$,知公差为1,所以$\frac{S_{2\,020}}{2\,020}=-2\,020+(2\,020-1)\times1=-1$,所以$S_{2\,020}=-2\,020$.

(2)运用基本量方法求解.设$\{a_n\}$的首项为a_1,公差为d,则由$a_3=5,S_3=9$,可得$\begin{cases}a_1+2d=5,\\3a_1+3d=9,\end{cases}$解得$a_1=1,d=2$.

再由$S_n=na_1+\frac{n(n-1)}{2}d=100$,得$n^2=100$,解得$n=10$或$-10$(舍),所以$n=10$.

(3)本题的方法灵活,从不同的角度思考,有不同的方法.

设$\{a_n\}$的公差为d,因为$a_1=20,S_{10}=S_{15}$,所以$10\times20+\frac{10\times9}{2}d=15\times20+\frac{15\times14}{2}d$,解得$d=-\frac{5}{3}$.

思路1　由$a_n=20+(n-1)\times\left(-\frac{5}{3}\right)=-\frac{5}{3}n+\frac{65}{3}$,得$a_{13}=0$.即当$n\leqslant12$时,$a_n>0$,当$n\geqslant14$时,$a_n<0$.$\therefore$当$n=12$或$n=13$时,$S_n$取得最大值,最大值为$S_{12}=S_{13}=12\times20+\frac{12\times11}{2}\times\left(-\frac{5}{3}\right)=130$.

思路2　$S_n=20n+\frac{n(n-1)}{2}\times\left(-\frac{5}{3}\right)=-\frac{5}{6}n^2+\frac{125}{6}n=-\frac{5}{6}\left(n-\frac{25}{2}\right)^2+\frac{3\,125}{24}$.

因为$n\in\mathbf{N}^*$,所以当$n=12$或$n=13$时,S_n有最大值,最大值为$S_{12}=S_{13}=$

130.

思路3　由 $S_{10}=S_{15}$，得 $a_{11}+a_{12}+a_{13}+a_{14}+a_{15}=0$. $\therefore 5a_{13}=0$，即 $a_{13}=0$. 所以当 $n=12$ 或 $n=13$ 时，S_n 有最大值，最大值为 $S_{12}=S_{13}=130$.

【设计意图】　三道练习小题由浅入深、层层递进，让学生独立思考求解并让学生代表上黑板板演，教师点拨讲评，一方面使学生熟悉操作步骤，规范解题思路，给学生以解题成功的喜悦体验；另一方面引领学生多角度、多方位、多层次地思考问题，培养学生的求异思维，帮助学生巩固解决等差数列问题的常用方法，学会差异分析和模式识别，形成解题技能，学会用数学的思维观察问题，用数学的语言表述问题，提高数学学科核心素养.

5. 总结提炼，深化理解

师：下面，我们一起来回顾一下本节课的复习过程.

问题1　复习了等差数列的哪些知识？

问题2　解决等差数列有关问题的常用方法有哪些？有什么收获和体会？

问题3　在解决等差数列问题时，运用了哪些数学思想方法？

问题4　通过复习，你感觉对本单元的学习还有哪些地方存在着不足？还需要做哪些进一步的探究？

【设计意图】　结合一节课的复习过程，引领学生及时进行归纳、总结、反思提炼，准确把握每个知识点以及相互间的联系，了解知识蕴含的数学思想方法，反思自己知识结构中存在的偏差或不足，对原有的知识结构进行再加工、再提炼，深化对所学内容的认识和理解，最终形成清晰的、稳定的、可辨别的、能迁移的数学认知结构. 本环节设计不仅使学生的思维品质得到提高，使策略性知识得到有效内化，还能培养学生良好的学习习惯，提高学生灵活运用所学知识分析问题和解决问题的能力.

三、教学活动反思

《普通高中数学课程标准(2017年版)》提出了以下总目标："通过高中数学课程的学习，学生能获得进一步学习以及未来发展所必需的数学基础知识、基本技能、基本思想、基本活动经验(简称'四基')；提高从数学角度发现和提出问题的能力、分析和解决问题的能力(简称'四能')."会用数学眼光观察世界，发展数学抽象、直观想象素养；会用数学思维思考世界，发展逻辑推理、数学运算素养；会用数学语言表达世界，发展数学建模、数据分析素养. 单元复习课作为数学课堂教学的重要课型之一，除了要发挥帮助学生系统复习、巩固基础知识，回顾知识发生、发展的过程，深化理解核心知识的本质及其所蕴含的数学思想，完善学生的认知结构，还要注意引领学生体会数学研究的一般方法，发展学生的理性思维水平，将培养学生数学核心素养的目标落实在复习过程之中，促进学生的长效发展和可持续发展①.

1.创设问题情境，让学生学会用数学的眼光观察问题

单元复习课许多教师都喜欢简单处理，上课时开门见山，直奔主题，先提出要复习的内容，接着回顾学过的知识，然后就是教师一遍遍地讲题，学生一道道地做题，看起来节奏快，容量大，似乎学生得到了很多，其实不然.这种枯燥的知识再现、机械的方法模仿、题海式的解题训练，教师讲得口干舌燥，学生听得头昏脑涨，兴趣得不到激发，知识得不到深化，思维得不到提升，复习的目标难以实现.根据学生的认知基础和心理特点，本节课从学生感兴趣的数学史问题出发，创设生动有趣的问题情境，引领学生进行阅读理解，从实际背景中抽象出数学问题，引导学生思考，建立等差数列的模型，探究其求解方法，在此基础上，自然而然地将学生的思维聚焦到等差数列知识的发生、发展过程上来.这样的单元复习课不但激发了学生进行知识复习的兴趣，使学生积极主动地参与到课堂复习活动中来，而且渗透了数学历史和数学文化，让学生感受到数学无处不在、无所不用，培养了学生数学应用的意识，让学生学会用数学的眼光观察现实世界，提升了数学抽象和直观想象等数学核心素养.

2.组织探究活动，让学生学会用数学的思维思考问题

一般而言，单元复习课的教学目的首先是通过对学过的单元中的知识内容进行系统梳理、整合与重组，加强相关知识间的丰富性和顺畅性，进而加强学生对知识理解的准确性和深刻性，形成良好的数学认知结构，然后再通过精心设计具有典型性、针对性、开放性和拓展性的例题和练习题，组织学生开展探究活动，启发学生进行理性思考，引领学生提炼解题之道，帮助学生积累解题经验，提高综合运用知识解决问题的能力②.本节课中，笔者在引出研究话题之后，立即组织学生站在整体的角度和系统的高度梳理学过的等差数列的核心知识，回顾等差数列有关知识发生、发展的过程，揭示这些知识的本质特征，勾勒出知识结构的网络图，纳入学生的认知系统.接着，借助教师精选的三道例题和一道训

① 林庆望.一堂概率复习课的教学与感悟[J].中学数学教学参考，2014(7)：14-16.

② 李柏青.复习课单元整体教学设计的实践与思考[J].数学通报，2013(3)：31-35.

练题组成“问题串”，组织学生运用一题多解、一题多变等方法，从不同角度、不同方位、不同途径进行理性思考，探索问题解决的策略和方法，暴露学生的思维过程，使学生形成了从定义出发进行推理、从公式出发进行求解的基本量方法和运用性质进行整体处理以优化运算等三种解题之道，感悟了蕴含在解题过程中的方程思想、函数思想、化归思想、从特殊到一般等数学思想方法，初步形成了模式识别的意识和能力，学会了用数学的思维思考现实世界，提炼和积累了解题经验，培养了逻辑推理和数学运算等数学核心素养.

3.引领合作交流，让学生学会用数学的语言表述问题

单元复习课除了帮助学生梳理基础知识、训练思维能力、收获解题之道外，还能教给学生什么？单元复习课不同于新授课，教师常常更多地关注回顾和解题训练，教师讲得多，学生活动少，师生之间的有效对话与生生之间的合作交流被普遍忽视.很多教师在学生还未能理解题意的情况下，便匆匆忙忙地给出解题思路、告知解题方法，用自己的分析过程代替学生的思维过程，忽略了教师和学生、学生和学生之间的对话和交流，压抑了学生自主参与课堂活动的热情，失去了培养学生数学核心素养的良好时机.本节课的教学，笔者充分认识到这种复习方式的弊端和不足，运用设问、提问、追问以及上讲台讲解、上黑板板演等方式，如“对这个问题，你是怎么想的？”“是如何想到的？”“我怎样才能想到？”“有什么规律？”等，组织丰富多彩的师生之间对话、生生之间合作交流等活动，给学生提供发表自己见解、暴露自己思维过程的机会，留时间让学生去思考、辨析、探究、讨论和展示，把学生真实的思维过程“逼出来”，实现知识的条理化、方法的清晰化、思维的深刻化、表述的规范化，使学生在这个过程中学会用数学的语言表述现实世界，让数学建模、数据分析等数学核心素养在学习和活动中“潜移默化”“润物无声”地生长起来.

“数学核心素养”是一个高度抽象的思维产物，是学生学习数学的“必备品格”和”关键能力”，是学生数学学科能力可持续发展的营养基.随着新课标的逐步实施，如何培养学生的数学核心素养已经成为每一位数学教师必须直面的问题.数学核心素养并非“空中楼阁”，它的培养不能脱离具体的数学知识与方法，它需要在数学知识的学习和数学思想方法的掌握过程中，通过逐步积累、领悟、内化形成.这就是说，学生数学核心素养的培养和提升离不开教师的合理引导，教师“教什么”“怎么教”在很大程度上影响着学生将来具备怎样的数学素养.对于绝大多数学生来说，数学能力的形成与数学核心素养的提升主要依赖于数学

课堂,或者源于数学课堂.课堂是发展学生数学核心素养的有效载体,单元复习课的教学也不例外.作为一名数学教师,要注重提升自己的教学智慧,发展自身的数学核心素养,关注数学内容、数学教学理论、数学教学实践与数学核心素养的有机结合,不断探索、不断积累,在课堂这个主阵地上引导学生多思考数学、体验数学,让培养学生的数学核心素养这一目标真正在我们的数学课堂上"落地生根""开花结果".

专题六　专题复习课的教学设计

数学教学实践证明，数学复习是巩固基础知识、防止出现遗忘、深化数学理解、完善认知结构、积累解题经验、形成解题技能的基本策略和有效方法.因此，数学复习课在数学教学中是不可或缺的，其重要性不言而喻.按照复习内容和功能不同，数学复习课可分为单元复习课、阶段复习课、专题复习课等.数学教育专家裴光亚先生认为："数学复习的方法，就是要把局部知识按照某种观点和方法组织成整体，将所学知识系统化，这样才便于储存、提取和应用."①从全局考虑，统筹兼顾，可把高中数学中所有知识点分成若干个专题，有目的、有计划、有步骤地复习.一般一两节课复习一个专题，每个专题都围绕着某个知识点或某个问题，基于核心思想方法视角，从知识、技能等多方面加以展开，纵向深入，由易到难，循序渐进，由一题到一类，引导学生对典型问题进行变式拓展，建立知识和方法的纵向、横向网络，强调各部分知识的横向、纵向联系，揭示解题规律和方法，让学生理解数学本质，提炼数学思想方法，积累数学活动经验.怎样设计好专题复习课的内容，如何组织好专题复习课的教学活动？下面从专题复习课的特点分析、设计原则和专题确立等几个方面来加以阐述，供大家参考.

一、专题复习课的特点分析

数学复习是整合知识、提升认知的系统工程，其核心教育价值不仅在于促进学生深化对数学思想的认识，更在于促进学生在数学活动经验中的飞跃生长和发展，不应该只是对已掌握知识的再回顾，更应该关注学生对知识系统的再建构和再完善.从知识层面上看，数学复习就是让学生从整体上系统地把握所学知识，进一步明确知识点在整个学科中的地位和作用，强化知识的交叉渗透，构建起完整、系统的知识体系.从能力要求上看，数学复习就是突出学科思维能

① 徐伟建.初中数学专题复习"问题整合"的策略例析[J].上海中学数学，2016(4)：8-12.

力的培养，注重整体意识和综合能力的提高，全面提升学生运用所学知识分析问题、解决问题的综合能力．因此，数学专题复习课一般说来，要具备以下几个特点：

1.强调知识的整体性和系统性

专题复习课的一个重要特点是帮助学生进一步记忆和理解核心概念、基本原理和程序性知识，并指导学生构建知识网络（可以使用表格、知识树、体系表、核心概念网等），从整体上掌握知识．杜威认为，教育就是经验的改造或重组．这种改造或重组，既能增加经验的意义，又能提高指导后来经验进程的能力．因此，专题复习课不是知识的简单重复，而是更高层次上的知识回归与整合．从知识、技能、方法等多方面展开复习，纵向深入，既要使知识有一个“固着点”（基本图形），又要使知识有一个“生长点”（改变图形），对知识进行再归纳、再总结，深入理解知识间的关系，然后过渡到专题的核心内容．在提出问题和解决问题的过程中，要引导学生对典型例题进行变式拓展，建立知识网络结构，提高学生掌握知识的准确性、整体性、应用性、创新性等．

2.注重综合能力的培养和提升

综合运用是进行数学专题复习课的重要任务．数学专题复习课不仅要做好基础性巩固练习，而且要围绕教学的重难点、教材的主干知识做好综合性和提高性的强化练习，这是学生从感性认识上升到理性认识、提升学科综合能力的过程．运用数学专题复习课，通过一些典型的案例、习题和问题，引领学生学会审题、学会联系、学会分析，逐步总结出蕴含其中的数学思想和数学方法，让一条条“知识线”有序地融成“知识面”．在解决问题的过程中，让学生尝试分类、联想、探究、选择、提取、加工、运用数学信息，强化数学基础知识，熟悉数学基本技能，感悟数学思想方法，建立知识的横向与纵向联系，形成网状结构，学会用联系的眼光整体地把握问题，从而提高综合运用与灵活运用所学知识分析问题和解决问题的能力．

3.突出数学思想方法统摄功能

专题复习课的核心价值是促进学生深化对数学思想方法的认识，突出数学思想方法的统摄功能．数学思想是建立数学理论和解决数学问题的指导思想，数学方法是研究数学问题的手段、途径、方式、步骤、程序等①．数学思想方法是

① 吴增生．专题复习要促进学生对数学思想方法认识的深化与提高：谈2013年中考数学专题复习[J]．中国数学教育（初中版），2013(3)：9-14．

数学的灵魂.在新授课教学中,学生学习的重点是通过探究活动形成数学新知,初步体会在知识形成过程中的数学思想和方法;在基础复习课中,学生学习的重点是进行知识结构的优化重组,选择性地应用知识解决问题,在解决问题的过程中体会数学思想方法的应用.熟练地用自己的语言概括数学思想方法的操作要领、步骤方法和适用范围需要在专题复习课中进行,数学思想方法的融会贯通则需要通过蕴含不同思想方法的典型问题的解决才能达成.数学思想方法的概括总结和灵活应用是专题复习课的核心任务,是教学中需要着力解决的问题.

二、专题复习课的设计原则

数学专题复习课,通常是以某一重要的数学知识、解题技能或数学方法为切入点,对所学知识、技能和方法的内在联系进行较为深入的剖析,选取一些典型的例题在课堂中进行由浅入深的探究和讲解,借助精选的习题进行集中训练,精讲精炼、讲练结合,以达到举一反三、触类旁通之效果.在数学专题复习课的教学过程中,教师引导学生"综合考点,把握重点,关注热点,查找漏点",将学到的数学知识、技能、方法形成一个牢固的有机整体,把握各部分考点的内在联系,归纳解题思路,整合知识要点,提升思想方法,使学生的认知结构得到完善,思维能力有所发展,从而使问题所反映的数学知识、数学思想方法更为广泛、更为深刻.因此,数学专题复习课的教学设计,要把握好以下几个原则.

1.整体性原则

整体性原则包括两个方面的含义:一是指对《普通高中数学课程标准(2017年版)》的整体把握.数学课程标准对数学教学有着极其重要的指导作用,是理解教材和有效教学的主要依据,是进行教学设计和组织教学活动的起点和归宿.数学专题复习课的设计要在依据数学课程标准确定好专题内容后,进一步紧扣数学课程标准,制订符合数学课程标准要求的教学目标,使专题复习有明确的指向.二是指对教材资源的整体把握.数学专题复习课倡导将教学内容置于整体中去把控,要求学生对所学知识进行回顾整理,但又并非对知识点进行简单的重复和罗列,需要教师引导学生从数学内容的整体结构上整合教材资源,通过某个知识或元素形成有机的知识网络,帮助学生树立整体观念,在整体中把握局部,处理好局部与局部之间的关系,学会从整体的角度、站在整体的高度去审视、分析和处理问题.

2.综合性原则

数学专题复习课的教学设计,要贯彻综合性原则,坚持用联系的观点组织复习教学活动.要求复习时必须对数学知识进行综合概括,形成知识之间的关系网络,使知识与知识之间、不同学科之间、数学知识与现实生活之间建立起有机联系,将数学的知识、技能、思想和方法进行综合组织,将分散在各个单元的数学知识、技能、思想和方法纳入自己的数学认知结构之中.同时,教学目标要体现综合性,数学问题也要突出综合性、应用性和挑战性.首先,需要综合运用多种知识,包括综合运用多学科知识去分析和解决问题;其次,需要综合运用多种数学思想和方法,通过抽象、概括、分类、归纳、推理获得解决数学问题的思路和途径,激活学生的思维、启迪学生的智慧,使学生在这个过程中培养和提升综合能力.

3.典型性原则

数学专题复习课需要紧紧围绕教学中的重点、难点和学生的弱点,通过一些典型的问题、例题和习题组织课堂教学活动.解决这些问题所涉及的思维方式、解题策略具有代表性和一般性,是数学学习中必须强化的通性通法,对学生的复习有启发性、示范性和实效性.针对所要复习的专题内容,精心选择和设计典型的数学问题、例题和习题等,既深化学生对各个知识点的理解,也强化学生对解题方法的运用和把握.通过对典型问题的探究、典型例题的剖析和典型习题的训练,学生在掌握数学知识、思想和方法的同时,在数学认知方面也产生一个质的飞跃,能够学会从多层次、多角度、多方位去思考问题,达到更深刻理解数学知识、更准确把握解题本质、更灵活运用解题方法、更熟练解决数学问题,真正实现减负增效,培养学生核心素养的目的.

4.思想性原则

数学基本思想是数学发展所依赖和依靠的思想,数学学习过程中涉及的数学思想方法会使学生终身受益.学生的数学能力不仅在于对知识的掌握,还在于运用知识和数学思想方法解决实际问题.数学专题复习课不仅要注重数学问题的处理方法的获取,更应注重处理方法获取过程中数学思维的形成、蕴含的数学思想方法、过程与结果以及数学思想方法的积淀.设计数学专题复习课时应把数学思想方法的提炼和渗透纳入教学目标,在组织教学活动时予以高度关注.通过对某个知识点或者某些元素的反思和总结,链接各章节知识要点,强调突出数学思想方法,借助精心设计的问题提供运用数学思想方法的契机,引导学生运用数学思想方法分析和解决具体的典型问题，使数学思想方法的渗透落到实处.

5. 发展性原则

发展性原则是指数学专题复习课要能提升学生的思维水平和解决问题的能力，以促进学生数学核心素养的发展为落脚点.数学专题复习课的教学设计应从学生的长远和可持续发展的角度出发，既要充分考虑学生的“最近发展区”，重视过程和方法，又要兼顾学生的价值观和良好行为习惯的养成，关注学生的发展和尊重学生的个性，适应不同层次学生的需要.组织数学专题复习课的教学活动，教师要充分让学生动手操作、观察、猜测、验证，对学生在探究过程中的即时生成给予足够的关注，及时引导学生自主归纳、概括出自己的发现，让学生在教师的引导下，自始至终都处于积极思考、主动探究的学习状态，在主动探究、自主发现知识和规律的过程中深切体会参与数学活动的乐趣，在“学会”的同时，达到“想学”和“会学”的境界，以促进学生的长效发展和可持续发展.

三、专题复习课的专题确立

数学专题复习课是对基础知识复习的补充和提升，致力于提高学生的知识理解力和解题能力，是将知识系统化、思想方法内化的助推器.教师有目的、有计划的专题教学，可以有效地帮助学生整合知识、提升认知、形成技能、学会解题、体会思想、训练思维，获得感性知识、情感体验和应用意识等具有发展性的经验认识.因此，数学专题复习课在数学教学中的重要性是不言而喻的.如何依据学情将学生需要突破的知识点、解题方法和数学思想等按突破的目标和重点确立教学主题，围绕这一主题编拟好素材、选择好内容，再以合适的方式组织好教学活动，是设计数学专题复习课时需要认真思考和着力解决的问题.从数学专题复习课教学的实际情况来看，复习专题的确立通常有以下几种视角.

1. 从完善认知的视角确立“知识组块”专题

我国著名数学家华罗庚先生告诫学生，读书有两个过程，第一个过程是“由薄到厚”，第二个过程是“由厚到薄”.数学专题复习课就是“由厚到薄”的过程.高中数学教学内容主要分为四条主线，约有120个知识点，这些知识点在教材中有些是在章节内呈现，有些是跨章节呈现，它们既相对独立，又相互联系.例如，函数的基本性质、基本初等函数、数列、不等式、导数及其应用作为独立的板块单独成章，但又紧密联系，呈现出一种递进、螺旋上升的关系.在数学专题复习课中，我们可以站在建立知识联系、完善学生认知的视角，以其中重要的数学概念或核心数学知识为主线设计教学，形成“知识组块”类专题．例如，高中数学内容中的函数知识可以设计成“函数的概念与表示方法”“函数的图象”“函数的单调性、奇偶性与周期性”“运用导数研究函数”等教学专题．

教学中，教师要从整体观和学生的实际情况出发，着眼于知识之间的联系，关注那些能生长为较高层次的活动经验，或能生长为知识与技能的数学活动经验，针对专题复习的内容和目标，以一条明显的逻辑主线串联起多个知识或方法碎片．素材选取、问题设计和编排等都要围绕专题内容中的核心知识点展开，凸显其整体性和统领性，突出其对重点知识和能力的要求，通过挖掘知识与方法间的内在联系，利用归纳、整理、升华等方式，帮助学生厘清核心知识的内涵与外延，掌握核心知识的本质，将学习过的相关知识点串成线、连成片．把孤立的知识点进行横向和纵向的结合，对重点、难点、热点和易错点进行有效整合，提高学生对知识之间联系的再认识，在头脑中形成知识网络，完善学生的认知结构，促进学生对数学知识的理解和掌握，使学习的知识逐步内化为分析问题和解决问题的能力．

2.从形成技能的视角确立“解题策略”专题

美国教育家G.波利亚说过：“掌握数学意味着什么？——那就是善于解题．”解题的关键是快速、准确地找到思路．这就要求教师在平时的课堂教学中，特别是在专题复习课上要注重方法的指导与总结，使学生的解题思路产生质的变化，思维品质得到有效的提升，积累数学解题经验，形成数学解题技能．数学问题解题的过程就是建立题设条件之间的联系而构成问题结论的过程，在解题过程中，题设条件与结论之间的贯通是由学生已经掌握了的数学知识作为桥梁[①]．其中，有许多特定的方法、规律和技巧，需要通过反复强化和训练才能为学生所掌握．例如，换元法在高中数学知识中有着非常广泛的应用，尤其在处理复杂式子时优点非常明显，但是这一方法仅仅通过一道题或者一个知识点很难让学生完全掌握．因此，教师可以结合换元法在不同情境中的运用进行整合，以此为主线设计“解题策略”类专题组织教学活动，进行螺旋式的训练[②]．

数学专题复习课一般以“题”为纲，以“精选例题，注重变式，合理设问”为基本特点展开教学活动，主要解决学生解题思路的分析、解题方法的总结以及解

① 张昆，曹一鸣．完善数学教师教学行为的实现途径[J].数学教育学报，2015(1)：33-37．

② 李刚．高三数学专题复习主线教学设计新思考[J].新课程研究，2018(11)：97-98．

题中的关键点、易错点等问题.典型例题是传授知识、巩固知识、提高思维水平、培养学生创新意识的载体,是教学中的精品,具有典型性与较强的示范性.规律的揭示、技能的训练、智能的培养,往往通过典型例题的教学来实现.在教学中,教师不能停留在问题的简单叠加上,而应在问题的选取与整合上下功夫,把一些重要的、局部的、共性的问题,按照某种观点或方法予以整合,以数学解题方法为主线引导学生对所学方法进行归类整理,运用例题的变式引申和拓展,将问题拓展推广成为一般性问题,充分发挥典型例题的示范性与辐射效应,从而达到疏通知识间联系、寻求解决问题的通性和通法的目的,使学生对解题方法有更深刻的领悟,将解题方法熟练应用到解题活动中去,完成从知识到能力的转化,将复习教学真正落到实处.

3.从渗透思想的视角确立“思想方法”专题

日本著名的数学教育家米山国藏说过:“即使学生把所教给的知识(概念、定理、法则和公式等)全都忘了,铭刻在他心中的数学精神、思想方法却能使他终身受益.”由此可见,学生理解和掌握数学思想方法比掌握形式化的数学知识显得更为重要.数学思想方法不仅反映在数学的教学过程中,更反映在数学题目的解答中.数学问题的解题过程,就是运用数学思想方法将所学的数学知识合理、巧妙地运用来达到解决问题的目的.因此,数学思想方法在数学学科教学中具有极其重要的意义①.数学专题复习课不仅要关注知识网络的建构,更要关注基本方法的建构和数学思想的渗透.数学专题复习课的教学设计,不是相关知识和题目的随意组合,而是贯穿了数学知识、解题技巧及思想方法的一个完整系统.我们可以以数学思想方法为主线,设计成“思想方法”类专题,利用这些专题展开教学活动,让学生深刻领悟数学思想方法在数学学科中的支撑和统帅作用.

中学常见的数学思想主要有函数与方程、数形结合、分类与整合、化归与转化、特殊与一般、有限与无限、偶然与必然,基本数学方法有待定系数法、换元法、配方法、割补法、反证法等,数学逻辑方法与思维方法有分析与综合、归纳与演绎、比较与类比、具体与抽象等.教材中有很多体现数形结合思想的内容章节,如果以数形结合思想方法为主题来组织设计主题教学,则可以将高中数学内容中的集合、基本初等函数、函数与方程、导数、解析几何等内容整合在一起.

① 孙桂萍,郭世峰.重视数学思想方法、提高高考复习效果[J].教育科学,2012(6):157-158.

围绕这个主题开展复习教学活动，不仅可以完善学生的认知体系，把运用数形结合思想解题的操作过程模型化、程序化、一般化，也可以让学生更好地体验由形到数、再由数到形的转化过程，把握数形结合的双向性，增强思维的转化能力和数学问题的表征能力，使学生对数形结合思想的认识从内隐转化为外显，实现数形结合思想方法的明朗化，从而有效提高学生运用数形结合思想解题的能力.

四、专题复习课的教学案例

数学课堂教学是教师引导学生进行数学活动，在师生、学生之间的积极交往和互动中，完成学习任务，实现共同发展的过程.它既是以传授和吸收人类间接经验为主的实践活动，也是一个不断发现问题、分析问题、解决问题的动态过程①.数学专题复习课的核心任务是引导学生系统梳理核心知识、总结解题策略、提炼数学思想方法，以问题解决活动为基本平台，深化知识理解、训练理性思维、积累解题经验、形成解题技能、提升数学素养.在教学中，引导学生针对问题进行分析思考，在分析问题条件的基础上确定解题的方法和实际解题的过程，在解题过程中不断揣摩、感悟和调整，在解题后的反思中提炼数学思想方法和解决问题的策略，在变式拓展中体验数学思想方法的合理运用，实现解题策略和解题方法的迁移，发展和提升解决问题的决策能力.

下面是“基本不等式的应用”专题复习课的教学案例，以供参考.

1.原题呈现——聚焦学生的思维

问题1　已知 $x_1, x_2, x_3 \geqslant 0$，且 $x_1+x_2+x_3=1$，求 $W=\frac{1}{1+x_1^2}+\frac{1}{1+x_2^2}+\frac{1}{1+x_3^2}$ 的最小值.(投影显示)

师：这是一道多元变量的条件最值问题，在 $x_1, x_2, x_3 \geqslant 0$，且 $x_1+x_2+x_3=1$ 的条件下，要求 $W=\frac{1}{1+x_1^2}+\frac{1}{1+x_2^2}+\frac{1}{1+x_3^2}$ 的最小值.怎么解决呢？

这个问题综合性较强，难度较大，对学生有一定的挑战性，一经提出，

① 凌雪花.“521问题探究”优化数学课堂教学初实践：以九年级数学专题复习课《二次函数中等腰三角形的存在性问题》为例[J].基础教育论坛（中旬刊），2019(7)：60-62.

学生就积极地展开思考，尝试求解，但都未能成功.

师：在前面的学习中，我们研究过与其类似的问题吗？有没有积累过关于这一类问题的解题经验？

2. 类题铺垫——引发学生的记忆

学生认真回忆，互相交流，反响热烈. 教师在学生讨论的基础上，给出以下问题作为铺垫，为解决原题提供知识和方法的储备.

师：请大家先看一个比较熟悉的问题.

问题2　已知正实数 x,y 满足 $xy+x+y=3$，则 $x+y$ 的最小值是________.

这是一道比较容易解决的问题，学生能够从不同的视角得到这个问题的不同解法.

生1：因为 $xy+x+y=3$，得 $x=\dfrac{3-y}{y+1}$，因为 $x>0$，$y>0$，所以 $0<y<3$. 则 $x+y=y+\dfrac{3-y}{y+1}=y+1+\dfrac{4}{y+1}-2\geqslant 2$，当且仅当 $y=1$ 时取等号，所以 $x+y$ 的最小值是2. 故填2.

师：生1利用已知条件，通过消元将题目转化为一元变量的最值问题，然后运用基本不等式求出了最小值. 非常好！

生2：因为 $x>0$，$y>0$，所以 $xy\leqslant\left(\dfrac{x+y}{2}\right)^2$，则 $3=xy+x+y\leqslant\left(\dfrac{x+y}{2}\right)^2+(x+y)$，当且仅当 $x=y$ 时取等号. 可得 $(x+y)^2+4(x+y)-12\geqslant 0$，即 $(x+y+6)(x+y-2)\geqslant 0$，因为 $x>0,y>0$，所以 $x+y+6>0$，所以 $x+y-2\geqslant 0$，即 $x+y\geqslant 2$，当且仅当 $x=y=1$ 时取等号. 所以 $x+y$ 的最小值是2. 故填2.

生3：因为 $xy+x+y=3$，所以 $(x+1)(y+1)=4$，因为 $x>0,y>0$，所以 $x+y=(x+1)+(y+1)-2\geqslant 2\sqrt{(x+1)(y+1)}-2=2$ 当且仅当 $x+1=y+1=2$，即 $x=y=1$ 时取等号. 所以 $x+y$ 的最小值是2. 故填2.

师：生2和生3的解法，虽然过程有所不同，但有一个共同的特点，就是无须消元，运用整体处理的方法，直接由基本不等式求出了函数的最小值，显得既简洁又巧妙．请大家再看下面的问题．

问题3　已知$a>0,b>0$，且$a+b=2$，则$\frac{a^2+2}{a}+\frac{b^2}{b+1}$的最小值是________．

很快有学生想到先将目标函数变形简化，再运用基本不等式求出其最小值．

生4：$\frac{a^2+2}{a}+\frac{b^2}{b+1}=\frac{a^2+2}{a}+\frac{b^2-1+1}{b+1}=a+\frac{2}{a}+b-1+\frac{1}{b+1}=\frac{2}{a}+\frac{1}{b+1}+1$．因为$a>0,b>0$，且$a+b=2$，所以$a+(b+1)=3$，所以$\frac{2}{a}+\frac{1}{b+1}=\left(\frac{a}{3}+\frac{b+1}{3}\right)\left(\frac{2}{a}+\frac{1}{b+1}\right)=\frac{2(b+1)}{3a}+\frac{a}{3(b+1)}+1\geqslant 2\sqrt{\frac{2}{9}}+1=\frac{2\sqrt{2}}{3}+1$，当且仅当$a=\sqrt{2}(b+1)$时取等号．所以$\frac{a^2+2}{a}+\frac{b^2}{b+1}$的最小值为$\frac{2\sqrt{2}}{3}+2$．故填$\frac{2\sqrt{2}}{3}+2$．

师：请大家思考，将目标函数变形为$\frac{2}{a}+\frac{1}{b+1}+1$后，能用消元的方法将其转化为一元变量的函数，再求其最小值吗？

生(众)：可以的，也不难解决．

师：上面两题中都只涉及两个变量，大家有遇到过三个变量的问题吗？

问题4　已知$x>0,y>0,z>0$，若$x+\sqrt{3}y+z=6$，则x^3+y^2+3z的最小值为________．

师：同学们有什么想法吗？

生5：只要由$x+y+z=6$消去z，转化为二元变量的函数，就容易解决了．

师：这个想法不错，大家试试看．

生6：设$T=x^3+y^2+3z$．因为$x+\sqrt{3}y+z=6$，所以$z=6-x-\sqrt{3}y$，

所以$T=x^3+y^2+18-3x-3\sqrt{3}y$，可得$T-y^2+3\sqrt{3}y=x^3+18-3x$，设$f(x)=x^3+18-3x$，$f'(x)=3x^2-3$．令$f'(x)=0$，可得$x\pm 1$，所以$f(x)$在区间$(0,1)$上单调递减，在区间$(1,+\infty)$上单调递增，所以$f(x)\geqslant f(1)=$

16，即 $T-y^2+3\sqrt{3}y\geqslant 16$，得 $T\geqslant y^2-3\sqrt{3}y+16$，当 $y=\frac{3\sqrt{3}}{2}$ 时，函数 $m=y^2-3\sqrt{3}y+16$ 取得最小值 $\frac{37}{4}$. 此时 $3z>0$ 符合题意，故填 $\frac{37}{4}$.

师：很好！现在请大家回到我们开始提出的问题，有办法解决吗？

3.探索解法——提升学生的能力

学生交流讨论，探索原题的解法，很快就有学生取得了很好的进展.

生7：因为 $\frac{1}{1+x_1^2}=\frac{(1+x_1^2)-x_1^2}{1+x_1^2}=1-\frac{x_1^2}{1+x_1^2}$，同理 $\frac{1}{1+x_2^2}=1-\frac{x_2^2}{1+x_2^2}$，$\frac{1}{1+x_3^2}=1-\frac{x_3^2}{1+x_3^2}$，

所以 $W=\frac{1}{1+x_1^2}+\frac{1}{1+x_2^2}+\frac{1}{1+x_3^2}=\left(1-\frac{x_1^2}{1+x_1^2}\right)+\left(1-\frac{x_2^2}{1+x_2^2}\right)+\left(1-\frac{x_3^2}{1+x_3^2}\right)=3-\left(\frac{x_1^2}{1+x_1^2}+\frac{x_2^2}{1+x_2^2}+\frac{x_3^2}{1+x_3^2}\right)$.

不妨设 $0\leqslant x_1\leqslant x_2\leqslant x_3$，由 $x_1+x_2+x_3=1$ 得，若 $x_3=1$，则 $x_1=x_2=0$，此时 $W=1+1+\frac{1}{2}=\frac{5}{2}$.

若 $x_3<1$，则当 $x_1=0$ 时，有 $0<x_2\leqslant x_3$，且 $x_2+x_3=1$，由 $1+x_2^2\geqslant 2x_2>0$ 可得 $\frac{x_2^2}{1+x_2^2}\leqslant\frac{x_2^2}{2x_2}=\frac{x_2}{2}$，当且仅当 $x_2=1$ 时取等号，又 $x_2\leqslant x_3<1$，所以上式不取等号，于是有 $\frac{x_2^2}{1+x_2^2}<\frac{x_2}{2}$，同理 $\frac{x_3^2}{1+x_3^2}<\frac{x_3}{2}$，所以 $W=3-\left(\frac{x_2^2}{1+x_2^2}+\frac{x_3^2}{1+x_3^2}\right)>3-\left(\frac{x_2}{2}+\frac{x_3}{2}\right)=3-\frac{x_2+x_3}{2}=3-\frac{1}{2}=\frac{5}{2}$；当 $x_1>0$ 时，有 $0\leqslant x_1\leqslant x_2\leqslant x_3<1$，同上可得 $\frac{x_1^2}{1+x_1^2}<\frac{x_1}{2}$，$\frac{x_2^2}{1+x_2^2}<\frac{x_2}{2}$，$\frac{x_3^2}{1+x_3^2}<\frac{x_3}{2}$，从而 $W=3-\frac{x_1^2}{1+x_1^2}+\frac{x_2^2}{1+x_2^2}+\frac{x_3^2}{1+x_2^2}>3-\left(\frac{x_1+x_2+x_3}{2}\right)=3-\frac{1}{2}=\frac{5}{2}$. 故总有 $W=\frac{1}{1+x_1^2}+\frac{1}{1+x_2^2}+\frac{1}{1+x_3^2}\geqslant\frac{5}{2}$，当且仅当 x_1,x_2,x_3 中一个取1、另两个取0时取等号，所以 $W_{\min}=\frac{5}{2}$.

师：这位同学做得非常好！先将目标函数变形为 $W=3-\left(\frac{x_1^2}{1+x_1^2}+\frac{x_2^2}{1+x_2^2}+\frac{x_3^2}{1+x_3^2}\right)$，再运用基本不等式使问题获得了解决，而且能正确地分类讨论，过程十分规范，值得大家学习.求解这个问题，还有其他方法吗？

生8：可以运用消元的思想，先将目标函数转化一元变量的函数，再运用求导的方法求解.不妨令 $0\leqslant x_1\leqslant x_2\leqslant x_3$，则 $W=\frac{1}{1+x_1^2}+\frac{1}{1+x_2^2}+\frac{1}{1+x_3^2}\geqslant\frac{2}{1+x_2^2}+\frac{1}{1+x_3^2}$，当且仅当 $x_1=x_2$ 时取等号.此时，由 $x_1+x_2+x_3=1$，得 $2x_2+x_3=1$，令 $2x_2=x$，则 $x_3=1-x$，其中 $x\in\left[0,\frac{2}{3}\right]$.于是，有 $W=\frac{1}{1+x_1^2}+\frac{1}{1+x_2^2}+\frac{1}{1+x_3^2}\geqslant\frac{2}{1+x_1^2}+\frac{1}{1+x_3^2}=\frac{8}{x^2+4}+\frac{1}{x^2-2x+2}$. 令 $y=\frac{8}{x^2+4}+\frac{1}{x^2-2x+2}$，$x\in\left[0,\frac{2}{3}\right]$，求导，得 $y'=\frac{-16x}{(x^2+4)^2}+\frac{-(2x-2)}{(x^2-2x+2)^2}=-\left[\frac{16x}{(x^2+4)^2}+\frac{2x-2}{(x^2-2x+2)^2}\right]>0$ 对 $x\in\left[0,\frac{2}{3}\right]$ 恒成立，所以 $y=\frac{8}{x^2+4}+\frac{1}{x^2-2x+2}$，$x\in\left[0,\frac{2}{3}\right]$ 单调递增，得当 $x=0$ 时 $y_{\min}=\frac{8}{4}+\frac{1}{2}=\frac{5}{2}$.所以 $W=\frac{1}{1+x_1^2}+\frac{1}{1+x_2^2}+\frac{1}{1+x_3^2}\geqslant\frac{5}{2}$，当且仅当 $x_1=x_2=0$，$x_3=1$ 时取等号，所以 $W_{\min}=\frac{5}{2}$.

4.变式引申——拓展学生的思维

师：上面我们从不同的视角探索了原题的解法，对这个问题，大家还有新的想法吗？能不能由原来的问题，提出一些新的问题来？

生9：我想啊，能求出 W 的最大值吗？如果将问题变成求 W 的取值范围，又怎么求解？

师：这个想法有见地.我们解决一道数学问题，不能就题论题.要善于从这道题出发，做一些变式，提出一些新的问题，将这道题的作用发挥到极致.就今天的这个问题而言，大家能求出 W 的最大值吗？试试看.

学生经过一番思考和研讨，猜想当 $x_1 = x_2 = x_3 = \dfrac{1}{3}$ 时，W 取得最大值 $\dfrac{27}{10}$. 如何来证明这一结论，有一些困难. 在教师的启发下，终于有同学得出了如下解法.

生 10：容易猜想，当 $x_1 = x_2 = x_3 = \dfrac{1}{3}$ 时，$W_{\max} = \dfrac{1}{1+\left(\dfrac{1}{3}\right)^2} + \dfrac{1}{1+\left(\dfrac{1}{3}\right)^2} + \dfrac{1}{1+\left(\dfrac{1}{3}\right)^2} = \dfrac{27}{10}$. 证明如下：令 $f(x) = \dfrac{1}{1+x^2}$，$x \in [0, 1]$，令 $x = \dfrac{1}{3}$，得 $f\left(\dfrac{1}{3}\right) = \dfrac{1}{1+\left(\dfrac{1}{3}\right)^2} = \dfrac{9}{10}$，得 $P\left(\dfrac{1}{3}, \dfrac{9}{10}\right)$.

考查函数 $f(x) = \dfrac{1}{1+x^2}$ 的图象在点 P 处的切线 l. 求导，得 $f'(x) = \dfrac{-2x}{(1+x^2)^2}$，所以 $f'\left(\dfrac{1}{3}\right) = -\dfrac{27}{50}$，从而得切线 l 的方程为 $y - \dfrac{9}{10} = -\dfrac{27}{50}\left(x - \dfrac{1}{3}\right)$，整理得 $y = -\dfrac{27}{50}(x-2)$. 由图象可知对任意 $x \in [0, 1]$，有 $\dfrac{1}{1+x^2} \leqslant -\dfrac{27}{50}(x-2)$，即 $(1+x^2)(x-2) \geqslant -\dfrac{50}{27}$ 恒成立.

事实上，不妨令 $g(x) = (1+x^2)(x-2) = x^3 - 2x^2 + x - 2$，则 $g'(x) = 3x^2 - 4x + 1 = 3\left(x - \dfrac{1}{3}\right)(x-1)$.

当 $x \in [0,1]$ 时，$g(x)$ 在区间 $\left[0, \dfrac{1}{3}\right]$ 上递减，在区间 $\left[\dfrac{1}{3}, 1\right]$ 上递增，故得

$$g(x)_{\min} = g\left(\frac{1}{3}\right) = \left(\frac{1}{3}\right)^3 - 2\left(\frac{1}{3}\right)^2 + \left(\frac{1}{3}\right) - 2 = -\frac{50}{27},$$

所以 $(1+x^2)(x-2) \geqslant -\dfrac{50}{27}$，即 $\dfrac{1}{1+x^2} \leqslant -\dfrac{27}{50}(x-2)$ 对任意 $x \in [0,1]$ 恒成立，当且仅当 $x = \dfrac{1}{3}$ 时取等号. 所以 $W = \dfrac{1}{1+x_1^2} + \dfrac{1}{1+x_2^2} + \dfrac{1}{1+x_3^2} \leqslant$

$$\left[-\frac{27}{50}\left(x_1-2\right)\right]+\left[-\frac{27}{50}\left(x_2-2\right)\right]+\left[-\frac{27}{50}\left(x_3-2\right)\right]=-\frac{27}{50}\left(x_1+x_2+x_3-6\right),$$

又 $x_1+x_2+x_3=1$，所以 $W\leqslant-\frac{27}{50}(1-6)=\frac{27}{10}$，当且仅当 $x_1=x_2=x_3=\frac{1}{3}$ 时取等号，所以 $W_{\max}=\frac{27}{10}$.

综上，当 x_1,x_2,x_3 中的一个值取 1 另两个值取 0 时，$W_{\min}=\frac{5}{2}$；当 $x_1=x_2=x_3=\frac{1}{3}$ 时，$W_{\max}=\frac{27}{10}$.

5. 总结提炼——完善学生的认知

师：又快到下课的时间了！请同学们回忆一下我们今天这节课的研究内容.

生 11：今天这节课，我们主要研究了多元变量的条件最值问题的求解方法.

师：我们是怎样研究的？研究的方法是什么？

生 12：我们从一道典型的问题出发，联想已经研究过的类似的问题，从不同的视角，运用一题多解与一题多变的方法，探索出这一类问题的一般解题方法.

师：通过这节课的学习，你有哪些收获？

生 12：掌握了求解多元变量的条件最值问题的基本思维方法：一是利用已知条件消元，将其转化为一元变量的函数最值问题来处理，二是借助基本不等式整体求解.

生 13：体会了等价转化、分类讨论、先猜后证、类比等数学思想方法在解题中的应用.

师：运用基本不等式求最值，要注意什么？

生 14：要关注“一正、二定、三相等”的条件，三者缺一不可！

师：求解一元变量的函数最值问题，常用的方法有哪些？

生 15：可以借助函数的图象，利用函数的单调性、求导数的方法，也可以运用基本不等式.

师：对于今天的问题，大家还能做哪些探究？课后不妨试一试！

G.波利亚说过:“一个专心认真备课的教师能够拿出一个有变化但又不太复杂的题目,去帮助学生挖掘问题的各个方面,使得通过这道题就好像通过一道门户,把学生引入一个完整的理论领域.”数学专题复习课是以问题解决为主要方式的教学活动,数学问题的选择和解题活动的开展尤为重要.题不在多,关键是要有典型性和针对性,让其充分发挥出应有的功能.教学中,要善于以具有典型性、可以发挥示范辐射作用的问题为出发点,开展“蘑菇式”的变式探究活动.课堂上以一道题为主线,围绕一个主题开展探索活动,揭示问题本质,提炼解题策略,挖掘知识之间的联系,渗透数学思想方法,既可以让原本较枯燥无味的复习课变得生机勃勃,也能收到“讲一题、通一类、得一法”的效果.复习课让学生在生动活泼、丰富多彩的探究活动中深化对知识的理解,提炼出解决数学问题的方法和规律,体会数学思想方法在问题解决中的功能和效用,提高应用所学知识分析问题和解决问题的能力,使教学真正走向简约、精准和高效.

数学专题复习课教学,实质上是将知识专题和方法专题紧密结合的复习.因此,要以“四基”为本,回归教材,适当拔高,查漏补缺,突出重点,渗透考点,实现对知识的重构再现和有效整合;要以方法为脉,划分并选择有代表性、针对性的专题展开探究活动,注重将考点串联,掌握通法;要以思想为魂,通过对数学基本活动经验的积累,从现实生活抽象出数学,在数学内容中通过推理发展数学,通过建立模型联系数学与外部世界,训练对数学发展影响最大的三个基本思维模式,即抽象、推理和模型,渗透数形结合、等价转化、分类讨论等常用的数学思想方法.学生在复习过程中只有深刻理解数学知识的本质,掌握核心的解题技能,感悟数学思想方法,才能真正实现数学教学训练学生思维、培养学生核心素养的目的.

课例十一

高三数学二轮复习微专题的课例设计与教学思考

——以“函数零点的有关问题”的教学设计为例

一、教学情况分析

1. 内容解读

函数的零点是高中数学中的一个重要概念，这一知识出现在苏教版数学教材必修1专题三中”函数的应用”一节中，主要内容有函数零点的概念、函数与方程的联系与零点存在性定理等.函数零点为函数与方程提供了连接点，揭示了两者之间的本质联系，为研究函数与方程开辟了新的途径、学习了函数零点的有关知识，我们可以运用方程的思想来解决函数问题，又可以运用函数的思想来解决方程问题，使函数与方程、数形结合、等价转化、分类讨论等四大数学思想的运用有了丰富的素材和载体，使函数的应用功能得到了充分体现.

导数是研究函数的单调性、最大(小)值等问题的最一般、最有效的工具，为我们描绘函数图象带来极大方便，使得函数零点的应用更加丰富.有关函数零点的试题常常在函数、方程、不等式、图象等方面进行知识交汇，受到命题者的普遍青睐，成为高考命题的一个热点.研究函数零点的有关问题特别是运用导数的知识来解函数零点的问题，探索与函数零点有关的常见题型及其解题之道，对于深化对函数、方程、不等式等数学知识的认识与理解，体会数学思想方法的价值，培养数学应用的意识，提高分析问题、解决问题的能力，提升数学核心素养有着不可低估的作用，是我们需要认真研究的课题.

2. 学情剖析

作为高三年级经过一轮复习的学生，他们在再认和回忆时没有歪曲、遗漏、增补和臆测，在知觉某一事物时，初步能根据自己已有的知识、经验对事物加以解释和判断，具有比较与分类思维，但是抽象概括及分析综合思维欠缺.学生系统地复习了函数、导数的相关知识，对函数零点的定义十分熟悉，对零点存在性定理本质的理解及其应用有一定的基础，会利用导数研究函数的单调性、极值和最值，能够熟练地描绘一些较为复杂的函数图象，为本专题的学习奠定了较为坚实的基础．但是学生的理性思维比较欠缺，对于处理含参问题的能力还有待提高，把新问题转化为已解决问题的能力有待提高，缺乏选择解决问题策略的能力，还不能灵活地运用导数的知识和方法解决与函数零点有关的综合性问题，运算的能力也需加强，这些需要在教学活动中引起重视，着力解决．

3. 目标定位

（1）理解函数零点的概念，熟悉函数$y=f(x)$的零点与$f(x)$的图象和x轴的交点以及与方程$f(x)=0$的关系，掌握函数零点存在性定理及其应用．

（2）会灵活地应用零点存在性定理和导数描绘出函数的图象，从数和形两个角度研究函数零点的有关问题．

（3）体会转化与化归、函数与方程和数形结合等数学思想方法的运用，提高推理论证能力、运算求解能力和综合运用所学知识分析问题、解决问题的能力．

4. 教学重难点

教学重点：利用导数研究函数的零点和方程的根的有关问题．

教学难点：含有参数的函数的零点或方程的根的综合性问题的求解．

5. 教学策略

按照布鲁纳的"认知—发现"学习理论，学生学习的实质是主动形成认知结构．学习是一个积极主动的认识过程，学习者不是被动地接受知识，而是主动地获取知识，把新获得的知识同原有的认知结构联系起来，纳入自己的知识体系，建构起自己的理解．基于这样的认识，本节课的教学坚持以教师为主导、学生为主体，倡导积极探索、合作交流等教学方式，运用符合学生认知特点的灵活多样的教学方法，从三次函数出发探究函数零点问题，以简单的含参数函数零点问题为载体，通过实施教学，引导学生利用导数讨论函数的单调性、极值、最值问题，突出数形结合思想、转化思想的应用，帮助学生真正掌握基本的数学知识、技能和方法，帮助学生用数学的思维方式解决问题、认识世界．通过类比、联想、迁移和应用等手段，学生可以体会知识之间的内在联系，感受数学的整体性，理解数学的本质，提升数学核心素养．

二、教学过程设计

1.引例分析,提出问题

引例　(2019·江苏省高考数学第19题)

设函数$f(x)=(x-a)(x-b)(x-c)$,$a,b,c\in\mathbf{R}$,$f'(x)$为$f(x)$的导函数.

(1)若$a=b=c$,$f(4)=8$,求a的值;

(2)若$a\neq b$,$b=c$,且$f(x)$和$f'(x)$的零点均在集合$\{-3,1,3\}$中,求$f(x)$的极小值;

(3)若$a=0$,$0<b\leqslant 1$,$c=1$,且$f(x)$的极大值为M,求证:$M\leqslant\dfrac{4}{27}$.

思路分析

(1)由题意得到关于a的方程,解方程即可确定a的值;

(2)由题意首先确定a,b,c的值,从而确定函数的解析式,然后求解其导函数,由导函数即可确定函数的极小值;

(3)由题意首先确定函数的极大值M的表达式,然后可用如下思路证明题中的不等式.

思路1　由函数的解析式结合不等式的性质进行放缩即可证得题中的不等式.

思路2　由题意构造函数,求得函数在定义域内的最大值.

"函数零点问题"是近年来高考考查的重点和热点,在填空题和解答题中均有涉及.填空题中的考查,主要与函数的图象和性质、函数与方程的思想有关,难度不大,而在解答题中,则经常要结合导数、不等式、零点存在性定理来判断零点个数或者由零点个数求参数的取值或取值范围等,其考查范围广,考查方式灵活,设计的题目可浅可深,变化多样,对学生思维能力的要求高.因此,在二轮复习中,有必要对函数的零点问题进行深入研究,强化针对性训练,以提高学生解答与函数零点有关问题的能力.

【设计意图】　俗话说:"良好的开端是成功的一半."以新颖别致的高考试题为引例,引出高中数学中常见的一类问题——函数的零点问题,可以有效地抓住学生的心理特点,激发学生深入学习研究本专题的兴趣,为学生营造出一个良好的学习氛围.

2.典例探究,揭示规律

视角1　判断和确定零点个数的问题

例1　(2013·江苏省高考数学第20题)

设函数$f(x)=\ln x-ax$,$g(x)=e^x-ax$,其中a为实数.

(1)若$f(x)$在区间$(1,+\infty)$上是单调减函数,且$g(x)$在区间$(1,+\infty)$上有最小值,求a的范围;

(2)若$g(x)$在区间$(-1,+\infty)$上是单调增函数,试求$f(x)$的零点个数,并证明你的结论.

思路分析

(1)将问题转化为“$f'(x)\leqslant 0$在区间$(1,+\infty)$上恒成立”.

(2)方法1:根据参数的取值情况分三种情况讨论,先易后难,层层深入.

方法2:将零点的个数问题转化为两个函数图象的交点个数问题(令$f(x)=\ln x-ax=0$,则$\ln x=ax$,由此将零点个数问题转化为研究直线$y=ax$与函数$y=\ln x$图象的交点个数问题).

方法3:化为$a=\frac{\ln x}{x}$,由此将零点个数问题转化为研究直线$y=a$与函数$y=\frac{\ln x}{x}$图象的交点个数问题.

【设计意图】　由函数零点的定义可知,函数$y=f(x)$的零点,就是方程$f(x)=0$的根,亦即函数$y=f(x)$的图象与x轴交点的横坐标.若$f(x)=g(x)=h(x)$,则方程可转化$g(x)=h(x)$,函数$y=f(x)$的零点即为函数$y=g(x)$的图象和函数$y=h(x)$的图象的交点的横坐标,其范围和个数可以从图象中得到.对本例的探究,意在促使学生认识到函数零点、方程的根以及函数图象的交点之间存在着紧密联系,可以相互转化,在解决有关函数的零点个数以及已知零点的个数求参数的取值范围等问题时,可灵活地运用这样的联系,获得简捷明快的解决方法.

视角2　利用零点性质解决含参的有关问题

例2　(2015·江苏省高考数学第19题)

已知函数$f(x)=x^3+ax^2+b(a,b\in\mathbf{R})$.

(1)试讨论$f(x)$的单调性;

(2)若$b=c-a$(实数c是与a无关的常数),当函数$f(x)$有三个不同的零点时,a的取值范围恰好是$(-\infty,-3)\cup\left(1,\frac{3}{2}\right)\cup\left(\frac{3}{2},+\infty\right)$,求$c$的值.

思路分析

(1)先求函数导数,根据导函数零点大小讨论函数单调性,注意需分三种情况讨论,不要忽略相等的情况.

(2)首先转化条件:函数$f(x)$有三个不同的零点,就是零在极大值与极小值之间,然后研究不等式$a>0,\frac{4}{27}a^3+c-a>0,c-a<0$以及$a<0,\frac{4}{27}a^3+c-a<0,c-a>0$时的解集情况,令$g(a)=\frac{4}{27}a^3+c-a$,则当$a=-3$时$g(-3)\leqslant 0$,且当$a=\frac{3}{2}$时$g\left(\frac{3}{2}\right)\geqslant 0$,因此确定$c=1$,然后再利用函数因式分解验证结论满足题意.

【设计意图】　已知函数零点的情况,利用函数零点的性质解决含参问题.例如,求参数的取值或确定参数的取值范围,是考查利用导数研究函数的高频题型,而根据题目结构实施等价变形是常见手段,关键往往是转化成恒成立或存在性问题,而转化的等价性是易错点,常常伴随分类讨论等过程.构造函数,利用导数研究新函数性质是核心,即通过导数研究函数单调性和最值经常需要以形助数.特别说明,严谨规范的数学表达是值得高度关注和需要着力解决的问题.

视角3　以函数零点为载体的有关综合问题

例3　(2018·江苏省高考数学第19题)

记$f'(x),g'(x)$分别为函数$f(x),g(x)$的导函数.若存在$x_0\in\mathbf{R}$,满足$f\left(x_0\right)=g\left(x_0\right)$且$f'\left(x_0\right)=g'\left(x_0\right)$,则称$x_0$为函数$f(x)$与$g(x)$的一个"S点".

(1)证明:函数$f(x)=x$与$g(x)=x^2+2x-2$不存在"S点";

(2)若函数$f(x)=ax^2-1$与$g(x)=\ln x$存在"S点",求实数a的值;

(3)已知函数$f(x)=-x^2+a,g(x)=\frac{be^x}{x}$,任意$a>0$,判断是否存在$b<0$,使函数$f(x)$与$g(x)$在区间$(0,+\infty)$内存在"S点",并说明理由.

思路分析　本题表面上看与函数的零点无关,但本质上还是以函数的零点为载体的问题.根据题目中关于"S点"的定义,"S点"实质上既是函数$F(x)=$

$f(x)-g(x)$的零点，也是函数$F'(x)=f'(x)-g'(x)$的零点，求解时，仍以函数零点的意义和零点存在性定理为依据，综合运用导数与函数的知识来解决.

【设计意图】 意在促使学生了解在高考试题中经常会出现表面上看与函数的零点无关，但本质上还是以函数的零点为载体的问题.求解时，仍以函数零点的意义和零点存在性定理为依据，综合运用导数与函数的知识来解决.比如，有关函数极值点的问题与导函数的零点有着紧密的联系，求解时常常需要借助零点存在性定理和导数的有关知识.类似这样的问题，内涵丰富，形式多样，对数学思维能力和探索能力提出了较高的要求，可以较好地考查学生逻辑推理能力、数学运算能力等核心素养.

3.变式训练，拓展延伸

给出下列变式训练题，让学生自主练习：

(1)函数$f(x)=1+x+\frac{x^2}{2}+\frac{x^3}{3}$的零点的个数是________.

解析：$f'(x)>0$恒成立，函数$f(x)$单调递增，又$f(-2)=1-2+\frac{(-2)^2}{2}+\frac{(-2)^3}{3}=-\frac{5}{3}<0$，$f(0)=1>0$，所以零点个数是1.

(2)若函数$f(x)=|e^x-1|+ax+1$有两个不同的零点，则实数a的取值范围是______.

解析：问题转化为方程$|e^x-1|+1=-ax$有两个不同的实根，求实数a的取值范围.令$f(x)=|e^x-1|=\begin{cases}e^x, & x\geqslant 0,\\ 2-e^x, & x<0,\end{cases}$作出图象可知，直线$y=-ax$与函数$f(x)$的图象应在$x\geqslant 0$上有两个不同的交点(如图1).相切时，设切点为$P(x_0,y_0)$，则$\begin{cases}y_0=-ax_0,\\ y_0=ex_0,\\ -a=ex_0,\end{cases}$所以$x_0=1$，此时$P(1,e)$，所以$-a>e$，即$a<-e$.

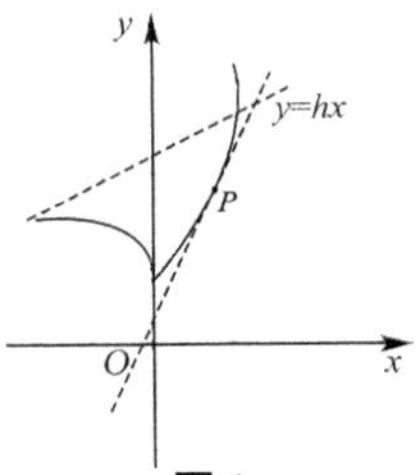

图1

(3)已知函数$f(x)=\ln x$，$g(x)=\frac{3x-2a}{2x}$.

①求函数$F(x)=f(x)-x+2$在$x\in[4,+\infty)$上的最大值；

②若函数$H(x)=2f(x)-\ln[g(x)]$在区间$\left[\frac{1}{2},1\right]$上有零点，求实数$a$的取值

范围.

解析:①运用导数法,容易求得$F(x)_{\max} = F(4) = \ln 4 - 2 = 2\ln 2 - 2$.

②若函数$H(x) = 2f(x) - \ln[g(x)]$在区间$\left[\frac{1}{2}, 1\right]$上有零点,则$a = \frac{3}{2}x - x^3$在$x \in \left[\frac{1}{2}, 1\right]$上有解,且$g(x) > 0$.

令 $h(x) = \frac{3}{2}x - x^3$, $x \in \left[\frac{1}{2}, 1\right]$, 因为 $h'(x) = \frac{3}{2} - 3x^2 = 3\left(\frac{1}{2} - x^2\right)$, 令$h'(x) > 0$,得$\frac{1}{2} < x < \frac{\sqrt{2}}{2}$,令$h'(x) < 0$,得$\frac{\sqrt{2}}{2} < x < 1$.所以$h(x) = \frac{3}{2}x - x^3$在$x \in \left[\frac{1}{2}, \frac{\sqrt{2}}{2}\right]$上单调递增,在$x \in \left[\frac{\sqrt{2}}{2}, 1\right]$上单调递减.又$h(1) < h\left(\frac{1}{2}\right)$,所以$h(1) \leqslant h(x) \leqslant h\left(\frac{\sqrt{2}}{2}\right)$,即$\frac{1}{2} \leqslant h(x) \leqslant \frac{\sqrt{2}}{2}$,故$a \in \left[\frac{1}{2}, \frac{\sqrt{2}}{2}\right]$.由$g(x) > 0$,得$a < \frac{3}{4}$.综上可得$a \in \left[\frac{1}{2}, \frac{\sqrt{2}}{2}\right]$.

【设计意图】　利用上述三个变式题,让学生动手操作、自主训练,进一步熟悉求解有关函数零点问题的理论依据,牢固地掌握求解有关函数零点问题的方法和策略.对例题探究进行拓展延伸,提高学生分析和解决有关函数零点问题的能力,形成解决相关问题的技能,达成专题复习的目标.

4.归纳总结,深化理解

(1)从知识的层面去理解:

①函数零点的意义、函数的零点与函数图象和x轴的交点以及方程的根之间存在关系,零点存在性定理是解决与函数零点有关问题的基础知识,要熟练掌握.

②研究函数零点的问题常常需要借助函数的图象,因此,要熟悉常见函数的导数公式、导数的运算法则,学会从数和形两个不同视角研究有关函数零点的问题.

(2)从方法的层面去体会:

①函数与方程的思想方法:函数的零点与函数的图象、方程的根之间有着紧密的联系,研究函数的零点常常需要借助函数的图象和方程的根,因此,要充

分体会函数与方程思想的应用，学会构造恰当的函数与方程，解决函数零点的有关问题.

②数形结合的思想方法：在函数零点问题的解题过程中，数形结合的思想方法应用十分广泛，将函数的零点看成两个函数图象的交点的横坐标，运用数形结合的方法，先作出图象再判断零点的情况，然后运用零点存在性定理予以证明，让形的直观与数的严谨相辅相成.

(3)从应用的层面去掌握：

①根据函数表达式判断和讨论零点的个数也是一类常见的问题.此类问题与含参数的函数表达式有关，可以通过研究函数的单调性来研究函数图象的变化趋势，利用数形结合的方法求解.

②根据零点个数求参数的取值范围.此类问题近年来频频出现在高考试卷中，成为考查的一个重点和热点问题，考查题型也已由填空题逐步过渡为解答题.解决这类问题的基本思路是通过研究函数的单调性，借助数形结合的方法解决.

③以函数的零点为载体的综合问题.函数的零点是沟通函数、方程、图象的重要桥梁，充分体现了函数与方程间的紧密联系、解决以函数零点为载体的综合问题，要牢牢抓住导数这一研究函数的有力工具，通过研究函数的单调性、极值、最值、图象等性质，将其转化为基本问题来解决.

【设计意图】 引导学生从基础知识、思想方法和数学应用三个层面对本专题的探究过程进行回顾和总结，建构有关函数零点问题在知识、思想、方法之间的有机联系，深化学生对函数零点问题的认识和理解，在提高学生解题技能的同时，提升学生的思维能力，发展学生的核心素养.

三、教学活动反思

传统的高三数学复习课教学，一般都是采用“章节—专题—模拟”的三轮教学进行，即一轮复习按照章节顺序对基础知识和基本方法进行系统梳理，帮助学生夯实基础；二轮复习以专题复习、习题讲评的形式帮助学生提升思维；三轮复习重在模拟和训练，以求快速正确地解题.就二轮专题复习而言，人们常常习惯于运用“大专题”的形式进行，在实施过程中，许多教师常会有如下困惑：一是由于专题设计口径过大，不能与高考命题设计的口径有效对接，很多知识盲点和新颖方法往往得不到有效复习；二是有时因“炒冷饭”而导致学生产生“审美疲劳”，不能激发学生的兴趣与探究欲望，出现高耗低效．为此，笔者在专题复习的形式和主题选择上做了一些尝试和改进，在精选几个经典专题的基础上，适时、有机地穿插了一些“微专题”，较为有效地提高了二轮复习的效果．

所谓“微专题”，是相对于传统意义上综合性较强、涵盖知识较广的大专题而言的，是教师在把握知识体系的基础上，针对学生复习中的具体情况，选择其学习时存在困难的某些“点”，以其为中心，将相关的概念、规律、原理、模型等进行整合，形成的微型复习专题．它立足于学情、教情和考情，切口小、角度新、针对性强、操作方便、指向明确，能有效地助力学生突破学习中的重点、难点、疑点和关键点，帮助学生疏通学习障碍、构建知识体系、促进和深化数学理解、发展核心素养、提升解题能力．采用“微专题”的形式展开复习，具有“因微而准、因微而细、因微而深”等特点，能起到“见微知著”，促进学生深度学习、提高教学质量的目的．

1．提出问题，明确主题

微专题教学，“微”只是形式，“专”才是本质．实现“微专题”教学，首先要在既定的主题下组织教学内容，然后集中力量专门解决一个知识点和一类热点问题，特别是针对学生掌握的薄弱环节或者高考热点，聚焦一类问题的解决，目标明确，重点突出，删繁就简，直击要害．因此，创设好问题情境，确定和提出课堂探究学习的主题是第一要素，需要精心设计．本课例教学伊始，精心创设问题情境，用一道高考题作为引例，引导学生通过思路分析，发现问题，提出函数的零点是函数学习的重要内容，是高考的热点题型，是复习中需要着力解决的问题．这样既提出了问题，为学生规划了课堂学习的路径，将学生的关注点很快地引向课堂学习的主题，又为学生的学习活动营造了良好的氛围，调动了学生的学习热情，让学生全身心地投入课堂探究活动中，使课堂探究活动有了一个良好的开端．

2．精选例题，引领探究

微专题教学一个重要任务就是使重点得到进一步强化，难点得到有效突破，易错点得到纠正．要完成这一任务，选择好具有典型性和代表性的例题，以这些例题为载体引领学生展开探究活动，让学生在思考、操作和交流中完成认知的升华，实现深度的理解，是进行“微专题”课例设计的核心和关键．教师要有意识地收集一些内涵丰富、有针对性的问题，或者改编一些试题．选择例题时要求数量少但思维容量大、知识综合性强但主题鲜明、教学耗时少但学生收获多．

例题必须紧紧围绕教学要求，关注学情，难度适中，不能出现偏题、怪题，挑选的题目难度应控制在大部分学生的“最近发展区”内．通过对典型问题的分析和探究，总结出解决这一类问题的一般规律、方法或者技巧，帮助学生积累数学活动的经验，通过知识的联通和意义建构，领悟数学本质，建立起更高级的逻辑关系和更深刻的知识体系，实现深度学习．

3. 用好变式，巩固拓展

微专题教学一定要善“变”，通过“变”不断吸引学生的眼球，有时换个角度．变个形式，效果就完全不一样．通过对典型例题的一题多变，进行变式训练，引导学生多侧面、多角度、多渠道地思考问题，让学生多探讨、多辩论，能有效训练学生思维的创造性，使学生不仅可以掌握通性通法，而且能够发现不同问题间的联系，进而构建起解决一类问题的“路线图”，使得对典型例题的探究成果得以巩固和拓展，从而获得举一反三、触类旁通的效果．变式训练还可以一题多用、多题重组，给学生一种新鲜、生动的感觉，唤起学生的好奇心和求知欲，使学生掌握问题的发展规律，对数学基础知识的认识从感性层面上升到理性层面，培养学生的数学意识和思维的深刻性、创造性．这样学生能够产生主动参与学习的动力，保持其参与教学活动的兴趣和热情，对课堂的学习活动充满期待，从而能够深度参与、深度思考、深度学习．

4. 总结规律，升华认知

教学反思是提升学生思维能力的重要路径．微专题教学中要引导学生从基础知识、思想方法和数学应用等不同的层面，对认知结构中已有的一些解法进行反思与提炼，总结出一般方法和规律，让学生认识到知识、方法之间的联系，建立起对一类问题的整体认知，进而生成处理一类问题的基本方法，升华认知．在教师的引导下，通过基本问题的解决，学生能归纳出解题方法，更重要的是形成解题思路，会根据条件和目标进行合理的转化，建立适当的模型，做到有章可循，有法可依．在此基础上，对典型问题探究过程的回顾与反思，让学生能根据自己的体会去尝试解决问题，固化思维，形成解决一类问题的能力．同时，引导学生从不同的角度审视问题，鼓励学生提出独创性的见解，使得探究学习的过程成为“再发现”和“再创造”的过程．

总之，微专题的教学设计，既要针对教学的实际又要关注学生的学情，既要突出课堂教学的效率又要兼顾学生的思维发展．设计丰富多彩的教学内容和探究活动，让学生积极参与其中，通过经历探究活动的过程，学生获得数学知识、技能、情感态度与价值观.要合理地创设问题情境,确定好教学主题,精心地选取典型例题,组织好探究活动,运用好教学变式,让学生在变式的训练中拓展思维,回顾反思,升华认知.要恰当地选择教学策略,充分发挥学生的主体作用,营造独立思考、自主探究、勇于创新的良好环境,提高学生发现问题、提出问题、分析问题、解决问题的能力,从而达到促进学生深度学习,提高高三复习效率,提升数学素养的目的.

课例十二

构建知识间的联系，提升复习课的品位

——以“函数$f(x)=ax^3+bx^2+cx+d$的性质”的教学设计为例

一、教学情况分析

1. 内容解读

本节课的教学内容是函数$f(x)=ax^3+bx^2+cx+d$的性质.教学重点是函数$f(x)=ax^3+bx^2+cx+d$的单调性、极值和最值的研究方法及其应用.

函数是描述客观世界变化规律的重要数学模型.在高中，其研究经历了三个阶段，一是指数函数、对数函数和幂函数的研究，二是三角函数的研究，三是导数及其应用.导数是研究函数的单调性、极值和最值等性质的有力工具，函数及其导数具有丰富的思想内涵和应用价值.在复习了导数的概念、导数的计算及其简单应用后，以函数$f(x)=ax^3+bx^2+cx+d$的性质研究为载体，设计此教学内容，具有承上启下的作用.

对函数$f(x)=ax^3+bx^2+cx+d$性质的探索，一方面可以让学生感受导数在研究函数性质中的意义和价值，另一方面可以帮助学生建立并完善讨论函数性质的基本框架，掌握研究函数性质的过程和方法，了解函数性质的基本内容及其作用.更为重要的是，在此过程中，学生可以进一步体会数形结合、分类讨论、转化与化归等思想方法，为继续学习和研究其他函数问题奠定基础.

2. 学情剖析

学生已经有了研究指数函数、对数函数、幂函数和三角函数等函数模型的直接经验，具备了从图象直观获得结论和从数量关系上进行逻辑推理的能力，掌握了导数的概念和求法，了解了运用导数研究函数的单调性、极值、最值和零点等性质的过程和方法.

函数$f(x)=ax^3+bx^2+cx+d$的性质比较复杂，图象也不容易作出，为了实现本节课的教学目标，对学生运用分类讨论、数形结合、等价转化等思想方法分析问题、解决问题的能力有较高的要求.

一般情况下，研究函数离不开图象，要作出函数$f(x)=ax^3+bx^2+cx+d$的图象，并利用图象解决问题，对学生而言有一定的困难，需要教师精心设计，帮其化解；学生有运用分类讨论、数形结合、等价转化等思想方法分析问题、解决问题的意识，但面对具体问题，如何正确运用，需要教师做好示范和引领.

3. 目标定位

本节课教学是为了帮助学生系统了解研究函数性质的思维过程，掌握运用导数研究函数性质的基本方法，感受导数在研究函数中的作用和价值，体会导数的思想与丰富内涵，提高运用所学知识分析问题、解决问题的能力. 具体目标如下：

(1)从已有的研究函数的经历中建立函数$f(x)=ax^3+bx^2+cx+d$性质的研究思路，体会从具体到一般的研究过程和数形结合的研究方法；

(2)能用导数研究函数$f(x)=ax^3+bx^2+cx+d$的单调性、极值、最值、零点个数等性质，感受导数在研究函数性质中的意义和作用；

(3)构建讨论函数性质的基本框架，完善数学认知结构，提高运用等价转化、分类讨论和数形结合等数学思想方法分析问题、解决问题的能力.

4. 教学重难点

重点：用导数研究函数$f(x)=ax^3+bx^2+cx+d$的单调性、极值、最值、零点个数等性质.

难点：研究函数的性质，学生习惯于由形到数，由具体到一般. 本节课需要通过对函数$f(x)=ax^3+bx^2+cx+d$性质的研究，得出其图象特征，再运用图象分析问题、解决问题，这在思维上是一个逆转，是教学的难点.

5. 教学策略

本节课是高三复习课，帮助学生系统地掌握知识和方法，形成良好的认知结构，培养学生的思维品质，提高学生的解题能力，是本节课的主要目标. 为了实现这些目标，教学中采用了以下策略：

(1)站在系统的高度组织复习内容. 通过精心设计的“问题串”引导学生回顾研究函数性质的过程和方法，在实际问题中构建具体的函数模型，运用“数”

和“形”结合的手段展开性质探究，从中归纳出以导数为工具研究函数性质的一般方法，帮助学生形成完整的认知结构，学会学习.

(2)站在学生的角度组织教学活动.根据学生的思维特点和认知基础，运用引导发现和讲练结合的方法，尽可能多地给学生提供课堂参与的机会，提出问题让学生分析、思考和交流，借助多媒体课件、图形计算器等工具，让学生动手操作，在尝试和探索中掌握方法，体会思想，形成技能.

(3)突出数学思想方法的提炼和渗透.通过典型例题及其变式的教学，由浅入深，逐层递进，不断地给学生提供比较、分析、归纳、综合的机会，保持积极有效的思维活动，帮助学生在解题总结和反思中领悟转化与化归、分类讨论、数形结合等数学思想方法在数学学习中的价值和作用①.

二、教学过程设计

1.问题引领

师：同学们，今天这节课我们来研究函数$f(x)=ax^3+bx^2+cx+d$的性质.老师先与大家交流几个问题.

问题1　在高一、高二阶段，我们主要研究过哪些函数模型?

生：指数函数、对数函数、幂函数、三角函数等.

师：今天我们要研究的这个函数是一个多项式函数.如果$a=0$，则这个函数已经研究过.今天，我们着重研究$a\neq0$的情形，不妨称之为三次函数.请大家先回忆一下：以前在研究一些常见函数的性质时，是怎样研究的?研究了哪些问题?

师：今天我们就以指数函数为例.

问题2　你能回忆一下指数函数性质的研究过程和方法吗?

生：研究指数函数时，先给出a的一些值.

师：赋予底数a一些特殊的值，就是从特殊的指数函数到一般的指数函数.那么，研究的方法是什么呢?

生：作图.

师：好，老师来概括一下.

教师总结：具体——一般；数——形.(板书)

① 吴锷.实验探究的智慧之花在课堂绽放：一堂高三数学实验探究课赏析[J].中学数学月刊，2014(4)：26-29.

【设计意图】 用“问题串”启发，引导学生回忆研究函数性质的过程和方法，并展开积极思考，给学生营造一个良好的探究学习的氛围.

2. 整体感知

师：我们研究一类函数的性质，实际上就是要探讨这类函数有哪些共同的特征.

问题3　我们常研究函数的哪些性质？

生：定义域、值域、单调性、奇偶性、极值、最值、周期性、零点等.(学生回答，教师板书)

师：总结得很好.函数的性质就是函数运动变化中的规律性、不变性和特殊性.

问题4　你能勾画一下函数$f(x)=ax^3+bx^2+cx+d(a\neq 0)$性质的研究过程和方法吗？

生：先赋值，比如取$a=b=c=d=1$.

师：[板书$f(x)=x^3+x^2+x+1$]你准备从一个具体的函数入手研究.老师也来举个例子.

【设计意图】 从宏观上把握，让学生整体感知研究函数性质的思路、过程和方法，发现问题的本质，抓住要点，为研究函数$f(x)=ax^3+bx^2+cx+d(a\neq 0)$的性质指明方向.

3. 组织探究

师：请大家看下面一个来源于生产和生活实际的问题(投影显示).

问题　某制造商制造并出售球形瓶装的某种饮料.瓶子的制造成本是$0.8\pi r^2$分，其中r(单位：cm)是瓶子的半径.已知每出售1 mL的饮料，制造商可获利0.2分，且制造商能制作的瓶子的最大半径为6 cm.瓶子半径r多大时，能使每瓶饮料的利润y最大？

师：我们要研究利润的最值首先要做什么？

生：建立利润与半径的函数关系式.(学生在草稿纸上建立函数关系式)

生：由于瓶子的半径为r，所以每瓶饮料的利润是

$$y=f(r)=\frac{4}{3}\pi r^3\times 0.2-0.8\pi r^2=\frac{4}{15}\pi\left(r^3-3r^2\right),r\in(0,6].$$

师：将实际问题的研究转化为研究函数.若抛开实际背景，则可以得到函数$f(x)=x^3-3x^2$.

【设计意图】 在实际问题中抽象出一个具体的三次函数模型，为从具体函数入手探究函数的性质提供一个载体，让学生构建研究函数性质的思路，展开探究活动.

问题5　你准备如何研究函数$f(x)=x^3-3x^2$的性质？分别从什么角度入手研究？

生：定义域为**R**，值域也为**R**.

师：你是怎么得到值域的？

生：当$x\to+\infty$时，$f(x)\to+\infty$；当$x\to-\infty$时，$f(x)\to-\infty$.

师：那就是从解析式得到了函数的值域.其他性质呢？

生：它既不是奇函数也不是偶函数.单调性和极值可以用导数的方法来研究.

师：好，那请同学们用导数的方法研究这个函数的单调性和极值.

（教师投影展示一位学生的解答过程，师生共同分析.）

师：同学们，单调性反映了函数的变化趋势，极值反映了函数在某点附近的性质.我们知道可以用配方的方法很漂亮地解决二次函数的极值问题，但是这只是特殊情况下的特殊解法，并不能解决像三次函数等这样一般函数的极值问题.从这个过程中我们可知，导数是研究函数单调性和极值的有力工具.有了这些性质，那我们能不能把函数的草图作出来？

师生活动：学生根据上述性质在预先准备好的方格纸上作出函数的草图.教师投影展示学生作出的草图.教师用图形计算器作出函数图象，请学生验证自己的草图，并交流作图时注意运用函数的变化趋势、极值以及零点等性质.

师：（教师利用图形计算器画出导函数$f'(x)=3x^2-6x$的图象以及函数$f(x)=x^3-3x^2$的图象）你能描述导函数$f'(x)$的形态对函数$f(x)$单调性的影响吗？

生：在区间$(-\infty,0)$上，$f'(x)>0$，所以$f(x)=x^3-3x^2$在区间$(-\infty,0)$上单调递增；在区间$(0,2)$上，$f'(x)<0$，所以$f(x)=x^3-3x^2$在区间$(0,2)$上单调递减；在区间$(2,+\infty)$上，$f'(x)>0$，所以$f(x)=x^3-3x^2$在区间$(2,+\infty)$上单调递增.

师：函数的导函数也是我们研究该函数性质的重要方法.（教师板书：导函数图象）

问题6　$f(x)=ax^3+bx^2+cx+d(a\neq0)$的导函数$f'(x)=3ax^2+2bx+$

$c(a \neq 0)$的图象如图(1)(2)(3)所示,则$f(x)=ax^3+bx^2+cx+d(a \neq 0)$的大致图象可能是(A)(B)(C)(D)中的哪一个?

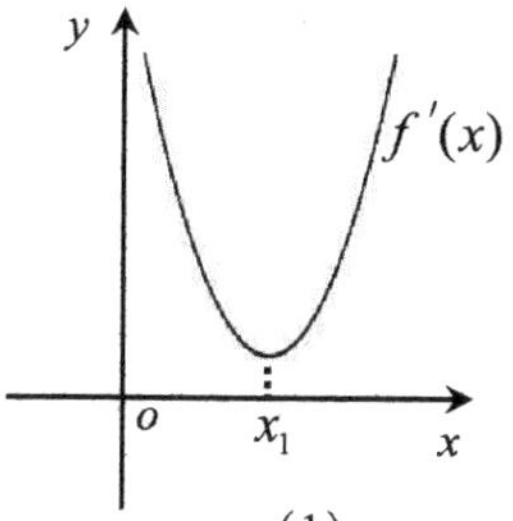

(1)

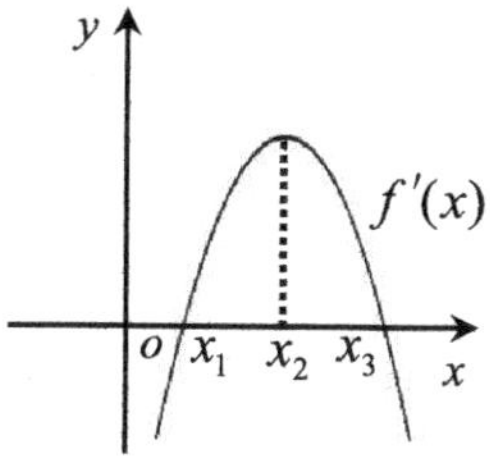

(2)

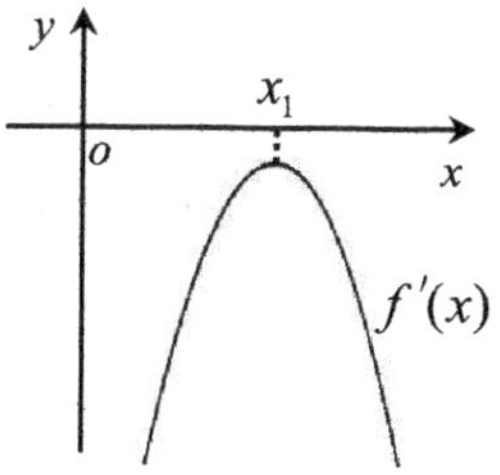

(3)

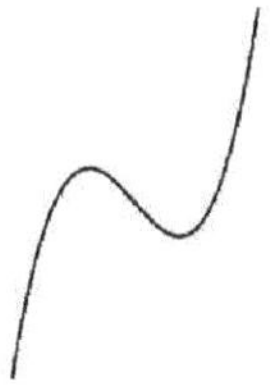

(A)

(B)

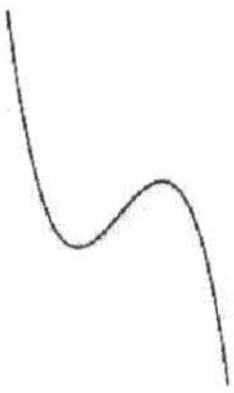

(C)

(D)

问题7　你能借助导数写出(A)(B)(C)(D)不同情形下,各系数应满足的关系式吗?

生:系数应满足的关系式有$f'(x)=3ax^2+2bx+c$和$f'(x)=0$的判别式$\Delta=4(b^2-3ac)$.

(A)$a>0,\Delta>0$;(B)$a>0,\Delta \leqslant 0$;(C)$a<0,\Delta>0$;(D)$a<0,\Delta \leqslant 0$.

【设计意图】　让学生体会研究函数性质既可以从形的角度进行直观描述,又可以从数的角度进行精确刻画,数与形之间可以灵活转换,协同作战,从而培养学生运用数形结合的思想方法解决问题的意识和能力.

师:这就告诉我们,对一个函数"形"的研究最终回到了对"数"的研究.回到开头提出的实际问题,饮料公司若想利润最大,饮料瓶的半径应为多大?

生:$f(x)=x^3-3x^2$在区间$(0,6]$上的最大值在$x=6$时取到,所以半径应定为6 cm.

师:那么是不是半径越大利润就越大?

生:不是.在区间$(0,2]$上半径越大,利润越小(利润为负值,是亏本);在区间$(2,+\infty)$上半径越大,利润越大.

【设计意图】　从实际问题开始,发现导数工具,最终解决实际问题,通过这一过程让学生体会函数导数在解决现实问题中的作用与价值.

4.抽象概括

问题8　一般地,对函数$f(x)=ax^3+bx^2+cx+d(a\neq 0)$,你能研究它的性质了吗?

生:定义域、值域都为$\mathbf{R}$,当$b=d=0$时,$f(x)=ax^3+cx$是奇函数,单调性、极值、最值都可以通过导数来研究.

师:同学们,对于这样一个函数,我们着重从“数”和“形”两个角度研究其性质,体会了导数在研究函数性质中的巨大作用.

【设计意图】　在教师的主导下,学生完成抽象概括的过程,进一步体会由具体到一般的研究过程,培养抽象、概括、归纳推理的能力.

5.实践体验

例题　设函数$f(x)=ax^3+3x-1(a\in\mathbf{R})$,求$f(x)$的单调区间和极值.

生:函数$f(x)$的导函数为$f'(x)=3ax^2+3$.

(1)当$a\geqslant 0$时,$f'(x)=3ax^2+3>0$,$f(x)$在区间$(-\infty,+\infty)$上单调递增,$f(x)$无极值;

(2)当$a<0$时,由$f'(x)=3ax^2+3=0$得$x=\pm\sqrt{\frac{1}{-a}}$.

x	$\left(-\infty,-\sqrt{\frac{1}{-a}}\right)$	$-\sqrt{\frac{1}{-a}}$	$\left(-\sqrt{\frac{1}{-a}},\sqrt{\frac{1}{-a}}\right)$	$\sqrt{\frac{1}{-a}}$	$\left(\sqrt{\frac{1}{-a}},+\infty\right)$
$f'(x)$	$-$	0	$+$	0	$-$
$f(x)$	↘	极小值	↗	极大值	↘

$\therefore f(x)$的单调减区间是$\left(-\infty,-\sqrt{\frac{1}{-a}}\right)$和$\left(\sqrt{\frac{1}{-a}},+\infty\right)$,单调增区间是$\left(-\sqrt{\frac{1}{-a}},\sqrt{\frac{1}{-a}}\right)$.

$f(x)$的极小值为$f\left(-\sqrt{\frac{1}{-a}}\right)=a\left(-\sqrt{\frac{1}{-a}}\right)^3+3\left(-\sqrt{\frac{1}{-a}}\right)-1=-2\sqrt{\frac{1}{-a}}-1$,

$f(x)$的极大值为$f\left(\sqrt{\frac{1}{-a}}\right)=a\left(\sqrt{\frac{1}{-a}}\right)^3+3\times\sqrt{\frac{1}{-a}}-1=2\sqrt{\frac{1}{-a}}-1$.

变式1　若函数$f(x)$有三个不同的零点，求实数a的取值范围.

生：该函数在定义域上是先减后增再减，所以要保证有三个不同的零点，需要极小值在x轴下方，极大值在x轴上方.

师：那就是极小值小于零、极大值大于零.那么函数一定有极值吗？

生：不一定.

(1)当$a \geqslant 0$时，$f'(x)=3ax^2+3>0$，$f(x)$在区间$(-\infty,+\infty)$上单调递增，故不可能有三个零点；

(2)当$a<0$时，由$\begin{cases} f\left(-\sqrt{\dfrac{1}{-a}}\right)<0, \\ f\left(\sqrt{\dfrac{1}{-a}}\right)>0 \end{cases} \Rightarrow -4<a<0$.

综上所述，实数a的取值范围是$(-4,0)$.

师：这个结论你是从哪里得到的？

生：根据函数的图象得到的.(教师作出函数的草图)

变式2　若对任意的$x\in[-1,1]$，都有$f(x)\leqslant 0$成立，求实数a的值.

生：用分离参数a的方法，将不等式变形为$ax^3 \leqslant -3x+1$.

(1)当$x=0$时，$a\in\mathbf{R}$；

(2)当$x\in(0,1]$时，$a\leqslant -\dfrac{3}{x^2}+\dfrac{1}{x^3}$，令$g(x)=-\dfrac{3}{x^2}+\dfrac{1}{x^3}$，设$t=\dfrac{1}{x}\in[1,+\infty)$，则$g(t)=t^3-3t^2$，$t\in[1,+\infty)$，易知$g(t)_{\min}=-4$，所以$a\leqslant -4$；

(3)当$x\in[-1,0)$时，$a\geqslant -\dfrac{3}{x^2}+\dfrac{1}{x^3}$，令$g(x)=-\dfrac{3}{x^2}+\dfrac{1}{x^3}$，设$t=\dfrac{1}{x}\in(-\infty,-1]$，则$g(t)=t^3-3t^2$，$t\in(-\infty,-1]$，易知$g(t)_{\max}=-4$，所以$a\geqslant -4$.

综上所述，$a=-4$.

师：还有其他方法吗？

生：直接求$f(x)_{\max}\leqslant 0$，通过对a分类讨论求$f(x)$的最大值.

师：好，大家课后完成.

师：回顾一下这道题目，不等式恒成立问题和函数的零点个数问题，我们是如何解决的？

生：转化为研究函数的单调性、极值和最值问题.

师：这是数学中的转化思想.对含有参数的复杂问题，我们是怎么处理的？

生：运用分类讨论思想.

师：好，我们还借助于函数的图象分析问题，比如零点的个数，很好地运用了数形结合的思想.从本题我们再次感受到解决函数的单调性、极值和最值，导数是个有力的工具.

【设计意图】 让学生在解决具体问题的过程中巩固运用导数研究函数性质的一般方法，加深数学理解，学会数学思考，培养良好的解题习惯，提高分析问题、解决问题的能力.让学生体会数学问题之间的内在联系，体会数形结合、等价转化、分类讨论等数学思想方法在数学解题中的意义和作用，提高运算能力，提升数学素养.

6.总结提升

师：同学们，今天我们研究了函数$f(x)=ax^3+bx^2+cx+d$的性质.下面通过几个问题一起来回顾一下本节课的学习过程和收获.

(1)为什么研究？

生：能够解决很多的实际问题.

师：函数是描述客观世界变化规律的重要模型，很多实际问题的研究最后都归结为研究函数.我们研究函数的目的是为了掌握事物的变化规律.研究函数的性质既是解决实际问题的需要，也是数学本身的自然要求.对函数$f(x)=ax^3+bx^2+cx+d$性质的研究也不例外.

(2)研究了什么？

生：主要研究了函数的性质.

师：事物的变化趋势、对称特征、用料最省问题、利润最大问题、周而复始现象等，反映到函数上就是函数的基本性质，函数的性质就是函数变化中的规律性、不变性和特殊性.那么，我们本节课着重研究了函数的哪些性质？

生：单调性、奇偶性、最值、极值、零点等.

(3)怎么研究的？

师：对一类新函数，我们的研究过程是什么？

生：从几个具体的函数入手，经历从具体到一般的研究过程.

师：我们研究函数$f(x)=ax^3+bx^2+cx+d$的性质，用的方法是什么？

生：数形结合.

师：很好．我们借鉴指数函数性质从形到数的研究方法，又利用了导数这一工具，拓宽了我们的研究思路，不拘泥于从形到数，还可以在数和形之间灵活转换．

(4)获得了什么？

师：在这节课的学习中，有哪些重要的数学思想方法在统领着我们的研究？

生：数形结合、转化与化归、分类讨论等数学思想．

师：你能借鉴今天的研究过程和方法去研究其他函数吗？

【设计意图】 从问题开始，再到问题结束，回顾复习过程，总结复习内容，建构知识网络，挖掘、提炼、渗透相应的数学思想并使其逐步显化，使学生对研究函数性质的过程和方法有一个系统全面的认识，实现知识不断深化，思想、方法不断升华．把思考和认知引向深入，在完善认知结构的同时，学会学习，实现长效发展，这是本节课教学的落脚点．

三、教学活动反思

“函数$y = ax^3 + bx^2 + cx + d$的性质”是一节高三专题复习课，本节课站在新课程理念的高度和学生的角度设计，立意深远、内涵丰富、结构清晰、本色高效，处处闪烁着教师的教学智慧和数学思想的光芒．学生收获的不只是知识和技能，更重要的是丰富了经验，锻炼了思维．其教学特色主要体现在以下几个方面：

1．问题设计恰当

给复习课注入全新的活力，让学生在复习的同时获得理性精神的给养，最好的方式莫过于“问题引领”，用恰当的问题点燃学生的学习热情．本节课围绕教学内容精心设计了一系列问题，构成课堂教学的主线，努力引导学生相互追问、评价与辩论，创设出学生独立思考、对话交流的良好氛围，将知识的复习、方法的梳理和思维的训练巧妙地结合在一起，形成了一个有机的整体①．

2．学生活动充分

本节课设计的问题以及围绕这些问题进行的铺垫，为学生的数学探究活动营造了一个良好的氛围，搭建了一个很好的平台．课堂上，学生精神饱满，主动参与，积极思维，师生互动，合作交流，教师给学生留下了足够的体验、实践、思

① 陈曦．数学复习课：在“问题变式”中演绎精彩[J]．中学数学教学参考，2012(10)：13-16．

考和表现的机会,让学生在丰富多彩的数学活动中体验数学的魅力,锻炼动手实践的能力,提升数学思维能力和数学核心素养.

3.例题选取精炼

就一般的复习课而言,通常教师会选取大量的例题和习题进行讲评,"大容量""快节奏",其实效果并不好.本节课只选取了一个引例和一道例题,运用一题多解和变式探究的方法,由小见大,由点及面,由浅入深,由远及近,最大化地挖掘和利用了例题的教学功能,真正做到了例题选取精炼,实现了以少胜多、触类旁通、举一反三的目标,取得了良好的教学效果[①].

4.思想渗透到位

数学思想方法是数学的灵魂,提炼和渗透数学思想方法是数学教学的一个重要内容.本节课十分重视数学思想方法的渗透,追求数学的本真,以问题为载体,通过观察、思考、归纳、抽象、概括和运用,教给学生运用数学思想方法分析问题、解决问题的思维策略,引导学生体会数学思想方法的应用价值,在灵活地运用数学思想方法的解题过程中训练学生的理性思维,让其受益终身.

高三数学复习是学生站在高中数学整体高度上的"二次学习",高三数学复习课教学,不仅要注意知识概念的重温建构和思想方法的概括提炼,更需要让学生在课堂活动和问题求解的过程中实现知识的关联,聚焦能力的整合,提升数学素养,学会数学学习.本节课在这方面做了有益的尝试和积极的探索,为我们提供了一个很好的范例,有许多值得学习和借鉴的地方.

当然,这节课也有一些不足,存在一些需要改进的细节.例如:课堂上,虽然教师在核心知识的教学中比较重视对知识本质的认识和理解,在构建知识间的联系上下足了功夫,但留给学生思考的时间略显不足,学生思维的参与缺乏深度,学生的探究活动教师引导过多,放手不够.如果在这些环节上做一些调整和优化,课堂的品位将更高,效果将更好.

① 沈良.复习教学中促进学生思维发展的几种有效方式[J].中小学数学(高中版),2015(4):35-37.

主要参考文献

[1]安德森.学习、教学和评估的分类学[M].皮连生,译.上海:华东师范大学出版社,2008.

[2]鲍建生,周超.数学学习的心理基础与过程[M].上海:上海教育出版社,2009.

[3]陈光立.新课程高中教师手册(数学)[M].南京:南京大学出版社,2012.

[4]方国才.新课程怎样教得精彩[M].北京:中国科学技术出版社,2006.

[5]顾继玲.理解教材,研究学生:中学数学教学设计[M].北京:北京师范大学出版社,2015.

[6]胡炯涛.数学教学论[M].南宁:广西教育出版社,1996.

[7]何小亚.中学数学教学设计案例精选[M].北京:科学出版社,2017.

[8]何小亚,姚静.中学数学教学设计[M].北京:科学出版社,2008.

[9]吕林海.数学理解性学习与教学:文化的视角[M].北京:教育科学出版社,2013.

[10]刘华祥.中学数学教学论[M].武汉:武汉大学出版社,2003.

[11]卢建筠.高中新课程教学策略[M].广州:广东教育出版社,2004.

[12]罗增儒.中学数学课例分析[M].西安:陕西师范大学出版社,2003.

[13]李祎.数学教学方法论[M].福州:福建教育出版社,2010.

[14]毛锡荣,钱军先,韩玮."教师稚化思维,促进学生理解"的理论研究与实践探索[M].苏州:苏州大学出版社,2018.

[15]马兰,盛群力.课堂教学设计:整体化取向[M].杭州:浙江教育出版社,2011.

[16]裴新宁.面向学习者的教学设计[M].北京:教育科学出版社,2005.

[17]石生民.高中数学课例点评[M].西安:陕西师范大学出版社,2008.

[18]威金斯,麦克泰.理解力培养与课程设计:一种教学和评价实践[M].么

加利,译.北京:中国轻工业出版社,2003.

[19]吴效锋.新课程怎样教:教学艺术与实践[M].沈阳:沈阳出版社,2003.

[20]熊惠民.中学数学教学设计与案例研究[M].北京:科学出版社,2014.

[21]谢利民.教学设计应用指导[M].上海:华东师范大学出版社,2007.

[22]杨孝斌,王秉彝.中小学"数学情境与提出问题"教学探析[J].数学教育学报,2004,13(4):84-87.

[23]中华人民共和国教育部.普通高中数学课程标准(2017年版)[S].北京:人民教育出版社,2018.